Contemporary News Editing:
Macroscopic Thinking & Microcosmic Manipulation

当代新闻编辑
——从宏观思维到微观实践

龚彦方◎著

·广州·

版权所有　翻印必究

图书在版编目（CIP）数据

当代新闻编辑：从宏观思维到微观实践/龚彦方著. —广州：中山大学出版社，2015.5

ISBN 978-7-306-05265-0

Ⅰ. ①当… Ⅱ. ①龚… Ⅲ. ①新闻编辑—研究 Ⅳ. ①G213

中国版本图书馆 CIP 数据核字（2015）第 094885 号

出版人：徐　劲
策划编辑：周建华
责任编辑：廖泽恩
封面设计：曾　斌
责任校对：廖丽玲
责任技编：何雅涛
出版发行：中山大学出版社
电　　话：编辑部 020-84111996，84113349，84111997，84110779
　　　　　发行部 020-84111998，84111981，84111160
地　　址：广州市新港西路 135 号
邮　　编：510275　　传　真：020-84036565
网　　址：http://www.zsup.com.cn　　E-mail：zdcbs@mail.sysu.edu.cn
印　刷　者：广州中大印刷有限公司
规　　格：787mm×960mm　1/16　14.625 印张　275 千字
版次印次：2015 年 5 月第 1 版　2015 年 5 月第 1 次印刷
定　　价：33.00 元

如发现本书因印装质量影响阅读，请与出版社发行部联系调换

前　言

当今社会千变万化。从传播学角度而言，有一点可以肯定的是，社会发展最主要的特征之一是信息技术的高速发展。互联网技术的发达使得一般信息的传播与接收变得更加迅速，信息总量无限增加，渠道愈加通畅。但是，信息传播也变得更加随意、碎片化、无核心，因此，可能无法更快地凝聚成更有效的信息。本书的研究对象是新闻信息。新闻信息不是一般信息；一般信息即使经过公开渠道传播，也不能等同于新闻信息。一般信息经过专业的新闻认知和辨别工作，被筛选出有效信息，还必须与其产生的社会环境相关联——因为任何有效信息必然受到政治、经济、文化和技术等宏观因素的规范和约束。经过这些专业过程生产出来的有效信息，才有可能成为新闻信息。

新闻专业生产过程的主要环节是新闻信息的采写和新闻信息的编辑。新闻信息采写着重于新闻信息（包括文本、音频和视频等资料）的采集与分析、新闻的文本写作等；新闻编辑工作则主要针对新闻信息的采写内容进行宏观和微观的编辑工作，是呈现新闻专业性的重要手段。

新闻信息的编辑工作既包括较为宏观的编辑决策与设计工序，又包括组稿、修订等微观操作。对于任何一种新闻生产过程来讲，不论是平面媒体、电视媒体还是互联网媒体，新闻内容都必须经过专业编辑工作之后才能公开发布和传播；当然，各个传播媒体由于介质差异，编辑工作的具体内容可能有所不同，但新闻编辑工作的流程却大体相同。

以往的新闻编辑工作偏重于文本内容的修订与编辑的微观操作，但在互联网时代，对于一位专业新闻编辑来讲，宏观编辑思维尤其重要。互联网时代的新闻报道与传播的目标，并不仅仅提供事实性的微观信息，也要提供融合了政治、经济和文化等宏观社会背景的意见性信息——这种基于新闻事实性信息之上的意见性，可以使得新闻媒介成为社会人群之间进行有效信息交流的平台。这种宏观编辑思维涉及新闻专业工作者对新闻微观事实和宏观意义的融合认知：对于"微观事实"的认知判断一个事件能否成为新闻，对于"宏观意义"的认知判断这个新闻能否成为有意义、有价值的新闻。新闻编辑不仅要追求信息的数量，还要追求信息的质量；不仅要追求信息的速度，还要追求信息的深度。

新闻编辑课是各大高校新闻系的传统课程，国内外相关书籍汗牛充栋。然而仍须思考两个问题：一是新闻编辑如何更加接近现实的新闻实践？二是如何将互联网的编辑思维和方式融入专业新闻编辑的工作之中，以适应互联网时代的变化与挑战？

关于第一个问题，我认为主要从两个方面培养新闻编辑的专业知识：一是新闻宏观思维框架，二是体现新闻品位的微观操作技巧。新闻宏观思维框架体现在，当新闻事件发生之后，能够从政治价值、公共价值、经济价值和人文价值等角度解析新闻事件有可能产生的各种选题，然后根据媒体机构的特点或偏好对新闻的主要选题和辅助选题进行搭配与组合，最后根据这些搭配组合策划各种新闻报道方案。体现新闻品位的微观实施操作技巧，是对新闻内容进行详细的审阅与把关。审阅包括修改加工文本的导语、内文和标题，以及搭配其他非文字的信息，等等；把关不仅包括对事实的传统把关，还有对新闻伦理层面的把关，在受众对严肃信息与娱乐信息的多重需求中寻找新闻平衡，从而确保新闻故事的品位。

关于第二个问题，我认为主要从信息有效传播的角度来理解当代新闻编辑工作的内涵与意义。21世纪初以来互联网技术的高速发展，为新闻实践带来了更多的想象力，也赋予了更具延展性的创新空间。互联网时代的新闻编辑与传统媒体的新闻编辑在宏观思维和微观实施上是一脉相承的；但是，互联网时代新闻编辑工作场域最鲜明的特色是"媒介融合"，即新闻编辑的工作平台，既有传统的平面和视屏的介质平台，亦有各种个人电脑终端和移动终端的互联网介质平台。对于每一篇新闻故事，新闻编辑都应该斟酌新闻信息、介质平台以及受众的特质，将其进行合理的组合与搭配，从而生产出一组符合互联网时代传播特征的优秀产品。

对于上面两个问题，本书尽可能给出探索性的思考与案例研究。本书的写作逻辑遵循新闻编辑部的工作流程，从编辑的选题讨论开始，逐次进入报道方案策划、新闻故事的选择与平衡、文本的审美与把关、信息可视化等流程，并以60个案例配合上述流程的解析。从本书的文本内容来看，涉及新闻宏观思维的是第一章至第三章：第一章分析当代新闻编辑在互联网信息时代所面临的种种挑战，第二章是理论阐释，第三章是新闻事件的事实价值分析、主题选择以及新闻策划的建立。涉及微观实施内容的是第四章至第七章，解析如何进行新闻故事的审美、新闻把关、文本修订、新闻信息可视化、专业新闻的修订。第八章是新闻的"价值暗示"以及新闻编辑所要恪守的新闻品位，是新闻编辑完成所有具体工作之后，对于新闻编辑之于社会因素的种种深层思考。

本书初稿完成于 2013 年年底，后数次修订完善。首先要感谢中山大学传播与设计学院将我这位新闻"赤子"收编。其次，感谢中山大学传播与设计学院 2008 级以来的新闻系本科学生，他们以包容的态度，见证了我从一位新闻工作者向新闻教师的转型。最后，还要感谢中山大学出版社周建华总编辑，在他真诚的鼓励与支持下，本书得以顺利出版。

本书可以成为新闻院系的学生、无修习新闻专业但目前在新闻机构工作的新闻从业者以及在互联网媒介平台工作的新闻编辑的参考用书。

我曾经在新闻机构从事采编、管理工作 15 年。专业工作生涯使我深刻理解：使新闻报道成为公众关注的、具备公信力和影响力的产品，是我们孜孜以求的目标；但是，新闻作为一项特殊的精神文化产品，既有商品性又有准公共物品特性，媒体机构追求商业利益的同时，如何履行这种职业所带来的天然的社会责任，则是一个更艰难的命题。希望继续与各位志同道合者坚持不懈地探索下去。

2015 年 1 月于广州大学城

目　录

第一章　当代新闻编辑的挑战 ………………………………………（1）
　第一节　互联网信息秩序下的新闻挑战 ………………………………（1）
　　一、公众的社会价值多元 ………………………………………………（2）
　　二、社会需求的多元 ……………………………………………………（5）
　　三、新闻实践的创新性挑战 ……………………………………………（6）
　　四、复合型专业新闻人才的挑战 ………………………………………（8）
　第二节　当代新闻编辑：互联网信息社会的"第二权力者" …………（8）
　本章小结 …………………………………………………………………（10）

第二章　新闻编辑的基本理论 ………………………………………（11）
　第一节　议程设置理论的三层含义 ……………………………………（11）
　第二节　"媒介即讯息" …………………………………………………（13）
　第三节　信息不对称理论 ………………………………………………（15）
　第四节　受众使用与满足理论 …………………………………………（16）
　本章小结 …………………………………………………………………（17）

第三章　新闻编辑的宏观思维与设计 ………………………………（18）
　第一节　新闻编辑的宏观思维 …………………………………………（18）
　　一、新闻事件的事实价值判断 …………………………………………（19）
　　二、"事实价值"的类型 ………………………………………………（21）
　　案例1　"中国发射'神十'飞船"的"政治与公共价值"
　　　　　　分析 ………………………………………………………（22）
　　案例2　"广东佛山2岁女孩小悦悦"事件的"道德失序"
　　　　　………………………………………………………………（23）
　　案例3　吴英案"起死回生"的"市场经济意义" …………………（25）
　　案例4　"广州市政府'39号文'"的"政治经济意义" ……………（27）

案例 5　"支付宝内部股变更"的"市场经济意义" …………（28）
　　案例 6　"归真堂企业上市申请争议"的"科技意义" ………（29）
第二节　新闻主题的选择策略 …………………………………………（30）
　　案例 7　深圳富士康公司员工跳楼新闻事件"事实价值"分析
　　　　　　……………………………………………………………（31）
第三节　新闻报道的策划与组织 ………………………………………（39）
　　一、何为"新闻报道的策划与组织" ……………………………（39）
　　二、新闻报道策划的分类、策略及难点 ………………………（40）
　　三、建立新闻的报道实施方案 …………………………………（42）
　　案例 8　高速公路的"团雾吃人"的规律 ………………………（44）
　　案例 9　"7·23"甬温高铁特大事故的"必然性"分析 ………（45）
　　案例 10　新华人寿的"内部股东利益关系"分析 ……………（48）
　　案例 11　高铁新闻事件"利益共同体"分析 …………………（50）
　　案例 12　甬温线高铁特大事故的横向比较：日本和德国 ……（55）
　　案例 13　苹果公司和惠普公司对富士康员工跳楼事件的评估
　　　　　　……………………………………………………………（57）
　　案例 14　公众对于"小悦悦"事件中"冷漠路人"的讨论
　　　　　　……………………………………………………………（58）
本章小结 …………………………………………………………………（60）
思考题 ……………………………………………………………………（60）

第四章　新闻稿件的审美与搭配 ……………………………………（62）
第一节　新闻故事类型 …………………………………………………（62）
　　一、重要的新闻故事 ……………………………………………（62）
　　案例 1　官方网站的常规数据引出重要新闻 …………………（64）
　　案例 2　"反弹琵琶"出新闻奇作 ………………………………（67）
　　二、有趣味的新闻故事 …………………………………………（68）
　　案例 3　"中国达人秀"的人性故事 ……………………………（69）
　　案例 4　角色翻转的人物故事 …………………………………（71）
　　案例 5　美国特工的"英雄式揭秘"故事 ………………………（72）
　　三、备用的新闻故事 ……………………………………………（73）
　　案例 6　旧闻变新闻 ……………………………………………（74）

     案例7 "绯闻"成新闻 …………………………………………（75）
     案例8 爱"贴标签"的专题策划 ………………………………（77）
  第二节 写作的审美 ………………………………………………………（79）
     一、写作审美的评估标准 …………………………………………（79）
     二、写作的结构逻辑与形式逻辑判断 ……………………………（80）
     案例9 创新型的特写生动再现"新闻现场" …………………（81）
     案例10 新闻人物与文化融合的新闻分析 ……………………（85）
  第三节 新闻专题的策划与制作 …………………………………………（88）
     案例11 负面新闻事件的心理学和社会学分析 ………………（89）
     案例12 "评论"在新闻专题中的功能 ………………………（93）
  第四节 新闻的平衡 ………………………………………………………（96）
  本章小结 ……………………………………………………………………（98）
  思考题 ………………………………………………………………………（99）

第五章 新闻稿件修改的原则与技巧 ……………………………………（101）
  第一节 新闻事实的核实与把关 …………………………………………（101）
     案例1 未经第三方核实而出假新闻 …………………………（103）
     案例2 数据未经核实的错误新闻 ……………………………（104）
     案例3 作者身份与稿件内容严重不符 ………………………（105）
     案例4 当事人主动曝料，编辑记者甘心上当 ………………（106）
     案例5 "相关人士"的"新闻陷阱" …………………………（108）
     案例6 未遵循"双重专业性"的新闻调查 …………………（111）
  第二节 新闻文本修改 ……………………………………………………（113）
     一、导语的修改 ……………………………………………………（114）
     案例7 罗列新闻由头的"伪导语" ……………………………（115）
     案例8 导语与标题无呼应 ……………………………………（118）
     二、内文的修改 ……………………………………………………（119）
     案例9 动态事件新闻的文本修订 ……………………………（122）
     案例10 新闻立场的修订 ………………………………………（124）
  第三节 标题的修改 ………………………………………………………（127）
     案例11 好标题"言简而意丰" …………………………………（128）
     案例12 新闻标题的"导语化" …………………………………（130）

案例13　新闻标题的"标签化" ……………………………………（132）
　　本章小结 ……………………………………………………………（133）
　　思考题 ………………………………………………………………（133）

第六章　新闻信息的可视化表达 …………………………………（134）
　　第一节　新闻信息的平面可视化表达 ……………………………（135）
　　　一、新闻图片、图表和绘图的审美原则 …………………………（135）
　　　二、新闻信息的平面可视化 ………………………………………（136）
　　　案例1　新闻图片的"新闻语言" ……………………………………（136）
　　　案例2　复杂新闻事件的绘画配图 …………………………………（140）
　　　案例3　创意与理性的版式结合 ……………………………………（142）
　　第二节　新闻信息的互联网可视化表达 …………………………（144）
　　　一、互联网新闻信息可视化的成因 ………………………………（145）
　　　二、互联网可视化的新闻编辑 ……………………………………（148）
　　　案例4　阿里巴巴上市的股权结构分析 ……………………………（149）
　　　案例5　周永康的家族关系 …………………………………………（150）
　　　案例6　周永康的红与黑的关系网 …………………………………（151）
　　　案例7　清点中国2532家上市公司的"官员独董" ………………（152）
　　本章小结 ……………………………………………………………（153）
　　思考题 ………………………………………………………………（153）

第七章　专业新闻修改 ………………………………………………（154）
　　第一节　时政新闻的编辑 …………………………………………（154）
　　　一、中国时政新闻的内容特点 ……………………………………（154）
　　　二、时政新闻的报道特点 …………………………………………（155）
　　　三、时政报道的新闻编辑特点 ……………………………………（156）
　　　案例1　"政策报道"的转型趋势 ……………………………………（156）
　　　案例2　解读政策公文的"议程设置" ………………………………（159）
　　　案例3　重大事件的重要信源缺失 …………………………………（162）
　　第二节　社会新闻的编辑与修改 …………………………………（164）
　　　一、社会新闻的内容特点 …………………………………………（165）
　　　二、社会新闻的报道特点 …………………………………………（165）

三、社会新闻的编辑特点 ……………………………………… (165)
　　案例4　慎用"报料人或网络信息源" ………………………… (166)
　　案例5　源于网络的社会新闻真假辨析 ………………………… (168)
第三节　财经新闻的编辑 …………………………………………… (172)
　　一、财经新闻的内容特点 ……………………………………… (172)
　　二、财经新闻的报道特点 ……………………………………… (172)
　　三、财经新闻的编辑特点 ……………………………………… (173)
　　案例6　财经新闻的逻辑分析与证据寻找 ……………………… (174)
　　案例7　财经新闻文本的逻辑结构 ……………………………… (177)
第四节　人物新闻的编辑与修改 …………………………………… (181)
　　一、人物新闻的报道特点 ……………………………………… (182)
　　二、人物新闻的编辑特点 ……………………………………… (182)
　　案例8　娱乐明星的严肃报道 …………………………………… (182)
　　案例9　"因爱弑女"母亲的人物专访 ………………………… (185)
本章小结 ……………………………………………………………… (187)
思考题 ………………………………………………………………… (188)

第八章　新闻的受众分析与价值暗示 …………………………… (189)

第一节　受众分析 …………………………………………………… (189)
　　一、新闻编辑与媒体利润 ……………………………………… (189)
　　二、新闻编辑与受众 …………………………………………… (190)
　　三、受众与新闻信息 …………………………………………… (192)
　　四、受众与市场 ………………………………………………… (196)
　　案例1　电视节目成为争议新闻事件的"主角" ……………… (198)
　　案例2　典型人物的非典型报道 ………………………………… (201)
第二节　新闻的价值暗示与禁忌 …………………………………… (205)
　　一、客观性与价值暗示之间的矛盾 …………………………… (205)
　　二、新闻的品位 ………………………………………………… (206)
　　案例3　新闻报道的合理与合情 ………………………………… (210)
　　案例4　媒体不能成为"帮凶" ………………………………… (213)
　　案例5　新闻报道的过度渲染 …………………………………… (215)
第三节　注意力与影响力 …………………………………………… (217)

一、注意力模式 ………………………………………… (217)
　　二、影响力模式 ………………………………………… (218)
　本章小结 ……………………………………………………… (220)
　思考题 ………………………………………………………… (220)

参考文献 …………………………………………………………… (221)

第一章　当代新闻编辑的挑战

第一节　互联网信息秩序下的新闻挑战

新闻编辑工作在专业新闻生产的过程中起着十分重要的作用。从历史实践来看，"编辑"的工作一般发生在新闻媒体机构（如某新闻单位）或在专业新闻生产领域（如某网络媒体的新闻生产部门），包括三种工作内容：①从事文字编辑的专业工作，加工稿件以供出版，这些"稿件"包括文字资料、摄影材料和视听材料，以及其他一切用于公开出版的材料。②在围绕新闻或其他出版物的出版活动中，从事出版决策、组织、加工、设计等专业性工作。③编辑工作者在从事编辑工作时所付出的其他相关的具体工作。[1]

在信息技术高度发达的21世纪，"信息秩序"指的是一个以网络相系的社会，这些网络通常是"人"与"机"的互联，所有可视与非可视的社会信息都能以某种秩序通过这些机器的终端接口输入和输出。[2] 在这些终端接口的技术支撑下，各种多媒体载体使信息的发布变得更及时、更原创、更广阔，而这种传播的过程往往不会经过专业的编辑过程，甚至省略了专业新闻记者报道的过程。传播介质、叙事方式、传播方式和信息秩序与以往的信息传播呈现出显著的差异；此外，在这种传播范式的影响下，受众的社会价值取向变得更加多元化，信息需求也变得多元化。这些变化都在挑战着传统新闻专业工作者，尤其是在传统新闻生产过程中具有显著权威地位的新闻编辑的权威，并由此带来新闻信息功能的多元化，以及新闻平台、新闻组织和相应的新闻专业人员知识架构多元化的转型。

---

[1]　见吴飞等著：《新闻编辑学》（第四版），浙江大学出版社2008年版，第5~6页。
[2]　见（英）斯各特·拉什：《信息批判》，杨德睿译，北京大学出版社2009年版，第18~20页。

一、公众的社会价值多元

公众社会价值多元化，是互联网传播秩序带来的最重要的变化之一。多元化，意味着过去传统的线性思维、二元判断的价值模式正在经历"去极点"的过程。在多元化的成像中，各种不同的观念以平等的方式共存与发展着，信息传播被看成一种可以进行"利益共享"的公共活动，所有人都可以参与进来，讨论与协商、冲突与分裂都有可能融入其中；"去权威"是其最重要的特征。在中国公众看来，互联网并非是一种虚拟现实，而是现实的反映，现实的多棱镜。的确，当传播不再被固化成某种特定的国家机器时，互联网折射出了芸芸众生。

年轻女性能够利用网络推手在网上一夜成名，敢于在电视节目中公开说出"我喜欢宝马"的"拜金言论"，也敢于在街头拥抱陌生的民工并将这样的行为发表在自己的博客中。再如，那些不给老人让座的年轻人被旁观者在微博、微信上公之于众，一时成为众矢之的，可是也有老人在车站举牌说，"请体谅年轻人的辛苦"。又如，民间自发的"微博打拐"成为一种更高效率的解救被拐儿童的公众行为……传统的审美观可能逐渐式微，不同寻常的、反叛性的"审丑"有时比审美更易代表公众的价值取向，并伴随着物质化和庸俗化的倾向，但是，更多的人文关注和人文关怀也以前所未有的方式展示出来。这些以往不曾诉诸社会的价值理念似乎都得到了施展的空间，并且与传统"真善美"的伦理价值观念冲突、并存和相互磨合着。

这种价值多元的直观呈现，即原本一些不可能成为新闻的"丑人"或平凡小事，瞬间成为广泛传播的"新闻人物"和"新闻事件"。

请看三个例子。

第一个例子："犀利哥"（见图1-1）与"凤姐"（见图1-2）。"犀利哥"原来是一位在宁波街边无家可归的男子，因穿着奇特于2010年2月23日被网友拍照放在网上——天涯论坛一篇帖子《秒杀宇内究极华丽第一极品路人帅哥！帅到刺瞎你的狗眼！求亲们人肉详细资料》而迅速走红，瞬时成为"时尚人物"，被网友们命名为"犀利哥"，红遍网络，据说还被国外媒体报道，受某些企业邀请做"广告代言"。"凤姐"（真名罗玉凤）是重庆綦江人，2009年因一系列雷人言论在网络上走红，被人称为"凤姐"。"她自称懂诗画、会弹琴，精通古汉语，自称'9岁起博览群书，20岁达到顶峰，智商前300年后300年无人能及'。现主要研读经济类和《知音》《故事会》等人文社科类书籍。"① 后来罗玉凤参与电视征婚等社会活动，每次出场都成为"新闻人物"。②

图1-1　"犀利哥"

图1-2　"凤姐"

　　第二个例子是某地方卫视的相亲节目。在节目现场，一位爱好骑自行车的无职业的男嘉宾问年仅20岁的女嘉宾："你喜欢和我一起骑自行车逛街么？"她毫不犹豫地回答："我更喜欢在宝马里边哭！"③ 此话一出，该女嘉宾一夜之间成为全国知名人物，被网友们称为"拜金女"。之后这个节目中还出现了女嘉宾们更多令人诧异的言论，如"我的手只给男朋友握，其他要想握手，要给20万元……"④

　　第三个例子是年轻女子给予一位民工"街头拥抱"（见图1-3），并将之发表于博客中，一时引发热议。"抱抱团"，英文为"Free Hugs"，源于美国，意为陌生人之间的善意的相互拥抱，以此传递温情。新闻报道这样描述和评论："在某一天，中国也吹来了这股'抱抱风'，最热的一阵是最近行动于北京的美女'抱抱团'，她

图1-3　"街头拥抱"

---

① 见百度百科词条"网络红人：罗玉凤"，http：//baike.baidu.com/view/3212221.htm？fromtitle＝%E5%87%A4%E5%A7%90&fromid＝2688892&type＝syn。
② 见《独家专访凤姐：我平时说话不太雷人》，载《上海壹周》2010年3月3日。
③ 见江苏卫视《非诚勿扰》2010年3月27日第13期。
④ 见江苏卫视《非诚勿扰》2010年4月18日第20期。

们不仅在大街上拥抱了过往的行人,更跑到建筑工地拥抱了淳朴的民工,而次日在博客上一个醒目的标题'美女抱民工'更是让所有网友眼前为之一亮。这颇具'三下乡'意味的拥抱,难道真的让民工感受到温暖了吗?有人提出了质疑:用身体拥抱,还是用心灵拥抱?抱了以后,彼此会记住吗?为什么而抱?噱头还是关爱?你能持续地抱么?……更有甚者,直言不讳地拒绝这样的拥抱,他们说:'我不习惯陌生人的拥抱,陌生异性的拥抱更让我感到不舒服,我会觉得他(她)不怀好意……'"①

为什么这些极其平凡的人可以成为新闻人物?

像在第一个例子中出现的"犀利哥"和"凤姐",这样的人物在过去的新闻报道中是绝对不会出现的,但是,网友们对这两位新闻人物的"热爱"超出预料(尽管后来证实"凤姐"背后有策划团队,但网友们仍然乐此不疲)。这正好反映,公众的关注点开始脱离传统价值观而趋向"反叛式的价值观":反"高大全"、反"美"、反"传统"。类似的人物还有"芙蓉姐姐"。

第二个例子的核心事实并非"宝马"言论,而是这种言论的传播方式:①首次公开出现在电视节目中,其视频随后在网络上迅速传播。②由于这档节目是录播而非直播,这种言论很可能得到电视编导的刻意保留并最终播出。节目的播出引起了强烈的社会效果:其一,这位女子成为新闻人物,她的这种言论既引来了众多的尖锐批评,也得到不少网民力挺,被认为"至少这种坦率比虚伪好"。其二,该节目的收视率大增,并由此成为中国收视率最高的综艺节目之一。从上述分析可以看出,互联网传播既为个体带来意想不到的聚光灯效应,又为传统媒体带来巨大的商业价值。

在第三个例子中,"陌生人的拥抱"的理念源自国外,饱含对当代现代社会的人际关系的反思,获得众多年轻人的认可。但在中国,这种反思变得复杂。"都市女性"与"民工",可能是当今中国社会中差距最为显著且在现实生活中极少交往的两类人群,却很偶然地由于一个国外理念而串连在一起。这种突如其来的人文关怀造成的人际尴尬和理念偏差,从民工僵硬的肢体语言上和媒体报道中所出现的公众争议可见一斑。

---

① 见《美女抱民工:关爱还是骚扰?》,载《城市快报》2006年11月12日。

二、社会需求的多元

社会对信息传播的需求，体现在以下三个方面。

首先是满足好奇心。这是公众对信息的传统需求，那些新鲜的、反常的、猎奇的事件，都是公众注意力的源头，而网络的出现，正好迎合了公众的这种需求。这种需求是直观的、快速变化的，同时也是初级的、肤浅的、不可持久的。就如前面所提到的新闻故事，"凤姐""犀利哥""宝马姑娘"一夜成名，而后稍纵即逝。

其次，公众对专业信息的需求。随着中国经济改革的深入，一系列公共政策颁布实施，社会对信息服务功能的需求显得愈加迫切。例如在"增加财产性收入"方面，公众获取相关信息的需求与日俱增。党的十七大报告中首次提出"创造条件让更多群众拥有财产性收入"，2008年《中华人民共和国物权法》颁布，公众对如何合法地增加私有财产性收入产生了强烈的兴趣。所谓"财产性收入"，包括出让财产使用权所获得的利息、租金、专利收入，及财产营运所获得的红利收入、财产增值收益等。具体而言，财产性收入一般指家庭拥有的动产和不动产，如银行存款、有价证券、房屋、车辆、土地等，以及由此所获得的收入。这些财产性收入显然不同于以往的工资收入，带有明显的专业性。股票、基金、房屋、汽车……无一不需要专业知识。从哪里可以迅速地获得这些知识？公共信息。

公众对这些专业信息的需求，较之初级的"满足好奇心"的需求点，则更具体亦更专业，即希望媒体提供对增加财产性收入有帮助的专业信息，并且要求这些信息易懂好用，能为自己理财决策提供一些专业帮助。顺应这种需求，各种媒体出现了大量理财专栏、股市专述、股评等。此外，媒体还开发了与健康、教育、就业等各种专业领域相关的专栏信息板块。

最后，公众对公共事务参与与协商方面的需求从隐性需求转变为显性需求。这些公共沟通涉及的领域有公民利益与权利、平等与正义、公共道德等等。在这些领域中，公众通过公共信息平台与权利的掌握者和管理者进行对话、协商，而媒体充当着这种信息平台的作用。

在2009年的广州垃圾焚烧事件中，焚烧厂选址当地住户通过网络载体将消息公诸于众，引起了市民自发的、温和的抗议；大量媒体介入报道事件经过，发布述评称地方政府政策必须与大多数市民的意愿相一致……在事件发生期间，媒体机构担当信息沟通桥梁的作用，比较有效地解决了地方政府与公众之间"信息不对称"的问题。公共沟通，为公共协商提供了基本的条件。

三、新闻实践的创新性挑战

在探讨这个话题之前，请先思考两个问题：
1. 公开发表的新闻故事是信息的传送者还是信息的制造者？
2. 新闻对公众应该产生倾向性的影响力还是保持中立？

目前新闻创新性的实践有公共新闻、互联网新闻、数据新闻等方式，这些方式从新闻报道的动机、新闻信息传播平台、信息采集和发布方式等方面打破了传统新闻生产的"路径依赖"。

在西方的新闻模式发展过程中，公共政治环境中的文化多元化促使了新闻实践的多元化；"多元化"可以在更大范围中兼顾社会利益，这显然为新闻实践的"公共性"变革提供了外部环境。20世纪80年代，美国新闻界出现了一种与传统新闻模式不同的"公民新闻"（或称"公共新闻"）。从媒体报道的语境来说，公共新闻缘于新闻的发展与社会民主发展的交汇，公共新闻的哲学基础是"协商民主"中的"共同协商"。西方社会学家曾为其"公共新闻"总结了三个核心目标：报道公民特别关心的问题；从公民角度报道并使公民参与解决这些问题；公共新闻将自身看成一个提供公众协商、解决公共问题的公共平台。[①]

公共新闻的实践使得新闻报道的社会功能发生了变化：从事件的记录者演变成"协商民众，协商民主，公民参与"的组织者和平台。最近几年，中国新闻实践也出现了类似的尝试，如在广州垃圾焚烧事件的新闻报道过程中，新闻媒体特别是地方新闻媒体不约而同地呈现了这种公共新闻的"民众参与与公共协商"的特点。[②]

但是，这种新闻实践亦带来了不少争议。例如，公共新闻的实践过程可能造成媒体"过度参与"，同时会导致新闻最核心的本质——"中立与客观性"受损。

---

① 见（美）坦尼·哈斯著：《公共新闻研究：理论，实践与批评》，曹进译，华夏出版社2010年版，第36～86页。
② 见龚彦方、陈卫星：《公共新闻实践的可行性研究》，载《南京社会科学》2011年第9期，第95～101页。

此外，在中国还出现了另一种新闻实践，即互联网新闻实践。这些实践出现在网站、BBS、社区、博客/微博、QQ、微信等公众信息平台，并以此为传播平台而兴起自媒体。

这些互联网新闻实践与传统新闻实践最大的差异在于：首先，新闻信息的发布者可能是"在现场"的公众，可能是当事人，也可能是围观者，还可能是一群专业人士；其次，新闻的发布无"把关人"。

从信息公共传播的容量与效率来看，互联网实践显然弥补了传统媒体发布信息的片面性、选择性与滞后性，在公共舆论空间中有时甚至起到了"议程设置"的作用。例如，网友在一张地方报纸上的重大车祸现场图片中发现，图片上的主人公不仅面带微笑，手腕更是佩戴一只不同寻常的世界名表。于是网友们不断地发表关于官员佩戴名表的信息、购买多处房产的信息，一时间，"表叔""房叔"的新闻占据各种媒体的主要位置。在互联网传播过程中，这则新闻事件的议题由"车祸"转移为"官员财产"。

从公众角度而言，互联网新闻实践也是一种"公共新闻"的呈现方式，只不过其发起者并非传统媒体，而是公众自身，因此其公众参与性更加明显。例如，某些自媒体的新闻内容生产、Youtube 视频网站的内容呈现，都是以"众包"的方式实现的，媒体也因此由"传播内容供应"演变为"传播平台供应"。

但是，这些互联网新闻实践有天然的缺陷：新闻信息呈现碎片化和不连贯性；过度的信息搜索（如"人肉搜索"）和信息挖掘有可能使公众丧失隐私权；信息发布的个性化、随意性有可能使信息传播失真和扭曲，信息的客观性和中立性均受到严重质疑，但是信息发布者对信息的真伪不具备"信誉责任"。

针对这些缺陷，中国正逐渐出台相关的法律法规和制度来约束。2013 年 9 月 10 日开始实施的《最高人民法院、最高人民检察院关于办理利用信息网络实施诽谤等刑事案件适用法律若干问题的解释》规定，利用信息网络诽谤他人，同一诽谤信息实际被点击、浏览次数达到 5000 次以上，或者被转发次数达到 500 次以上的，应当认定为刑法第 246 条第 1 款规定的"情节严重"。① 另外，地方政府和企业都制订了"注册实名制"的规定，涉及微博和微信公众号的使用。

---

① 见《网络谣言转发超 500 次可构成诽谤罪》，载新华网 2013 年 9 月 10 日，http://news.xinhuanet.com/tech/2013-09/10/c_125355073.htm。

四、复合型专业新闻人才的挑战

从目前各个媒体机构的采编部门机构设置来看,新闻的专业领域分类越来越精细。以往只有时政新闻部、文化新闻部、经济新闻部和体育新闻部。现在,时政新闻中可分为政文部、深度新闻部;文化新闻又分为教育、医疗、科技等若干分支领域;经济新闻是分工最精细的采编领域,包括宏观经济、IT、汽车、房产、电子商务、能源产业、环境新闻、理财等等,并延伸出若干专栏、专版。同时,出现了越来越多的专业财经媒体,包括平面媒体、电视媒体和网络新媒体。

专业分工还包括互联网信息可视化以及数据新闻所需要的软件工程师和数理统计分析师。

这些新闻采编领域的精细化分工,对于人力资源来讲,既提高了专业门槛,又对传统的新闻生产形成了挑战。笔者根据调查研究发现,不少非新闻专业毕业生进入媒体机构成为专业新闻工作者,极大地丰富了新闻采编队伍的知识多元性。但是,他们对于新闻的专业性学习与运用,却要在工作中从零开始,特别是缺乏从社会层面和人文层面了解和理解新闻这个特殊的产品,成为制约这些新生力量专业发展的最大阻碍。具体表现是,他们在工作中缺乏新闻选题策划能力,或是缺乏从新闻视角对信息进行判断的能力。

未来的新闻专业人才是新闻主题策划、新闻采写、数据统计分析、交互设计融合为一体的人才或人才体系。而新闻理解力将成为这种复合人才的核心能力。

第二节 当代新闻编辑:
互联网信息社会的"第二权力者"

新闻编辑在当今网络时代遭遇始料不及的尴尬——在信息传播如此多元的社会语境中,新闻编辑如何寻找自己的定位?

网络时代的信息传播有一个显著的特征,即碎片化与随意性。这种碎片化似乎昭示着信息社会的必然规律。英国社会学家斯格特·拉什认为:"信息社会涉及一种扭曲的辩证,即从秩序走向失序再走向新秩序。"① 信息的扩散与流动呈现了准无政府状态,并且这种状态有可能产生"两种权力"。"第一种权力"是由于信息或文字本身所承载之内容而获得的权力,微博、微信等网络载体即体现这种权力;"第二种权力"是在知识财产范围内(也可以理解为在信息处理的"专业技术范围"内)"对信息秩序的再造与管理",是一种"信息年代内全世界性的资本积累"。②

笔者认为,新闻编辑在网络信息社会中,是为了呈现"第二种权力",即对网络信息进行再造与管理。也就是说,从信息的总量来看,互联网社会的多元性的确为信息的传播创造了天然的自由环境;但从公众具体化的信息需求来看,若无专业工作者对无穷量的碎片化和随意性的信息进行整理与管理,互联网信息将无法为公众提供更有效的功能性服务,即知识性的信息服务。简而言之,从新闻信息传播角度而言,新闻编辑是呈现信息"第二种权力"的专业知识人。

从工业社会走向信息社会/知识社会,或者两者融为一体,是人类社会基于技术进步而产生的变迁。美国哈佛大学教授、著名的社会学家和未来学家丹尼尔·贝尔在《后工业社会的来临》一书中主要向我们预测了未来知识社会的种种可能状态。贝尔认为,后工业社会与以往工业社会有着很大的差异,从总体的广泛特征上说,"如果工业社会以机器技术为基础,那么后工业社会是由知识技术形成的。如果资本与劳动是工业社会的主要结构特征,那么信息和知识则是后工业社会的主要结构特征"③。

美国当代经济学家、管理学家彼得·德鲁克在《后资本主义社会》一书中阐述了他对知识社会的看法。他认为,由于知识是后资本主义社会的最主要的资源,它根本地改变了整个社会结构,即不仅创造了新的社会动力,创造了新的经济发展动力,而且创造了新的政治模式与动力。

在信息社会中,机构的边界、族群的边界甚至国家的边界都有可能变得模糊,但是,专业知识的生产与创新对于互联网使用者来讲,在任何地方、任何时候都是不可或缺的。

---

① (英)斯各特·拉什:《信息批判》,杨德睿译,北京大学出版社2009年版,第18~20页。
② 同①。
③ (美)丹尼尔·贝尔:《后工业社会的来临》,高铦等译,新华出版社1998年版,第9页。

本章小结

本章分析了互联网信息时代中新闻编辑工作所面临的四种挑战。首先,互联网思维和技术使得公众的社会价值理念和呈现方式变得多元,复杂性与不确定性成为价值多元呈现的重要特征。其次,公众对于信息的需求也变得更加实用,既看重信息的新奇性,也看重信息的知识服务性。再次,多样化的互联网平台催生了各种新闻实践,大量新闻作品不再出自新闻专业工作者之手。这种新闻实践对新闻传统的生产路径提出了许多新的问题,并且冲击着新闻业。最后,新闻机构内部也面临着复合人才带来的机遇与挑战,一方面,非新闻专业的人才涌进媒体机构;另一方面,缺少新闻理解力和判断能力成为制约他们发展的主要阻力之一。

在互联网信息时代,新闻编辑如何寻找自己的定位?在后工业社会,信息化与知识化是社会发展最重要的特征。互联网信息社会呈现两种基于信息而产生的权力现象:一种是因信息或文本本身所承载之内容而获得的权力,另一种是在知识财产范围内再造和管理信息秩序而获得的权力。简而言之,从新闻信息传播角度而言,新闻编辑是呈现信息"第二种权力"的专业知识人。

接下来,本书的各个章节将详细推演互联网时代新闻编辑的新闻生产过程,从"宏观思维"和"微观操作"两个层面来探讨新闻编辑的工作特征和方式。"宏观思维"包括新闻编辑所涉及的基本理论的阐释以及编辑的基本思维建构,这涉及新闻编辑的一种关键判断——新闻的事实价值判断。"微观操作"包括故事的搭配与审美、稿件的修改、互联网的信息可视化等等。最后将阐述与新闻编辑的判断相关的其他因素,如新闻的社会功能、编辑伦理以及受众分析。

第二章 新闻编辑的基本理论

建立新闻编辑的宏观思维，首先必须了解和理解新闻编辑所需要的四种基本理论：议程设置理论，媒介延伸理论，信息不对称理论，使用与满足理论。从实践来看，这四种理论对新闻编辑如何理解新闻、理解媒介以及领悟新闻的社会功能起着至关重要的作用。

议程设置理论可以使新闻编辑在处理和管理公共信息时，关注大众媒体、公众意见和舆论形成过程三者之间的微妙关系。媒介延伸理论，可以帮助新闻编辑思考媒介的技术功能与社会功能的分离与融合。信息不对称理论，可以帮助新闻编辑关注与反思新闻信息的服务对象和社会功能。使用与满足理论，可以使新闻编辑工作者很好地评估信息处理与管理工作的效果。

第一节 议程设置理论的三层含义

在讨论这个理论之前，请先思考以下四个小问题：
1. 微博时代，新闻还存在议程设置吗？如果存在，还需要新闻专业人士吗？
2. 网络是否可以作为主要的、可靠的、真实的信息来源？
3. 网络传播的话题是否是大多数人关注的话题？
4. 网络传播中，是公众议程影响了媒体议程设置，还是其他信息源（如意见领袖）对媒体的议程设置产生了影响？

其实，从现实来看，上述四个问题似乎都未有定论。

自20世纪60年代以来，议程设置理论一直被认为是鲜有的可以直接应用于新闻生产过程的重要理论或假说，尽管学术界或新闻界对此存在不少争议。

大众媒体具有"地位授予"的功能特点，即微小的社会事件通过新闻媒体的报道后引起更广泛人群的关注，这促使媒体思考如何通过"报道"这一特殊的手段影响人们的关注点。议程设置理论之于新闻实践的第一层含义，即新闻媒体可以通过报道议题的排序而影响公众的关注内容。

新闻媒体并非信息和意见的直接提供者。它很多时候并不能成功地告诉人们怎么想（what to think），但能成功地告诉它的读者需要想什么东西（what to think about）。编辑、记者、出版人通过报纸和大众出版物，在受众的头脑中画出不同的图像。因此，议程设置理论认为，在大众传播媒体中报道量越大的问题或事例（通常并非指具体的某个新闻事件，更多地指向某个领域，如政治领域、经济领域），通常越容易被公众认为是当前重要的问题，这种重要性是以媒体报道总量的排序来决定的。因此，这些媒体对问题或事例报道的排序，被认为是对公众施加影响的一种能力。

为了强化上述通过排序而制造重要性的媒体功能，新闻媒体工作者还延伸了议程设置的第二层含义（"属性议程设置"），这被称为"属性显著性"。政治领域的政治人物的"属性议程"，包括其意识形态立场、个人履历细节、外表与个性的细节、家庭背景细节等等。以陕西安全生产监督管理局原局长杨达才的新闻报道为例，杨达才是"中国政府官员"，属于议程设置中的"重要领域"；但是，这显然不够吸引公众的关注力，这个人物身上凸显的属性特征——他的"微笑"与"手表"更具有显著性，这才使该新闻事件进入了媒体报道的重要议程。

在某一事件中，不同的属性又构成了重要性的排列等级。这些属性依附在第一层的"领域"议程上，通过第二层的"属性"议程传递给公众，从而影响公众对某一事件特征的具体认知。在同一类事件或问题中，从性、冲突、丑闻角度（属性显著性）来报道要比从第一层问题本身（领域显著性）来报道更令受众关注。

但是，这种媒体的议程设置是否真的能左右公众的思维呢？媒体的议程设置是否只出于媒体的喜好而忽略公众的喜好呢？换言之，公众是否亦有自己的"议程设置"？

实际上，议程设置理论还有第三层含义。

美国著名传播学家杰克·麦克劳德（Jack McLeod）以及他的继任者研究发现，是公众的议程设置影响了媒体的议程设置，反之并非亦然。例如，在美国的政治选举中，候选人可能会迎合自己这一方选民的喜好而坚持某一观点或反对竞选一方的观点，从而使自己保持在公众议程中的"高位"，吸引媒体不断地报道这些观点。① 此外,公众因为性别、教育程度、年龄或收入层次的不同,对某个公共事件的重要性有不同的认知,从而形成不同的议程设置。这个研究结果启示媒体,为了使自己的议程设置更有效果,应该研究和分析公众的议程设置,并根据公众的议程设置进行媒体的议程设置。或者说,建立在公众议程设置之上的媒体议程,才有可能是有效的议程设置,而非媒体本身"想当然而为之"。

在"杨达才案"中,媒体最初是正面报道当地安全生产监督管理部门领导如何赶赴车祸现场并指导事故处理事宜;但是,网友从刊载的图片上发现杨姓领导人在现场不合时宜的微笑和佩戴的名牌手表,引起公众的强烈关注。从这个事例可以看出:公众对于此类车祸的关注点可能并不仅仅在车祸现场,而更多地在"负责官员"以及延伸出来的"关注中国官员财产来源"的议题上。媒体紧接着跟随网友的兴趣点进行追踪,此事的新闻报道以杨达才因不明财产来源被判刑而告一段落。

由此看出,关注公众议程可以很好地提升媒体议程的有效性。由于网络信息的不确定性、缺少"把关人"的特点,公众还是会从传统媒体的报道中寻找事实的真相,增加对媒体相关新闻报道的阅读兴趣。媒体可以利用议程设置达到提升影响力的目标。

因此,理解议程设置理论的三层含义,对于当今信息时代的新闻编辑来讲至关重要:既要认知议程设置之于媒体功能的重要性,有效地实施这种"议程",更要明察公众议程设置之于媒体的重要性,避免新闻编辑工作闭门造车、不接地气。

第二节 "媒介即讯息"

"媒介即讯息"是加拿大传播学家马歇尔·麦克卢汉著名的论断之一。他认为,任何媒介或技术的"讯息",是由它引入的人间事物的尺度变化、速度变化和模式变化;对人的组合与行动的尺度和形态,媒体自身正发挥着塑造和

---

① M. D. Fleur, E. Dennis. "Effect of the Media on Society and Culture", in *Understanding Mass Communication: A Liberal Arts Perspective*. Houghton Mifflin Company, 1985, pp. 342–346.

控制的作用，尽管媒体之传播内容可能反而对人的行为塑造无能为力。①

麦克卢汉对媒体所传播的具体内容兴趣不大——这似乎在反驳"议程设置"的理论或假说，他孜孜不倦地研究的是媒介自身的魅力。从当今通信技术的发达，尤其是媒介自身的发达，以及消费者对其的信赖程度而言，我们不得不佩服20世纪60年代这个"媒介即讯息"的预言。

对于新闻编辑实践而言，"媒介即讯息"是在启示编辑对信息的含义进行分析与预测；同时，还要辨别何种媒体会产生何种讯息，或是何种讯息将由何种媒体产生与传播。这是一种洞察信息与社会、信息与人之间复杂多元、变化无常之关系的能力，是一种预测新闻事件的未来发展，或是未来新闻发展趋势的能力。例如，平面媒体、电视媒体和网络媒体的媒体介质不同，它们所传播的讯息在内容和形式、传播者和受众方面均有明显差异性。

另一方面，麦克卢汉承认媒体内容本身（即文字、视频或声音）亦是"媒介"，因此，电子媒体所传播的具体内容，也是在传播某些可能意味深长的讯息。例如，公众对"我爸是李刚"这一新闻事件反应激烈，是因为车祸肇事人在事发现场说出了"我爸是李刚"这五个字，而"李刚"为当地某公安机构的官员，公众显然对这五个字产生了强烈的负面反应。后来据警察调查，肇事者李启铭确实说过"我爸是李刚"，但并非先前传闻所指的飞扬跋扈。据保定市北市区公安分局百楼派出所民警刘志伟、所长赵晓兵的回忆：李启铭说话时是边哭边说，态度很是害怕，还说出了事他愿意负责任，千万别跟他爸说，样子有点恐慌，但并无张狂的态度。②从这个例子可见，信息的具体文本内容呈现之际的社会语境、传播者的语气、受体的接收心理等等，无一不在传递着各种"意味深长"的讯息，不同的配置就有可能导致完全不同甚至相反的解码。

因此，理解并领悟"媒体即讯息"，即了解任何媒介都有可能在各种社会语境之下，包括在政治、文化和经济等各个宏观因素环绕之下公开地传播信息。由此可知，信息既是具体的，也是抽象的；既是个体的，也有可能是群体的；既是当下的，也有可能是历史的。

---

① 见（加）马歇尔·麦克卢汉：《理解媒体——论人的延伸》，何道宽译，商务印书馆2000年版，第34页。
② 见《"我爸是李刚"真相还原之反思》，载人民网"重庆视窗"2011年4月1日，http://cq.people.com.cn/news/201141/201141144412.htm。

第三节 信息不对称理论

经济学家认为，信息不对称是真实世界的一个本质特征，企业之间的竞争行为均是在不对称信息状态下的"博弈行为"，企业之间并不完全清楚对方的信息，竞争态势之中的企业根据自己的私人信息——即时信息，如资本、经验、人才等等，也可能包括历史信息和各种横向比较信息，以及在这些私人信息基础之上形成的关于竞争对手行动的估计，从而使自身的利润最大化。①

经济学家还认为，尽管存在"知识鸿沟"、资本、产业特征等准入门槛，但"信息不对称"的主要原因之一是人为因素的干扰，因此，信息不对称的背后潜藏的可能是"道德风险"。

传播学家认为信息可以制造权力。在制造业时代，权力的产生来自于机械设备、生产工具之类的财产；在信息时代，权力则属于由信息传递的知识财产。高度理性的信息技术和知识密集的生产过程导致了信息扩散和流动的准无政府状态，而这种信息的失序产生了信息的权力关系，这种权力既包括信息字节的直接权力——介质的影响力，也包括了在知识财产范围内的信息再造。②这种信息权力造成的不平等并非通过利润剥削来呈现，而是通过选择和排除来体现。

信息不对称理论对新闻编辑的启示有两点：①辨别在信息不对称过程中，哪一方是信息的掌握者，即"权力者"；哪一方是信息的被排除者，即"弱势群体"。②尽可能为信息传播过程中的"弱势群体"解决信息不对称的困境，使之获得信息的真相。

在财经新闻的采访报道实践中，新闻在为谁寻找真相？换言之，谁更需要真相？是大公司、政府、国有机构、还是其他的弱势群体？弱势群体指的是处于权力和资本的绝对弱势，同时也处于信息不透明、不公开、不知晓的一方。例如公众股东，他们是外部流通股的持有者，在二级市场上进行股票交易，他

---

① 见（法）泰勒尔：《产业组织理论》，张维迎总译校，中国人民大学出版社1997年版，第480页。

② 见（英）斯各特·拉什：《信息批判》，杨德睿译，北京大学出版社2009年版，第18～20页。

们不是公司经营者,也非投资机构,无从知晓公司的内部运营,只能从公开的财务信息上获得公司的少量事实,并且还无法核实这些数据是否真实;又如权利相对较弱的小股东(内部股东中的小股东同样处于权利与利益再分配的弱势状态)或其他投资机构的专业人士,也有信息不对称的"不公平"现象出现。财经新闻其实是为这些弱势群体服务的,为他们提供更多的真实信息,解决信息不对称的基本问题,在他们进行利润和风险分析之时提供有价值的信息。

第四节 受众使用与满足理论

受众使用与满足理论认为,媒体对受众产生影响的前提是,受众必须愿意接受一定的媒体,而并非媒体先对受众施加影响。在这个模式下,受众是传播过程的主导者,而非被动者。

与新闻传播理论的着眼点明显不同,首先,该理论从受众的角度出发,将受众作为"消费者"进行媒体的效果研究;其次,该理论还暗含着媒体的产业化特征;最后,该理论还将社会和社会心理因素引入媒体传播过程中。

人们从媒体获得满足一般来自三个方面:一是来自媒体内容,人们会因不同的需求而接触不同的媒体内容。现在媒体设置不同的版块来呈现不同类型的新闻故事,即迎合了这种个性化的需求。二是来自接触和使用媒体的过程。研究发现,人们是选择阅读纸质书籍还是平板电脑上的电子书,有时仅仅取决于其对抚摸纸张时的手感的偏好,或是对手指在屏幕上的滑动的偏好。这与"媒介即讯息"的含义似乎异曲同工。三是来自媒体产生的社会环境。例如,公众对于智能手机的喜爱,形成了一定的"智能手机"的消费社会环境,在这个环境中,人们会倾向于因获得一部智能手机,特别是某些流行的名牌手机而得到满足,并不仅仅满足于一般手机的技术性使用。

使用与满足理论对新闻编辑工作的启示在于,它提醒编辑关注并尊重受众,分析不同受众使用媒体的行为方式、心理因素以及社会环境等等,让受众提升阅读新闻的满足感。但是,过度满足受众,甚至伤害新闻客观性和真实性,或以猎奇细节、以非法手段获得独家信息来取悦受众等行为,都应该被新闻编辑拒绝。如英国周报《世界新闻报》(《太阳报》的周日报),多年以非法窃听方式获得名人隐私而报道许多独家消息,并因此为成为英国最畅销的小报,2004 年发行量达到 350 万份,后来由于窃听被绑架受害者的私人电话语音信箱,严重干扰司法办案,遭到调查起诉。2011 年 7 月,拥有 168 年历史、发行量数百万的小报被关停。

本章小结

本章谈到四个与新闻编辑相关的理论或假说。

理解议程设置理论的三层含义,对于当今信息时代的新闻编辑来讲至关重要,既要认知议程设置之于媒体功能的重要性以有效地实施这种"议程",更要明察公众议程设置之于媒体的重要性。

理解并领悟"媒介即讯息"。任何媒介都有可能在各种社会语境,包括政治、文化和经济等各个宏观因素影响之下进行公共信息传播。因此,信息既是具体的,也是抽象的;既是个体的,也有可能是群体的;既是当下的,也有可能是历史的。

信息不对称理论对新闻编辑的启示有两点:①辨别在信息不对称过程中,哪一方是信息的掌握者,即"权力者",哪一方是信息的被排除者,即"弱势群体"。②尽可能为信息传播过程中的"弱势群体"解决信息不对称的困境,使之获得信息的真相。

使用与满足理论启示编辑工作者注重并尊重受众,分析不同受众使用媒体的行为方式、心理因素以及社会环境等,使受众提升新闻阅读的满足感。但是,凡事得有度,为了满足受众伤害新闻客观性、真实性,以猎奇细节、非法手段获得独家信息来取悦受众等行为,都应该被新闻编辑拒绝。

第三章 新闻编辑的宏观思维与设计

新闻编辑的宏观思维与设计相当重要。宏观思维涉及新闻专业工作者对新闻微观事实和宏观意义的融合认知：基于"微观事实"的认知，可以判断一个事件能否成为新闻；基于"宏观意义"的认知，可以判断这个新闻能否成为有意义、有价值的新闻。新闻报道与传播的目标，并不仅仅在于提供事实性的信息，而且要提供意见性的信息——这种基于新闻事实性信息之上的意见性，使得新闻媒介成为社会人群之间进行精神交流的平台。①

前文提到，当今社会处于信息高速发展的时代，信息的传送与接收十分迅速。从整体上看，信息总量扩大，信息传播更加通畅；但具体而言，信息传播变得更加随意化、碎片化，无法凝聚成有效信息。要使信息成为新闻信息，必须经过新闻的专业认知和辨别活动；而这种认知和辨别活动不仅要筛选出有效信息，还必须将这些有效信息与其产生的社会环境相关联，因为任何有效信息必然受到政治、经济、文化和技术等方面的规范和约束。

新闻编辑的宏观思维与设计，实际上就是"议程设置"的实施与呈现。从宏观层面上了解公众议程，了解公众的公共的、经济的和文化历史的价值偏好，以及政治意识形态特点，能从微观上建立有效率的媒体议程，即设置第二层、第三层甚至更多层的新闻报道议程。

具体而言，新闻编辑宏观思维与策划过程包括三个层次：①对新闻事件的事实价值判断。②确定报道的主题、副主题或次主题。③建立报道实施的策划方案。

第一节　新闻编辑的宏观思维

一般地，新闻工作者根据"五要素"判断一个事件或一位人物是否可以

---

① 见杨保军：《新闻活动论》，中国人民大学出版社2006年版，第49～51页。

成为新闻事件或新闻人物。

（1）时间性：新近发生的事件或曾经的新闻事件发生了新变化。

（2）重要性：事件涉及面具备相当的广度，影响的时间比较长。

（3）显著性：新闻当事人的知名度很高。

（4）接近性：事件的发生与受众的相关性高，有时是因为事件所蕴含的基本人文因素，有时是因为区域或收入等社会学因素相近。

（5）非常性：事件能满足公众普遍的好奇心。

但是，事件仅仅满足上述五个要素，并不能做出好新闻。从新闻实践来看，新闻"五要素"的判断适用于"记者眼光"，是事件成为新闻事件的必要条件，但非充分条件。

一、新闻事件的事实价值判断

一个事件之所以成为值得记者采访报道并深入挖掘的"新闻事件"，除了具备新闻"五要素"，还必须具备成为新闻事件的充分条件——"事实价值"，具备"事实价值"才有可能使这个事件成为独特的、具有恒久新闻价值的新闻事件。事实价值的判断是新闻定义中不可或缺的构成部分，亦是公共舆论形成的重要内涵和组成部分。

寻找并判断新闻的事实价值，是新闻编辑的基本思维和首要的基本工作，同时亦是必须完成的最艰难的任务之一，是编前会各种争论中最主要的论题。

那么，什么是新闻事件的事实价值？

从某种意义上讲，事件的新闻价值表现为一种实用意义的社会关系。[①] 新闻事件的"事实价值"，是新闻事件中的核心事实所蕴含的独特社会意义，这种社会意义并非唯一，有可能是以政治价值、文化价值、历史价值或经济价值的单一方式呈现，也可能是以多重方式呈现出来。正因为拥有这些"事实价值"，新闻事件才可能值得新闻工作者以专业方式报道和传播；呈现的意义越多重，新闻事件的社会意义就越彰显。

从实践的角度而言，这些"事实价值"可以理解为新闻事件的报道主题，一个新闻事件产生后，时政新闻部编辑看到它的时政意义，于是有了时政主题；经济新闻部编辑看到它的经济意义，于是有了经济主题；社会新闻部编辑

---

① 见陈力丹：《新闻理论十讲》，复旦大学出版社2008年版，第32页。

看到它的社会伦理意义，于是有了社会伦理主题……

"事实价值"至少有三种特性。

首先，新闻事件的事实价值判断不可能完全脱离事件的社会价值。也就是说，事实价值实际上是事件的各种社会意义的呈现，政治的（往往这是判断的首要价值）、文化的、经济的、心理的、科技的——假定公众也享有或认可同类价值，这些价值就应该被报道出来；尽管由于客观和中立的前提，这种新闻价值极少被新闻工作者鲜明地表露出来，只是隐藏在字里行间。①

其次，新闻事件的"事实价值"是典型的、具体的，并非抽象的。一个新闻事件可呈现出多种事实价值，并且每一种价值在现代社会看来，均具备某种典型的、具体的社会意义和呈现方式，从而使得新闻事件本身具备典型意义。事件只是具体的社会价值的载体而已，报道新闻事件的目的，从某种意义上讲，是彰显这些事件中的事实价值。

最后，尽管新闻事件是暂时的、碎片式的，但是"事实价值"的内涵却是恒久的。任何新闻事件都有可能体现这种价值；或者，新闻机构将自身定位于某种社会价值，便会敦促记者寻找能体现此种恒久事实价值的新闻事件②。循环往复，乐此不疲。尽管随着时间和技术的变迁，社会价值的表现形态多样，但它仍可以在相当长的时期内保持、延续，且被一代代的新闻工作者追求，附载在各种各样的新闻事件之上。

判断新闻事件的事实价值，要遵循新闻活动内部发展的客观规律，站在更宏观的角度挖掘新闻事实中蕴藏的社会意义。新闻报道的目标与本义是"实现真实报道"，如果说新闻事件中的事实细节与素材呈现了新闻活动微观层面的具体真实的话，那么事实价值呈现的则是一种宏观层面的整体真实。③

从媒体机构竞争的角度而言，呈现越丰富的微观层面的具体真实，便越有可能获得"独家"的报道；而呈现越丰富的宏观层面的整体真实，则越有可能获得"独立而独到"的报道。两者均为媒体竞争的目标，且后者的影响力

---

① 见（美）赫伯特·甘斯：《什么在决定新闻》，石琳、李红涛译，北京大学出版社2009年版，第48~51页。

② 这与"价值预设"的采访有本质区别，被"价值预设"的新闻报道往往将"价值取向"置于"事实取向"之上，因而易造成选择性采写或以偏概全。编辑可以持有某种价值偏好，但是在新闻采写中，这种价值需要依靠事实的真实性、准确性和报道的中立性来体现。事实价值越被客观地体现，这种价值越建立得持久。

③ 见杨保军：《新闻活动论》，中国人民大学出版社2006年版，第294~296页。

有可能甚于前者。

二、"事实价值"的类型

从新闻实践来讲,这些独特的具体的"事实价值"大概有三大类型:政治与公共价值,经济与科技价值,美学与社会心理学价值。

(一)政治与公共价值①

新闻事件所体现出来的"政治与公共价值",是新闻事件中最重要的价值,是新闻事件成为"头条"的充分必要条件。顾名思义,这类价值体现的是"政治意义"和"公共意义"。

从中国新闻实践来看,新闻事件的"政治价值"主要体现在从宏观角度和政府执政角度关注"国家发展与利益""民族优越感"和"社会秩序"。"公共价值"与"政治价值"有交汇,但关注的角度不同,"公共价值"主要从民众角度关注"社会秩序"以及对政府官员领导权的监督等。包含这几类新闻价值的新闻通常会出现在"政治新闻"或"时政新闻"栏目中。

"社会秩序"价值具体呈现在两个实务领域:一是"社会秩序的建立",二是"社会秩序的失序"。前者体现了新闻事实的"政治价值",后者则体现"公共价值"。

一方面,"社会秩序的建立"的新闻事件多是围绕有关党和国家以及地方政府的政策、法律法规、条例的颁布和执行,因为这体现了社会秩序建立的过程和必要性;另一方面,在自然灾难(如地震和火灾)和公共事件(如重大流行病)发生时,新闻报道首先关注国家和地方政府的应急处理以及社会各界的救援,因为这体现了社会秩序的"再建"。

---

① 美国社会学家赫伯特·甘斯将新闻的恒久价值分为八类:民族优越感、利他的民主、负责任的资本主义、小城镇的田园主义、个人主义、温和主义、社会秩序以及国家领导权。相对应的,这是新闻媒体基于自身的角色立场而判断出来的,这些角色预置包括新闻媒体是"公众利益的'看门狗'""政府的监督员""公民和民主的代言人""国粹主义者(矛盾)""社会正向价值和正常秩序的维护者(公平、平等、自由)"或"社会矛盾的调停者(种族融合)",充分体现了传统的新闻专业主义的理想与情怀。也正由于这些判断,新闻报道对"道德失序"事件有着明显的偏好:调查报道暴露政客们在法律或道德上的越轨行为,或是应该拥有良好声誉的政治家或企业家的道德失控等。[见(美)赫伯特·甘斯:《什么在决定新闻》,石琳、李红涛译,北京大学出版社2009年版,第52~84页。]

"社会秩序的失序",则是从公众角度关注公权领域的道德失序。这类新闻事件的核心事实更易呈现其"公共价值",而且由于从公众的角度出发,新闻报道有更能引起社会关注。因此,寻找并报道新闻事件的"公共价值"成为新闻编辑的重要任务,同时也是深度调查报道的重要任务。在中国当前的新闻语境中,"公共价值"所涉及的具体社会价值和呈现方式均与公众关心的政治与公共领域有关,如政府官员贪污腐败及其受贿方式,政府官员的非法财产来源,社会公共空间中的城市治理缺少伦理关怀而导致冲突(城管执法),个人或集体维权未得到及时处理而演变成社会性群体事件(如"乌坎事件"),经济快速发展的移民地区公众道德缺失(如"小悦悦事件"),社会底层人士缺少救助,儿童受虐,等等。

案例1　"中国发射'神十'飞船"的"政治与公共价值"分析

2013年6月,中国神舟十号(简称"神十")飞船成功发射。"神十"飞船是中国"神舟"号系列飞船之一,是中国第五艘搭载太空人的飞船。较之以往,"神十"发射并完成与天宫一号空间交会对接等任务后,我国载人航天第二步任务第一阶段将完美收工,全面进入空间实验室和空间站研制阶段。

同时,此次发射与以往有明显不同的新闻点,即本次太空旅行还将进行"太空授课"。中国是全球第二个开展太空授课计划的国家。国内外各大媒体对"太空授课"进行了十分详细的报道。从新闻事件的"事实价值"分析来看,"神十"的发射强烈地体现了"国家发展与利益"和"民族优越感"这样宏大叙事的政治主题;而对象为中小学生的"太空授课",则体现了国家利益与民众利益并行的政治主题。

案例小结与点评

中国发射"神十"飞船,若按事件内容来分,应是科技新闻;但是事件所呈现的是关于国家科技创新能力的展示,这种政治意义无疑是最具社会价值的,因而也是新闻的主要事实价值。

与以往类似的新闻事件相比,此次新闻报道不仅关注发射的各种细节、宇航员的新闻故事,还将报道焦点放在了"太空授课"的各种细节上,在呈现政治主题的同时,也呈现了"对青少年人文关怀"的公共价值。

案例2　"广东佛山2岁女孩小悦悦"事件的"道德失序"

2011年10月13日，2岁的小悦悦（本名王悦）在佛山南海黄岐广佛五金城相继被两车碾压。场内录像显示，7分钟内，18名路人路过但都视而不见，漠然而去，最后一名拾荒阿姨陈贤妹上前施以援手，此事经媒体报道和网络传播后引发公众广泛热议。

2011年10月21日，小悦悦在0时32分离世。2011年10月23日，广东佛山280名市民聚集在事发地点悼念"小悦悦"，宣誓"不做冷漠佛山人"。2012年9月5日，肇事司机胡军被判犯过失致人死亡罪，判处有期徒刑三年六个月。① 全国各地新闻媒体对新闻事件进行了大量的报道，新闻的焦点在于"路人的冷漠"。显然，新闻事件的事实价值在于"社会失序"中的"道德失序"。

案例小结与点评

"小悦悦"新闻事件的"事实价值"有多种，包括车祸事件的交通安全，父母失责，当地交易市场管理问题，等等；但新闻焦点在于"路人冷漠"，这是与中国当前的公共道德环境现状息息相关的，若有一个路人相救，小悦悦也许不至于失去年幼的生命。而冷漠的原因比现状更令公众关注，如果不消除这种冷漠，也许下一个受到伤害的人就是你、我或是其他任何一个人。因此，"公共道德失序"超越其他事实价值成为新闻事件主要的事实价值，也正因为这一折射社会现实的事实价值，令新闻事件产生了深远的社会影响。

从上述个案可以看到，社会新闻事件的主要的、首要的应该被报道的"事实价值"，是与社会宏观背景息息相关的，是能折射某种具体的政治、文化或公共意义的价值；只有分析和报道出这种"事实价值"，新闻报道才具备社会价值。

（二）经济与科技价值

新闻事件的第二类事实价值是"经济与科技价值"，其主要包括：第一，

---

① 见百度百科词条"小悦悦"，http://baike.baidu.com/view/4682882.htm。

从新闻事实中挖掘出那些与经济关系、经济活动产生关系的意义和价值;第二,关系经济活动的新闻事实与"政治与公共意义"之间产生互动;第三,新闻事实映射的是经济活动与公共利益产生冲突的各种方式、原因和结果。因此,寻找能体现这些经济价值的新闻事实是财经新闻编辑的首要任务。

在中国新闻报道实践中,此类事实价值的重要性仅次于"政治与公共价值",有时甚至有所超越。在最近的 10 多年中,中国财经新闻发展迅速,不仅综合性媒体中的财经新闻分支机构占据重要位置,而且专业财经媒体也纷纷成立并发展壮大了。与此相呼应的是,高校里财经新闻的教学与科研也蓬勃发展起来。

新闻事实所具备的"经济意义"或"经济价值"主要体现在五个层次。

第一层"经济意义"体现"看不见的手"的作用,映射市场经济对中国经济发展的重要性,既反映在微观经济市场中,又反映在宏观经济市场中。例如,国有企业的市场化改革与行政垄断,中小型民营企业的发展,民间高利贷与金融制度改革,等等。这类新闻的"事实价值"主要呈现出中国市场经济发展及其制度发展之间的矛盾与和谐。

第二层"经济意义"体现了"效率与公平的平衡"。从理论上讲,这种价值涉及政治经济学诸多概念和理论;从现实上讲,这是最易产生"两难选择"的领域,也是最易产生社会冲突、最易发生"新闻事件"的领域之一。如2013 年春北京出现严重的雾霾的新闻事件,反映了城市发展与公共环境治理之间的矛盾。又如有关政府调控房价的新闻事件,则映射了政府的社会稳定目标与市场经济发展之间的矛盾。

第三层"经济意义"体现在"政府主要负责的公共事务领域",也可称之为"政治经济学价值"。这一价值主要体现在当今中国经济发展过程中,政府与企业纠缠不清的关系以及由此造成的负面影响。例如,广州市政府"39 号文"[①] 相关内容所引发的各种争议的新闻报道表现在公共事务领域,即地方政府应该如何合法、合理地引入非公有资本并进行有效管理和运营。这类新闻事件既出现在时政新闻领域,同时又出现在经济新闻领域;既能反思政府某些行为的合理性与合法性,又能体现经济活动的复杂性。

---

① 《印发城市建设投融资体制改革方案的通知》(穗府〔2008〕39 号),主要内容为广州市政府扶持组建六大投融资集团,包括交通投资集团公司、水务投资集团公司、地铁集团公司、广州发展集团燃气板块、广日集团有限公司垃圾处理板块、城市建设投资集团公司,另外还有亚运城经营开发的内容。书中简称"39 号文"。

"政治经济学价值"还可能涉及社会新闻或政治新闻。这些社会新闻或政治新闻是否亦具备"经济意义"呢?事实上,有些社会新闻具有深刻的"经济价值"——追索这些社会负面事件的发展原因,便可清晰地察觉到"利益"无处不在。

以"小悦悦"事件为例。如果做新闻追踪报道,就必须追查此类事件发生的原因,路人的冷漠可能是一个方面,而主要的客观原因何在?由此考虑到,新闻事件的"经济价值"可能涉及政府与市场的关系——这个事件映射了在中国城镇化进程中,地处城乡结合部的新移民集镇人口膨胀与居民生活配套紧缺之间的矛盾。具体而言,"小悦悦为什么没有上幼儿园",说明当地对幼儿教育管理不到位;"这个专业市场为什么人车混流",说明当地集市管理制度不健全。这两个问题都与当地政府的管理模式有关,也与当地政府相应的公共财政支出有关。

企业家的社会责任,也是一种既体现"政治与公共价值"的新闻,亦体现"经济价值"的新闻。不过,主要着眼于"经济价值"的报道显然不同于社会新闻的报道角度,财经新闻工作者首先关注企业家的经济责任的实现过程,包括利润与成本的控制,其次才关注经济责任与社会责任之间的辩证关系。

新闻事实的第四层"经济意义"体现从按劳分配到按生产要素分配的变革,这些新闻事件多与公司的内部治理有关。新闻事件经常关注公司内部的产权变更,利益分配的合法性与合理性,以及对企业负责人的有效监督。

新闻事实涉及的第五层"经济意义"体现在科技领域。在最近十年内,由于环境污染导致不少流行病蔓延,公众开始关注公共环境的安全与健康问题,使科技新闻从原本的专业新闻领域转变为具备"公共价值与经济价值"的重要新闻领域。科技新闻的功能,是将科学技术与经济意义、公共价值甚至政治意义产生关联与作用,产生多重的新闻价值。

案例3　　吴英案"起死回生"的"市场经济意义"

这是一起先后审理三次、从死刑改判为死缓的"起死回生"的司法案件,引起了公众及专家的强烈关注。

新闻事件主角是吴英,女性,中专文化程度,原浙江本色控股集团有限公司法人代表,因涉嫌非法吸收公众存款罪于2007年3月16日被逮捕。2009年12月18日,金华市中级人民法院依法做出一审判决——吴英实际集资诈骗人民币38426.5万元，以"集资诈骗罪"判处被告人吴英死刑，剥夺政治权利终身，并处没收其个人全部财产。2010年1月，吴英不服一审判决，提起上诉。2011年4月7日，浙江省高级人民法院开始二审吴英案，吴英所借资金究竟系用于正常经营活动，还是个人挥霍挪作他用，将成为判决的关键。2012年1月18日下午，浙江省高级人民法院对被告人吴英集资诈骗一案进行二审判决，裁定驳回吴英的上诉，维持对被告人吴英的死刑判决。2012年5月21日下午，浙江省高级人民法院经重新审理后，对吴英案做出终审判决，浙江省高院以集资诈骗罪判处被告人吴英死刑，缓期两年执行，剥夺政治权利终身，并没收其个人全部财产。

那么，如此折腾的司法审判事件，究竟意味着什么呢？是司法的不公正，还是涉案的情节以及社会环境过于复杂？

2012年2—3月间，《人民日报》对此案连发三篇评论文章：《民间金融地火应在地面引燃》《谁来拆除民间资本"玻璃门"》《民间融资如何认识与疏导》。① 这三篇评论分别从民间金融，尤其是民间资本借贷业的发展现状、困境以及现行制度与现状之间的严重脱节等角度进行评论，呼吁改革者冲破阻碍，认识到民间金融的发展已是不可忽视的市场现象，不能简单地用过去的思维进行"围追堵截"，而是应该改革相关制度，疏通民间金融合法的渠道——让民间资本从"地下"到"地面"，同时对其进行合法的监督和管理。三篇新闻评论剥茧抽丝，层层递进，明正视听，对中国民间金融资本运营模式的改革起到了推波助澜的作用。

案例小结与点评

案例的"事实价值"显然没有纠缠于司法过程的正义与否，尽管这也是一个很好的事实价值。新闻的焦点在于事件的产生过程与社会经济背景之间的矛盾，在于高速发展的市场经济主体与滞后的经济制度之间的矛盾。因此，新闻事件的事实价值主要呈现了"中国金融制度改革"这一重要的经济主题。

新闻事件本身并无新奇之处，类似的案件近年来在江浙一带已经发生数起，涉案人员数人被判死刑或死缓；但是"吴英案"的新闻评论却成为经典之作，这是因为案件的发生契合了中国财经新闻的某种事实价值取向——从此案例可以看到，中国财经新闻的事实价值取向

---

① 《人民日报》三篇评论分别见于《人民日报》2012年2月14日、2月16日、3月15日。

其实是有一定的目标和方向的，即聚焦于中国市场经济发展与制度改革之间的关系，特别是矛盾关系产生的过程、问题背后的原因、宏观背景以及可能性的问题解决办法等。因此，一旦有一个在恰当时机发生的新闻事件，便成为这种"事实价值"的载体。

案例4　　"广州市政府'39号文'"的"政治经济意义"

"39号文"于2008年10月19日由广州市政府签发，但一直未向公众公开，后经广州市政协委员、律师和媒体共同追索，于2013年3月17日由广州市政府公开。文件全称是《印发城市建设投融资体制改革方案的通知》（穗府〔2008〕39号），是一份关于广州城市建设投融资体制改革的指导性文件，详述了"为破解城市发展难题，创新城市建设投融资体制，加快宜居城市的建设步伐"，由广州市政府通过"注入资产、授予专营权以及由投资主体参与土地开发的方式"设立六个国有投融资集团（分别为交通投资集团公司、水务投资集团公司、地铁集团公司、广州发展集团燃气板块、广日集团有限公司垃圾处理板块、城市建设投资集团公司，还包括亚运城经营开发的内容）的改革计划。

公布之后的"39号文"以及相关的执行细节引发市民们的质疑。据媒体报道："该文件从出台之日起就饱受诟病，被指责为'偷偷摸摸'地将广州城市建设诸项目特许给了几大集团经营，涉及民生各方面却'事先不征求意见，事后不公开'，更有培植'垄断'之嫌。仅以广州生活垃圾处理终端特许经营权为例，按照'39号文'的规定，这个特许经营权给了广日集团，广日集团因此每年可获得6亿元财政补贴，25年共计150亿元。根据行政特许经营权管理规定，对城市生活垃圾处理等特许经营权，必须经过公开招投标，但是，广日集团获得广州市城市生活垃圾处理特许经营权，并未经过公开招投标……"①

案例小结与点评

新闻事件的"政治经济意义"的焦点在于政府行为在经济运行过程中的合理性与合法性，体现经济活动的复杂性。这个案例正好体现了这一点。"39号文"是地方政府为破解城市发展难题而进行的改革

---

① 《广州市政府终于公布"39号文"》，载《羊城晚报》2013年3月20日A3版；《广州39号文公开4年官民博弈：艺术家蓄须　律师起诉》，载凤凰网资讯2013年3月30日，http：//news.ifeng.com/mainland/detail_2013_03/30/23691119_0.shtml。

方法，其行为存在一定的合理性；但是，由于政策出台过程以及具体执行环节中的利益再分配不透明，其合法性受到各方质疑。

此类新闻事件是中国财经新闻的主要报道领域，带有明显的"宏观政治色彩"。在综合类媒体中，这类新闻也经常出现在时政新闻领域。

案例5　　"支付宝内部股变更"的"市场经济意义"

2011年5月10日，雅虎提交给美国证券交易委员会的文件显示，阿里巴巴集团已经将在线支付公司支付宝的所有权转让给马云控股的另一家中资公司。当天，雅虎股价下降超过4%至大约17.79美元。在此消息披露之前，雅虎股价下降了0.07%。5月13日，就阿里巴巴重组支付宝一事，雅虎声明称，该交易未被阿里巴巴集团董事会和股东获知并批准。由此揭开了支付宝股权内部变更的复杂多变之局。此案错综复杂，股权组合之初本已是"协议控制"的成果，其股东内部变更历时数年，而马云个人抱负在胸，恰逢央行新政在即，支付宝股权必须进行"全内资"的重新调整，否则将失去经营权。

对于支付宝内部股权变更的过程，各大新闻媒体均有报道，但由于此事未及法律层面，因而各种新闻均是客观地呈现各方利益，并且其他业界人士亦加入这场变局之中，纷纷发表各自的观点，甚至形成对立的阵营。有财经评论指出，此新闻事件的核心事实映射了中国经济社会发展的某些负面本质：企业家缺乏契约精神，政策与制度严重滞后于经济发展，缺乏独立的司法仲裁制度。①

案例小结与点评

从中国财经新闻来看，此案例有三层事实价值。第一层"事实价值"涉及公司"内部治理"，属于典型的经济范畴，可以从支付宝内部股权变更过程、变更代价、各个当事人之间的谈判交往等新闻细节中得到体现。第二层"事实价值"涉及与股权变更相关的中国制度环境的合理性，从新闻分析的角度来看，股权存在的方式与变更的原因，都与中国央行关于"第三方支付权"的制度相关，且发生了明显的矛盾。第三层"事实价值"与商业伦理相关，商业伦理与一般社会道德

---

① 见《马云你为什么错了？》，载《新世纪周刊》2011年第23期。

伦理既有相同点又有差异性。因此，这个新闻事件是一件极具新闻价值的事件。

对于上述三层"事实价值"的报道取向，则可能视各种媒体的价值取向而定。取第一层事实价值为主要报道内容，可能是注重公司新闻报道的专业财经媒体；取第二层或第三层事实价值的新闻报道，可能是注重"宏观制度经济"或"政治经济意义"的综合类媒体。

案例6 "归真堂企业上市申请争议"[①] 的 "科技意义"

2011年春节，云南卫视《自然密码》制片人余继春在其新浪微博曝光了钱山集团旗下企业福建归真堂药业股份有限公司（简称"归真堂"）正申请在证券市场的创业板上市，揭发由全国人大代表、"年度中国十大女性经济人物"邱淑花创办的钱山集团旗下企业圈养1200头黑熊，并以被公众质疑的方式抽取黑熊胆汁。余继春新浪微博还附上一段血淋淋的活熊取胆的视频。此事曝光之后，引起了社会舆论的强烈反响。同年2月22日，归真堂邀请70多位反对其上市的社会名人去现场观摩活取熊胆。

2012年2月1日，证监会创业板发行监管部公布了IPO申报企业基本信息表，"归真堂"名列其中。2月15日，北京爱它动物保护公益基金会联名TCL董事长李东生、天使投资人薛蛮子、好利来公司总裁罗红、作家毕淑敏、歌手韩红等70位名人致函证监会，反对归真堂上市。2012年2月16日，中国中药协会召开新闻发布会，会长房书亭在讲话中提出活熊取胆的"舒服论"和"不可替代论"，力挺归真堂的活熊取胆。

2013年6月，曾因"活熊取胆"而备受争议的福建归真堂药业股份有限公司申请撤回申报材料，终止其长达三年的创业板IPO计划。

案例小结与点评

这个案例呈现了科技与经济迅速发展之际，由于缺乏相关的法律约束和监管，科技的进步导致企业行为与社会公共伦理产生矛盾与

---

① 见维基百科词条"归真堂活熊取胆"，http：//zh.wikipedia.org/wiki/%E5%BD%92E7%9C%9F%E5%A0%82%E6%B4%BB%E5%8F%96%E7%86%8A%E8%83%86%E6%B1%8B%E4%BB%8B%E4%BB%B6；《归真堂向媒体演示活熊取胆汁全过程》，载新浪新闻中心国内新闻2012年2月17日，http：//news.sina.com.cn/c/p/2012-02-17/031323945981.shtml；《归真堂终止上市计划》，载《南方日报》2013年6月4日B03版。

争议。

新闻事实的"科技价值",不仅指传统的科技发展对社会进步的正面价值,而是更多地指向科技发展与人类文明、社会伦理之间的关系,涉及"科技伦理"的范畴,具有某种对科技发展进行反思的社会价值。当然,反思并非反对,而是为了谋求科技发展与人文发展的和谐,减少代价,实现可持续性发展的社会目标。

(三) 美学和社会心理学价值

新闻事实所包含的第三类"事实价值"体现为美学和社会心理学价值。这类事件反映了现代社会中对物质需求、技术进步等的反思,呈现小城镇的田园主义和人文主义,宣扬真善美的形式与情感,等等。这些"事实价值"通常与上述两类价值共同体现,是站在"政治与公共价值"和"经济价值"之上的更深层次的追寻,是人本主义的重要体现。这类事实价值的案例将在第四章第一节"有趣味的新闻故事"进行详细分析。

第二节 新闻主题的选择策略

在新闻生产实践中,每日一例或每周一例的编前会讨论的主要议题是如何报道一个新闻事件。而策划新闻报道的第一件事则是确定报道主题。如何确定报道主题?首先要判断新闻事件的"事实价值",然后从中挑选合理合适的"事实价值"作为新闻报道主题——选择标准是合乎新闻发展的规律,合乎所在媒体机构的特点,合乎所在采编部门的特点。确定新闻主题后,新闻事件才能一炮打响,获得预期的社会注意力和影响力。

一般地,确定新闻主题通常需要三个步骤。

第一步,依据"新闻五要素",判断一个事件或一个人物是否能成为新闻(这是必要条件但非充分条件)。必要条件包括:①时间性——新闻的新鲜感;②重要性——事件涉及的广度与深度;③显著性——事件中人物/地点的知名度;④接近性——事件与受众在群体/地域/需求等方面的关联性;⑤非常性——满足公众的好奇心。

第二步,寻找新闻"事实价值"。寻找并确定新闻事件的核心事实的价值，这是新闻事实的社会意义的反射。从新闻实践来讲，这些独特的、具体的"事实价值"大概有三大类型：政治与公共价值，经济与科技价值，美学与社会心理学价值。有些新闻事实具备其一，而有些引起社会强烈反响的新闻事件可能具备上述所有价值。一类价值即意味着可以至少提炼出一个新闻主题。

第三步，根据媒体机构特点、采编部门特点或采编的"价值偏好"确定新闻事件的主题、副主题和其他次主题。

接下来将从一个新闻案例入手，详细分析如何确定新闻报道的主题。

案例7　深圳富士康公司员工跳楼新闻事件"事实价值"分析

2010年1—5月，深圳富士康科技集团（简称"富士康"）连续发生员工跳楼自杀事件。

2010年5月12日，据知情人透露，鸿海精密集团董事长郭台铭因跳楼频发事件，委托富士康副总裁何友成请来五台山高僧做法事，祈求公司平静下来。① 2010年5月26日，郭台铭首次向记者表示，他对深圳富士康公司发生11起员工跳楼事件感到非常沉痛。②

2010年5月17日，苹果公司中国区发言人对《第一财经日报》表示，苹果对供应商合作伙伴有着极为严格的要求，会持续关注一些合作伙伴的行为，但拒绝评价富士康员工的悲剧。

富士康另一重要合作伙伴惠普中国区发言人沈激于5月17日转述亚太区发言人的话说，惠普是供应商管理与社会环境方面公认的领导者，发起参与制订了社会环境守则，对于供应商的选择一直有着严格标准。③

2010年5月26日晚间消息，针对富士康员工跳楼自杀事件，深圳市政府当日晚间在市民中心举行新闻发布会。深圳市政府发言人李平在会上表示，员工连续坠楼事件涉及员工、企业和社会多个方面的因素，情况比较复杂。中央领导和广东省委、省政府对此事件高度重视，多次做出重要指示。深圳市及时

---

① 见《跳楼频发　富士康请高僧做法事》，载《南方都市报》2010年5月12日。
② 见《郭台铭视察时被员工要签名》，载《广州日报》2010年5月27日。
③ 见《苹果惠普关注富士康九连跳　竞争对手欲抢单》，载《第一财经日报》2010年5月18日。

成立了专门小组。①

相关"数据库"——富士康2010年1—5月员工非正常死亡记录。

2010年5月25日，富士康观澜园区一名男性员工坠楼身亡，19岁。
2010年5月21日，富士康龙华园区一名男性员工坠楼身亡，21岁。
2010年5月14日，龙华厂区福华宿舍安徽籍梁姓男员工跳楼，21岁。
2010年5月11日，龙华厂区女工祝晨明从9楼出租屋跳楼身亡，24岁。
2010年5月6日，龙华厂区男工卢新从阳台纵身跳下身亡，24岁。
2010年4月7日，观澜樟阁村，富士康男员工身亡，22岁。
2010年4月7日，观澜厂区外宿舍，宁姓女员工坠楼身亡，18岁。
2010年4月6日，观澜C8栋宿舍女工饶淑琴坠楼，仍在医院治疗，18岁。
2010年3月29日，龙华厂区，一男性员工从宿舍楼上坠下，当场死亡，23岁。
2010年3月17日，富士康龙华园区，新进女员工田玉从三楼宿舍跳下，跌落在一楼受伤。
2010年1月23日4时许，富士康19岁员工马向前死亡。警方调查结果表明，马向前系"生前高坠死亡"。②

在这之前还发生数起员工非正常死亡或受伤事件。

2009年8月20日，富士康23岁员工郑鑫崧在游泳池溺水身亡。
2009年7月15日，富士康25岁员工孙丹勇跳楼自杀。
2008年3月16日，富士康烟台工业园28岁员工李某猝死在出租屋内。
2007年9月1日，富士康21岁的员工刘兵辞工两小时后突然死亡。
2007年6月18日，富士康一名侯姓女工在厕所上吊自杀。③

其他资料——富士康的经济状况：

富士康国际（02038.HK）2009年年报显示，截至2009年底，集团拥有雇员118702人，较2008年的108237人有所增加。2009年员工成本总额4.85亿美元，2008年为6.72亿美元，同比大幅减少1.87亿美元，降幅高达28%。深圳社科院院长乐正说："员工人数增加十分之一，员工成本减少四分之一，可见员工的工资水平受到了很大的挤压。"富士康2008年年报显示，受订单骤

---

① 见《深圳市政府就"富士康事件"首开新闻发布会》，载《中国青年报》2010年5月27日。
② 根据媒体新闻报道整理。
③ 根据网络资料整理。

减的影响，2008年全年净利仅1.21亿美元，同比大幅减少83%。即使由于全球经济回暖，2009年下半年富士康重新赢利，但是其年报显示，富士康国际2009年全年净利还是下滑了68%。①

以上是这个新闻事件的相关信息。新闻编辑如何分析新闻事件的"事实价值"？如何确定新闻报道的主题？

第一步：判断该事件是否能成为新闻事件。

毫无疑问，这个事件几乎具备成为"新闻事件"的五个必要条件。

（1）时间性：连续发生在2010年5个月内的（至少）11起跳楼事件。非正常死亡事件连续在一个外资企业中发生，还是第一次。

（2）重要性：11个生命的消失，不仅使11个家庭遭受沉重打击，企业中40多万名工人也因此受到极大的负面影响。

（3）显著性：深圳富士康公司的母公司台湾富士康企业是全球500强企业，深圳是中国制造业生产中心之一。

（4）关联性：这个企业是中国制造业的代表。富士康的工人代表中国最大的制造业雇工群体，他们来自中国二三线城镇和广大农村，大多数是"农二代"出身。

（5）非常性：为什么这些工人要结束自己年轻的生命？

因此，该事件应该是一个能引起大多数人关注的新闻事件。接下来分析这个新闻事件有哪些"事实价值"。

第二步：从富士康事件的"事实价值"判断中至少可以获得六个新闻报道主题。

1. 社会公共价值

这个新闻事件反映了中国社会转型时期中，社会生产关系的发展滞后于个体价值追求快速发展，主要是物质待遇与精神追求之间的矛盾。

2. "经济"或"政治经济学"意义

（1）该新闻事件折射出社会转型时期复杂的劳资关系，即劳工权益如何在高强度的标准化生产过程中得到维护和改善。企业的工会组织如何保持独立性，如何维护工人的利益并与企业雇主形成平等待遇。

（2）该新闻事件折射出公平与效率之间的平衡与矛盾。在区域经济发展过程之中，政府与企业相互博弈，具体体现在政府如何达到财税收入增收目标

---

① 见《产业横向发展的极限》，载《第一财经日报》2010年5月18日。

与对缴税大企业的监管力度之间的矛盾。

（3）该新闻事件折射出"中国制造"的现状分析。①延续数十年的"人口红利"是否消失？"刘易斯拐点"是否出现？②企业人力成本增长对产业发展和区域经济的影响。③劳动力成本提升对外商投资中国的影响。④中国制造业产业转型与升级的可能性和必要性讨论。

3. 社会心理学价值

（1）改革开放30年后，年青一代自我意识成长，自我价值判断变化发展。农民工二代与父辈有了相当的差异，这些差异主要体现在自我角色认知和精神需要两个方面的不同。上辈农民工靠只有现在年青一代1/3或1/2的收入养育着后代，在家乡建起一幢幢小楼房，任劳任怨。但是年青一代已经不再认同过去父辈的生活方式，他们既不能忍受父辈的辛劳，又对物质有着强烈的追求，同时面临着空虚的精神生活，遭遇人格发展与心理健康的问题，具有抗挫折能力低下、自我调整能力弱等特点。

（2）社会心理卫生保健的意义，如何建立社区保健的医疗体系？工业社会的高速发展，其社会负面影响之一是人际关系的冷淡与疏远，如何建立社区的公共互助关系，以解决城市人群的心理和生理基本问题，也是城市治理的主要内容，是社会保障不可缺少的环节。

第三步：确定主题。

根据媒体机构的特点或采编部门的特点，确定合理合适的主题、副主题和次主题。主题是其新闻报道的重点，副主题可能是主题的延伸性报道，也可能是与主题相关的背景事项的报道。次主题可能是新闻随着时间进展而延伸出来的新主题，但与主题的内涵相吻合。

1. 综合性媒体时政新闻采编部门的主题选择策略

（1）选择"社会公共价值"为主题。从"企业工人"这一微观角度映射新闻事件的宏观社会意义，即呈现中国制造业工人的生存状况，指出他们的生存危机及其问题所在。微观层面关注的是：①富士康企业工人的工作生活；②工人的日常生活，特别是精神消遣方式；③工人的收入状况，以及工人对此的看法与态度；④在富士康的生产线模式下，工人的劳动状态和个人感受。宏观层面关注的是：①中国制造业中劳动密集型企业的制造业人工成本与企业收益比较；②此类产业工人总收入历年来的增减状况；③中国制造业中工人现状的问题。

实际报道:《富士康"八连跳"自杀之谜》①。编者按称:"全球最大代工厂富士康的员工在不到半年内,已发生'八连跳'系列自杀。在'六连跳'时,南方周末的实习生刘志毅以打工者身份潜伏进富士康28天,南方周末记者又正面接触大量富士康员工,多次访问富士康高层……但这篇报道所揭示的,并非是人们想象中的'血汗工厂'的自杀内幕,而是中国部分地方产业工人的真实生存状态。"全文以"碎片一样活着""嗜血的插针机""不知所措的青春"等小标题串联,详细地描绘了富士康企业工人的工作与生活细节。此篇报道刊登后被各大网站、国内外媒体转载,反响甚大。

(2)选择"社会心理学价值"作为副主题和次主题。副主题围绕企业工人的成长和生活环境,关注其对自我角色的认知,关注其精神生活状态、人格特征等等,试图从自我成长和社会环境中寻找工人跳楼的真正原因。次要主题探讨劳动密集型企业员工的心理问题产生的原因以及解决的办法。

实际报道一:《与机器相伴的青春和命运——潜伏富士康28天手记》②。文中写道:"你要问打工仔们的梦想是什么,答案如出一辙,做生意、赚钱、发财,其他一切在这之后都会到来。在工厂的仓库里,他们幽默地把拉货的油压车称作'宝马'。他们倒是想拥有真正的宝马,或者至少是'宝马'式的财富。"这篇报道以记者观察的述评方式,描述了年轻员工对物质生活的向往,以及在现实中精神生活的单调乏味。

实际报道二:《破解富士康员工的自杀"魔咒"》③。前言写道:"参与调研的心理学家认为,富士康员工自杀多数由心理疾病造成。但亦有社会学者指出,新生代打工者实际收入远不如父辈,又缺乏回到农村的退路,他们的焦虑无助是自杀增加的深层原因。工厂要建立员工心理关怀机制,政府更应提供对新生代打工者的制度关怀。"

实际报道三:《夺命手机:富士康VS.大学生孙丹勇 企业文化VS.员工人性》④。该报道对一名富士康企业内跳楼自杀的大学生员工死前生活进行调查与追踪,尝试还原自杀真相,文中特别提到企业严格的、伤及自尊的等级制度和人身搜查制度,写道:"等级制度森严,新干班成员在下生产线实习时,

---

① 《富士康"八连跳"自杀之谜》,载《南方周末》2010年5月18日。
② 《富士康"八连跳"自杀之谜》,载《南方周末》2010年5月18日。
③ 《破解富士康员工的自杀"魔咒"》,载《南方周末》2010年5月13日。
④ 《夺命手机:富士康VS.大学生孙丹勇 企业文化VS.员工人性》,载《南方周末》2009年7月30日。

会像作业员一样地被主管'检阅',特别是安管人员下班时候的安检举动,让这些刚毕业的大学生难以接受。只要报警器有响声就不能过。有一次一个女孩子走了两次都响,最后查出原因是女生的胸衣带上有金属纽扣……富士康实行准军事化管理,记过、警告、除名和严惩等扎眼的名词在食堂和洗手间都能见到。甚至连吃饭不吃干净都要被惩罚,放盘子的地方有稽查看是否吃完了。"

案例小结与点评

《南方周末》是一家典型的综合类媒体,周末出版,擅长深度报道、新闻分析和调查类报道。时政新闻以及与政治生活相关的社会新闻均为其重点报道领域;深度报道或新闻分析多以新闻事件的"政治与公共价值"为新闻主题选择,辅以"社会心理学价值",从新闻事件的宏观社会意义着手,兼具鲜明的人文关怀。

微观事实的呈现与新闻主题契合,细节描写非常到位。编辑使用"暗访"获得诸多具体事实细节,尽管手法有争议,但仍达到"独家"的效果。

针对此新闻事件的报道,从新闻价值判断来讲,《南方周末》忽略了新闻事件的复杂性,价值判断趋于传统,偏好政治经济学分析角度,在企业生产过程中以雇工的角度看待事件的发展过程和原因。从新闻的客观性来讲,新闻报道缺少对企业雇主的采访,对于企业的制度观察仅从雇工角度切入,而缺少制订者的陈述。

2. 财经专业媒体、经济新闻部门的主题选择策略

显然,财经专业媒体或经济新闻部门从经济意义或政治经济角度来判断新闻事件的"事实价值"。主题和副主题以及次主题的配置,取决于媒体机构或经济新闻部门的偏好。微观事实关注的角度与综合类媒体角度有明显差异,擅长从企业角度或企业与员工双角度切入新闻事件:①企业在全球经济危机之中的发展现状分析;②企业人工成本与利润比较;③同类企业的比较,包括对此类事件的处理方式、员工待遇等。所关注的宏观事实包括:①国际贸易经济变化及其对中国代工产业发展的影响;②国家政策和地方政策的应对;③企业人工成本增加对企业自身、中国制造业、中国经济发展等的影响。

实际报道:《涨薪冲击波》①关注富士康式的工业生活,但是观察的角度比

---

① 《涨薪冲击波》,载《新世纪周刊》2010 年第 24 期。

较中立和理性。报道称："记者调查发现，富士康员工在物质待遇方面是比较好的，但员工之间的人际关系却比较淡漠。目前企业85%以上是'80后''90后'新生代农民工，他们有着显著不同于父辈的精神诉求，特别是刚进城务工，由农村到城市会产生一个'心理隔断期'，容易出现情绪波动。"

但是，新闻报道关注的重心并非雇工生存状态，而是珠三角加工业中普遍存在的劳资纠纷，以及富士康企业涨薪之后所引发的珠三角企业的涨薪潮，还有人工成本增加对企业生存的影响。记者调查获知，"有90%的工厂，不论大小，都在给劳动部门和客户提供虚假人工成本文件……一般的工人底薪加上加班费后，都在当地的最低工资标准之上，作假之后，每年最低工资标准对企业来说就意义不大了……企业利润增长，外来劳工收益却不见增加，他们和当地城镇在岗工人的收入差距日益扩大，珠三角的劳资纠纷时有发生"。但是，另一方面，涨薪给企业，特别是多年以微利营生的中小型外贸企业带来了明显的生存压力。"在富士康工人连续自杀、本田零部件企业工人停工等多重压力下，（2010年）6月以来，日本本田、台湾鸿海企业及其香港上市公司富士康纷纷承诺改善工人待遇，大幅上调在华企业职工薪资成为最主要措施。涨薪连锁反应已经成为现实，珠三角首当其冲。2010年6月9日，深圳市将特区内1000元、特区外900元的月最低工资标准，分别上调10%和22.2%，统一调高至1100元。由于沿海企业普遍以最低工资标准来确定自己的工资水平，众多原本对加薪仍持观望心态的企业主，被迫上调薪资……但是不少企业界人士认为，富士康大幅度加薪的压力，必然会影响到其他制造企业。台湾同胞投资企业联谊会会长郭山辉强调，加薪不是万灵丹，适度调涨工资是必然的，但涨幅太大、速度太快，将对企业造成伤害，长远来看会影响就业率。他称，一些制造企业已开始酝酿向越南等地搬迁……"

《富士康"变法"》[①]《富士康迁徙调查》[②] 两篇新闻报道关注在跳楼危机事件发生之后富士康企业的应对处理办法，以及对区域经济产生的影响。富士康的应对之策即"用转移工厂来替代产业转型"，用内地更低的人工成本取代不断增加的沿海人工成本，以重复的方式应对制造产业危机。"'富士康很早就准备在20多个省建厂，实现全国布局。这次危机（员工连续跳楼事件）让我们加快了实施进度。'一位富士康高管在接受《财经》记者专访时表示……

---

① 《富士康"变法"》，载《财经》2010年第15期。
② 《富士康迁徙调查》，载《21世纪经济报道》2010年7月3日。

内陆各地方政府对富士康的追捧,也是顺利实现其内迁计划的重要原因之一。在得知富士康有意迁移之后,一些地方政府纷纷向其抛出橄榄枝——'搬迁是必然的,不管是在今年还是在下一年。低附加值产业必然要向内陆地区转移,在广东维持这样的产业成本已经太高了。'美国普林斯顿大学经济学院讲座教授 J. C. De. Swaan 对《财经》记者说。"

《21世纪经济报道》记者调查得知:"鸿海公开数据显示,仅今年(指2010年)一季度,鸿海自台湾汇出赴大陆地区投资金额已累计达3.0359亿美金,涉及的11个工厂项目中既包括深圳、上海两大发达城市,也包括中山、烟台、淮安、重庆等内陆或沿海新兴城市,暂时未见具体投资河南的金额披露。其中鸿海转战大陆的第一站深圳,仍是投资的核心区域,在11个项目中占了4个,包括富金精密工业(深圳)、富士康精密组件(深圳)有限公司、富华杰工业(深圳)有限公司、富泰华工业(深圳)有限公司四家子公司。富士康多名人士坦言,这些新追加的投资说明,富士康深圳没有萎缩的迹象,而这也没有影响到它扩张的步伐肆意地纵横中国大陆。"

报道还关注处于转移阵地之际的富士康对深圳财政的影响——"对于深圳而言,这家年出口额超过500亿美元的'巨无霸'企业,每年在深圳的出口当中仍占据10%~15%的比重,它的去留对深圳亦举足轻重。富士康大陆地区商务长李金明曾在接受本报专访时谈到,急于转型的深圳市政府与富士康也曾就富士康搬迁问题有过讨论,未来理想的格局是,深圳富士康基地将以'研发+部分生产'为主,人员规模减至15万……但是李金明强调,这个双方达成的理想状态'需要时间'。一方面受客户牵制,而更重要的是还要考虑迁至内地的整体配套环境、交通、人才素质、生产资源等各要素……"

案例小结与点评

上述几家媒体均为财经专业媒体,财经媒体的"事实价值"选择策略与综合性媒体的选择策略有明显差异,关注劳资纠纷的典型性问题居多,关注个案中跳楼员工的细节较少;关注企业在跳楼危机之后的应对处理方式居多,关注雇工的个人生存状态较少,即使有关注,也以企业涨薪的各种资料数据(包括区域、产业特点、涨薪幅度、总量比较等等)作为报道重点。

对于此新闻事件而言,财经新闻并非不关注新闻事件的"政治与公共价值",而是从关注劳资纠纷以及解决问题的可行性探讨切入,委婉但具可行性,理性但缺乏人文关怀。

财经新闻的"事实价值"判断注重新闻事件发生的各个当事人，包括对立面，尽可能呈现新闻事件的各个侧面，宏观层面的判断则着重于建立好的制度，着重于问题的解决而非问题的揭露，报道并没有呈现鲜明的道德判断。

从上述三篇新闻报道来看，即使同为专业财经类媒体，主题选择仍有些微不同：《新世纪周刊》关注与富士康同类的珠三角加工类企业对于涨薪的反应以及探讨工会组织在劳资纠纷中的作用与功能，其主题选择有政治经济学和公共价值的取向；《财经》和《21世纪经济报道》关注富士康企业本身的变化以及对区域经济的影响，其主题选择是体现市场经济的价值取向。

第三节　新闻报道的策划与组织

一、何为"新闻报道的策划与组织"

首先谈谈"新闻策划"与"策划新闻"的区别。

何为"策划新闻"？

策划新闻，又叫"媒介事件"和"制造新闻"。它是企业公共关系的策划手段之一，主要用于企业的公关人员利用记者对于新闻的不断需求，而有计划、主动地制造出能够吸引记者报道的有新闻价值的事件，目的是引起新闻界和社会公众的注意，使组织的名字可以经常在新闻媒介中出现，从而达到提高企业知名度、树立社会良好形象的目的；或者，媒体机构根据公众在不同时期关注不同的"热点"问题来策划新闻选题，借助公益活动来策划新闻，或借助节日庆典和名人效应来策划新闻。策划新闻者，一要洞悉新闻媒体的运作规律，知道什么时间记者对什么新闻感兴趣，根据热点问题来策划新闻；二要符合新闻的客观事实的本质需求和底线，不可制造"假新闻"。不过，策划新闻尽管能依据事实来策划新闻事件，策划新闻的机构也可能包括新闻媒体，但是它并不属于严格意义上的"新闻活动"，与本书所阐释的"新闻报道的策划与组织"有严格区分。

举个例子。2012年国庆期间，中央电视台策划了一组以"幸福"为主题的采访报道，以随机方式在街头访问路人，向其提问："你幸福吗？"在《新闻联播》中播出后成为热门话题，但也遭遇褒贬两极评价。其中，在9月29日播出的节目中，山西太原清徐县北营村的一位中年男子面对提问先是推托："我是外地打工的，不要问我。"记者追问："你幸福吗？"中年男子回答："我姓曾。"这段有点"黑色幽默"的问答播出后红遍网络。中央电视台的节目组并因此成为"新闻事件的人物"。后来，节目主创人员以"CCTV新闻值班室"的微博账号开设微访谈与网友互动释疑，回答了很多问题，并表示受访者中的九成人称自己"幸福"。但很多网友却认为"幸福"是一个很复杂的问题，这样的提问太简单生硬，被访者即使回答"幸福"也无法反映真实情况。①

何为"新闻策划"？

新闻策划即"新闻报道的策划与组织"，是新闻媒介产品的核心组成部分，在媒介投入产品生产的过程中，随着时间的延续必然持续着对这一核心产品生产的决策与设计，即新闻报道策划。②

新闻报道的策划与组织不是围绕一个新闻热点制造新闻事件，而是新闻事件产生之后，对新闻事件进行全方位的专业报道，令更详细更具体的新闻信息传播出去，令受众接收最具价值的新闻信息。因此，策划与组织的工作流程主要是在新闻编辑部内部进行的，既是新闻一线采访的"后台总指挥"又是"后勤总输送"——既指挥记者如何组织采访和反馈各种社会信息，又为记者提供更多更快的信息和资料，并且满足其人力和物质需求。

从实际操作来看，新闻策划包括新闻采访报道选题的决策、对报道方案的设计，还包括在报道实际过程中接收信息反馈、调整报道方案。

二、新闻报道策划的分类、策略及难点

以报道客体分类，新闻报道策划分为"可预见性报道策划"和"非可预见性报道策划"。

（一）可预见性报道

可预见性报道即提前获知的事件性新闻和非事件性新闻的报道，或者是周

---

① 见《央视"你幸福吗？"引争议》，载《北京晚报》2012年10月14日。
② 见蔡雯：《新闻编辑学》，中国人民大学出版社2010年版，第97页。

期性的事件，如大型庆典、活动、比赛、会议等，重大新闻事件有中国太空飞船的发射、2008年北京奥运会、1997年香港回归等等。

这些新闻报道的策划与组织的策略方案包括以下五个方面。

（1）选题准备：根据重大事件的发生过程进行新闻报道的各个阶段的策划与安排，列举尽可能出现的选题，并对每一个选题进行"数据库"的收集与整理。

（2）采访预案：列出详细的采访提纲以及采访突破方案，在采访预案得不到实现的情况下进行采访突破的危机处理。

（3）资源调配：这些重大事件的新闻报道可能是一项由媒体机构多个分支部门参加的集体行动，因此必须迅速整合协调机构内部的资源。

（4）及时互动：由于事件重大，采访时间长，编辑部门与记者之间必须随时有效沟通与互动。

（5）编辑部预算的控制：由于此类重大事件的新闻信息大多具有共享性，因此，编辑部在考虑报道的组织实施时也必须考虑编辑部的成本预算，使报道过程既符合媒体机构的预期目标，又不至于花费太多成本。

这些新闻报道的策划与组织的难点是：①信息众多，报道的媒体众多，而且发布信息的方式多为统一形式的"新闻发布会"，"人云亦云"的现象比较普遍。②由于政治或安全的原因，信息资源经常被授权媒体垄断，普通媒体难以获得独家信息。③由于"政治正确"原因，新闻报道难出新意，新闻报道的目标大多限于体现新闻事件的"政治价值"。

（二）非可预见性报道

非可预见性的报道一般以灾难性事件、突发事件居多，如地震、火灾、飞机失事等。"突发事件"具体呈现明显的社会冲突，是受众最感兴趣的新闻领域，因此也成为新闻编辑的"最大考验"。

这类新闻报道的策划与组织的策略方案包括以下五个方面。

（1）多方考量新闻主题：必须对要报道的新闻选题进行多方讨论，充分认知新闻事件的"事实价值"，根据自身的新闻立场和媒体机构属性进行主要价值和辅助价值的选择搭配。

（2）研究与分析：非可预见性的新闻事件发生，若产生重大的影响，必定有一定的社会、政治、文化或经济等方面的原因。对新闻事件进行详细研究与分析，提出假设或形成推理，建立报道实施方案并形成采访报道的工作逻辑，是新闻编辑保证报道成功的必备功课。

（3）及时沟通与互动：由于记者在一线采访随时可能遇到预案中未知的情况，编辑必须叮嘱记者与其保持随时通畅的沟通，以及时调整采访方案。

（4）资源调配：非可预见性事件有时可能是单一新闻事件，有时可能是涉及政治和经济等多方面的复合新闻事件，因此，编辑要根据新闻事件的特性和发展规律随时决定调配其他分支部门加入采访。

（5）编辑部的预算控制：有些新闻事件需要长期跟踪报道，在保证新闻报道顺利进行的前提下，必须学会控制编辑部的成本预算。对于复杂事件，当面采访与资料分析必须同时进行，并且这两种方式的使用范围也应该有比较详细的分配原则。

这些新闻报道的策划与组织的难点体现在：①新闻报道过程必须兼顾"多元采访层次"，除了多方新闻当事人，还要兼顾与新闻当事人有利益关系的"相关方"，更要随时关注社会反应体系，特别是在网络媒体发达的当今信息社会。②这些新闻事件所装载的新闻信息以"负面信息"居多，且往往比较复杂、具备争议，所以编辑既要考虑政治因素，又要考虑受众需要，同时还要正确引导受众，不能让"负面新闻信息"变成"负面新闻"。

三、建立新闻的报道实施方案

具体到某一个新闻事件的策划与实施，无论是可预见性事件或非可预见性事件，其中最重要的步骤即报道方案的建立。一份好的报道方案，是保证采访成功的关键。

（一）新闻要素和新闻事项

一般来讲，新闻报道中必须完整地呈现新闻事实的内在构成，如新闻当事人、发生地点、新闻发生原因和过程、与新闻当事人相关的人或事等等。这些事实细节，根据功能性可分为"新闻要素"和"新闻事项"两大类。

"新闻要素"的事实细节呈现于新闻事件的最表层，也就是新闻事件的"即时呈现"，即表现6个"W"："Who""When""Where""What""How"和"Why"。有学者认为，新闻要素还要加上事件的意义即"Meaning"[①]。事

---

① 杨保军：《新闻活动论》，中国人民大学出版社2006年版，第90页。

件的意义是指任何新闻事实都包含的某种客观意义，是新闻事实主体与一定社会主体之间的某种潜在的意义关系，也是新闻事件之所以成为新闻的价值所在。

"Who""When""Where""What"四个要素反映的新闻事件细节的显性认知和直观判断，是在新闻报道中首要体现的要素板块；相比而言，"How"和"Why"则没有那么显性和直观，需要通过一定新闻事实的分析才能获得认知与判断。双重的认知与判断，可以让读者获得一定的"Meaning"认知。因此，通过新闻报道而获得的上述七个新闻要素，实际上已经构成了新闻事实的基本认知和表层呈现。

但是，仅仅这样还不够，尽管从实践来看，新闻消息常常以完成上述任务为报道目标。

多个新闻要素有可能组合形成新闻发展过程中的一些相对独立的部分或片断，并且这些片断之间以某种逻辑关系相互关联。这样的部分或片断构成各种"新闻事项"。[①] 例如，新闻事项可分为"主要事项""次要事项""边缘事项"和"背景事项"等。

"主要事项"是指新闻事实性质、形态、结果具有主导作用和影响的事实部分或事实片断。它构成了新闻事实的主要内容和核心内容，因而主要事项亦可称之为中心事项或核心事项。

"次要事项"则为相对主要事项来看影响较小的事实部分、单元或片断。

"边缘事项"则体现新闻事实作为事实的完整性，其本身并没有多大的新闻价值，不会影响人们对新闻事实的准确理解和判断，但也不能排除在新闻的事件发展中，边缘事项成为主要事项的可能性。

"背景事项"是指新闻事实的各种背景事实部分，反映新闻事实的来龙去脉，烘托主要事项的价值体现。在新闻的追踪报道、调查类深度报道、解释分析类报道中，背景事项往往成为主要的新闻事项。

七个新闻要素与四类新闻事项，可以为读者比较完整地呈现新闻事件的客观事实以及新闻发展的内部规律。因此，获得这些新闻要素和新闻事项成为新闻报道的基本目标。

---

① 见杨保军：《新闻活动论》，中国人民大学出版社2006年版，第192页。

（二）新闻报道方案的实施过程

一般地，为达到上述目标，新闻报道从三个层次开始展开：新闻主体、利益相关体以及社会反应体系。

1. 新闻主体层次

"新闻主体层次"呈现的是新闻发生时能体现新闻主体价值的要素事项，包括"人""事""时间""地点"和"如何进行"，也可称之为新闻主要事项。

新闻主体层次有三个特点：①体现了主要新闻的主体结构；②体现了一系列新闻事件中呈现"主体新闻价值"的事件；③随着新闻事件的演变和新闻报道的推进，新闻事件发生之际所确定的辅助价值、利益相关体或社会反应体系，都有可能成为新一轮报道的新闻主体。

报道方式：采访新闻当事人、直接或间接参与者、目击者等，采访新闻发生地，等等。

2. 利益相关体层次

利益相关体层次，指的是与新闻主体有着利益相关性或逻辑关联性的事项，是体现新闻事件发展的"为什么"和"意味着什么"，同时也是展现新闻事件的"次要事项""边缘事项"或"背景事项"的内容。

这是新闻报道进行深入调查与分析必须涉及的层次，也是新闻报道的重要主干内容。利益相关体的层次建立，主要是为了扩展新闻主体信息量的深度和广度，使新闻主体建立在一个有参照系比较的立体坐标之上。

（1）新闻主体的深度利益相关体。所谓"深度"，是对新闻主体进行时间纵向比较：以新闻主体发生的时间为原点，调查此类事件的"过去时"。目的是梳理同类事件的共同规律或原因，寻找"偶然"之中的"必然性"。

报道方式：搜寻各种资料，以时间为序列建立新闻主体的"历史数据库"。这也是新闻事件背景事项的重要组成部分。

案例8　　高速公路的"团雾吃人"的规律[①]

在我国一些地区，在夏季因高速公路的"团雾"引发的重大交通事故屡

[①] 见《团雾吃人为何一再上演》，载新华网2012年6月17日，http://news.xinhuanet.com/local/2012-06/17/c_112233451.htm。

次出现，每年均有数起。以往新闻报道多为"高速公路车祸"的消息，关注人员伤亡或财产损失。新闻报道《团雾吃为何一再上演》则认真地梳理了多起类似车祸发生事件，从发生地、发生时间以及相关高速公路的服务功能进行分析，最后总结导致事故发生有两个原因：一是由于特殊的地理环境（如沿海、沿江、水网密布等地区）和气候，容易形成"团雾"，尤其是凌晨时段容易出现；二是因为高速公路缺乏特殊天气的气象预警机制——"近年来，我国高速公路建设速度快，但部分地区自动气象监测等交通安全服务跟不上，也是'团雾'致群死群伤事故多发的原因之一。"此报道迅速被国内各大媒体和网站转载，中央电视台就此还做了专题报道。①

案例小结与点评

类似"高速公路团雾引发交通事故"的新闻报道并不少见，新闻报道往往关注新闻主体事件，因此重复的新闻报道屡见不鲜，毫无新意。一般来讲，类似并多发性的"偶然事件"可能蕴含着某种必然的内部发展规律——这种规律便有可能呈现事件发生的真正原因，因此，寻找这种内部规律也成为新闻报道的主要目标之一。

从时间序列对同类事件进行梳理，分列多个维度，找出其共同点。这些共同点即有可能为新闻事件发生的真正原因所在。一般从主观因素和客观因素进行大分类，然后根据新闻主体事件的特点进行细分。上述新闻事件，其客观原因有车祸发生的地理环境、车祸发生时间、车祸发生之际的气象特点等等，主观原因有个人司机的驾车特点、高速公路的气象预警机制、高速公路的特点等等。

案例9　"7·23"甬温高铁特大事故的"必然性"分析

2011年7月23日晚上8时34分，由北京南站出发开往福州的D301次列车，行驶至甬温线永嘉—温州南间双屿镇下岙村位置时，与正缓行由杭州开往福州南的D3115次列车追尾，造成40人遇难、200多人受伤的特别重大事故。

但直到一个多月后铁道部安监司接到举报，上海局才如实汇报。在以上事故中，往往是行政级别低的员工被刑事起诉，各地铁路局局长等官员即使被免职，也很快调任其他同级职务。

---

① 见《吃人的团雾》，载中央电视台新闻频道2012年10月20日。

新闻调查涉及红光带、正点率、信号系统、动车自动保护系统等技术层面。那么这次特大事故是"偶然事件"吗？在过去，有无类似的重大事故发生？事实上，这种事故并不少见。

新闻报道中列举了铁道部自1997—2011年的铁路事故：①

1997年4月29日，造成127人遇难的湖南岳阳荣家湾追尾事故，原因正是信号工在道岔设备上"封连线"，导致后车错误地进入了前车所停的车道。信号工被判无期徒刑。

2006年4月11日，广梅汕铁路公司辖下龙川段，青岛开往广州东T159次列车从后方撞上停车的武昌至汕头1017次列车，数节车厢脱轨。在那次事故中，该路段出现红光带，事故路段的信号系统指示通过列车慢速行驶。

2008年1月23日，胶济铁路列车撞人事故发生。当时由北京开往青岛四方的列车撞倒多名在轨道上施工的工人，导致18人遇难，9人受伤。后认定事故是"无资质包工队违法违规施工"造成的。

2008年2月21日，上海局杭州电务段在萧萧联络线严重违法使用封连线封连电气设备接点，造成列车一般C类事故。

2008年4月28日，胶济铁路因列车超速而撞车，造成72人死亡。在这一惨剧的背后，调度命令传递等多个环节出现漏洞。当年7月，铁道部安监司司长陈兰华在全路安全监察系统电视电话会议上指出，安全情况并未得到好转。重大事故和大事故平均每18天发生一件，这种情况是近十几年来所没有的。

2008年6月30日，柳州局"6·30"1322次旅客列车因下雨山体坍塌导致机车及六辆客车脱轨事故。

2008年7月4日，北京局"7·4"K157次客车制动梁端头焊缝开裂、梁体折断事故，性质都十分严重。

2008年10月13日，济南铁路局再次出现列车超速事故。北京铁路局开行的DJ5506次列车由青岛开往徐州，据称由于济南机务段带道司机刘茂全错误操作列车运行监控记录装置"支线键"，导致该次列车在限速每小时120公里的线路上，超速运行8750米，时间长达3分23秒，最高运行速度达到每小时162公里，所幸没有发生事故。

2010年6月9日，广州至武汉的G1022次列车途经武广高铁广州至清远区间时，车载计算机突发通讯故障，列车被迫停车，所幸并未造成人员伤亡。

---

① 《大崩溃》，载《新世纪周刊》2011年第30期。

还有更多的信号故障不为公众所知。

2011年6月底，京沪高铁开通之后，曾在五天之内发生四次供电设备故障，其中有一次还发生了列车测速系统故障导致的临时限速。就在温州动车追尾事故发生后不久，2011年7月25日晚，京沪高铁安徽定远段再次因暴雨天气出现供电设备故障。

新闻报道总结了这些事故发生的三点特质：①"红光带事故"是造成铁路事故的一个比较显著的原因，红光带的出现既有天气客观因素，也有人为管理的因素。②设备出问题，信号系统、供电故障、动车组质量也是造成事故的主要原因。③"故意隐瞒"，铁道部系统内隐瞒事故的问题比较突出，一些事故的真正原因和深层次问题没有充分暴露。

案例小结与点评

重大事故的出现，新闻主体一定是首先被关注的报道对象，并且由于新闻主体涉及诸多要素，从上述个案来看，既涉及司机等高铁司乘人员、受伤公众，亦涉及救援主体，还有现场各个细节，等等。新闻主体自然成为新闻的重心，尤其是对现场的采访与陈述，成为各大媒体"独家新闻"的竞争手段。

但是，新闻报道的过程绝不仅限于对新闻主体的陈述，也绝不仅限于对新闻各个要素的追逐与挖掘，新闻报道的目标还必须找出事故发生的原因，从技术设备、人为管理、现时气象和地理环境、司机驾驶等各个因素切入。

从发稿时间成本考虑，如此重大的事故调查，在短时期内不可能有官方公布结果，那么新闻报道应该如何跟进？如上述个案，对类似的过往事故进行梳理与分析，从多个偶然之中找到共同点，则成为新闻报道获得新闻主体的边缘事项、背景事项的重要手法。针对该新闻事件，通过分析找到了三个重要的事故特质。这样的分析不仅为读者提供更加全面的资料与信息，也为事故调查提供了中立的分析与参考。

(2) 新闻主体的广度利益相关体。"广度"比"深度"略为复杂一些，因为涉及新闻主体的隐性利益相关体。这些相关利益或是物质利益，或是社会利益，或是法律关系等其他多重利益，体现了新闻主体的复合性和复杂性。这些利益相关体尽管未直接参与新闻事件的发生过程，却有可能是影响事件发展，或是反映新闻事件发生的深层次原因。因此，调查这些利益相关体成为新闻调查性报道的重头任务。

报道方式：这些隐性利益的相关体，大多需要编辑和记者根据已经发生的新闻主体的各种要素事实进行逻辑推理。

案例 10　新华人寿的"内部股东利益关系"分析①

2006年9月23日，保监会开始对新华人寿展开"例行现场检查"。调查发现，关国亮任新华人寿董事长的8年间，累计挪用公司资金130亿元，或被拆借给利益伙伴入股并最终控制新华人寿，或用于大规模违规投资房地产等领域，至案发时尚有27亿元未能归还。2007年11月，关国亮涉嫌挪用资金罪被羁押。2012年3月1日，被媒体称为"中国保险第一大案"的新华人寿前董事长关国亮涉嫌侵占、挪用巨资案在北京市第二中级人民法院宣判，法院最终认定挪用资金额为2亿元，以挪用资金罪判处关国亮有期徒刑6年。

新闻事件的利益相关体即调查与分析新华人寿各个股东和股权分配（包括代持）以及股权变更的过程，并分析这些股东和股权变更对公司运作发生何种影响，从而分析为什么原董事长关国亮可以将自己的权力凌驾于董事会之上。调查与分析分为三部分：新华人寿的内部股权结构、"关派资本"以及董事会的股权变更与争斗。

1. 新华人寿的股权结构

（1）新华人寿1996年创办时共有15家发起股东，但事实上的大股东为国有股份制的"新产业系"和民营"东方系"的几家公司，分别持股一度达37%和25%。"新产业系"的主力是原国家计委系统的新产业投资股份有限公司等几家公司，原国家计委财金司副司长李福臣曾以"新产业系"代表身份出任新华人寿董事长。1998年李去职后，关国亮代表"东方系"接任。新华人寿的大股东为国企阵营——三家大型国企宝钢集团、神华集团和仪征化纤集团，总计持股约20%。据调查，这些企业集团长期与关国亮不和。

（2）外资进入：新华人寿成立前三年，仅靠北京分公司支撑业务。关国亮入主后迅速扩大分支机构，至2002年已完成全国网络布局。至2003年，公司保费收入171亿元，占据国内寿险市场份额的5.7%，奠立中国第四大寿险

---

① 见《内部人关国亮》，载《财经》2007年第11期；《新华人寿战记》，载《新世纪周刊》2010年第4期；《新华人寿前董事长关国亮获刑6年》，载《北京青年报》2012年3月2日。

公司的地位。2000年，关国亮筹划新华人寿上市，当年8月，引进苏黎世保险集团、国际金融公司、日本明治生命保险公司、荷兰金融发展公司四家外资股东。公司向四家外资公司发行1.992亿新股，每股5.25元，新华人寿股本金由此增至8亿元。翌年初，再通过将资本公积金中的溢价认购股份的4亿元转为资本金，从而增至12亿元。此时，外资合计持股达金融机构外资持股上限24.9%。

2. 关派资本

一番调整后，"新产业系"保留了9%的新华人寿股份。此外，中国中小企业投资公司亦从"新产业系"获得7.51%股权。据悉，这两部分股份事实上为代持，最初属张宏伟、关国亮二人，具体分配方案不详，但后来均由关国亮所控：其中9%在2006年春由关国亮处置，转手上海亚创投资有限公司套现；之后重庆民营企业隆鑫集团和海南格林岛投资有限公司，经辗转分别获得了10%及7.51%。隆鑫集团的股份，实际上由关国亮"说了算"；海南格林岛公司曾属隆鑫，但实际上已经成为关国亮的私产。"东方系"通过东方实业和东方集团占股13.04%。此外，来自哈尔滨的北亚集团（上海交易所代码：600705）2001年曾从"东方系"的黑龙江龙涤集团受让股份，截至报道时仍存6%。

3. 董事会内的股权争斗与变更

（1）当2005年关国亮紧锣密鼓筹建新华控股时，普华永道在对新华作例行审计中发现诸多疑点，并提请董事会关注，却被关国亮解聘。

（2）新华人寿的大股东之一宝钢与关国亮关系也很紧张，在2006年新华股东矛盾异常尖锐时，关国亮曾派人赴上海说合，遭到宝钢断然拒绝。关国亮随后发动其盟友收购宝钢所持新华人寿股份，这一提议同样遭到宝钢坚拒。

（3）苏黎世保险当初以战略投资者身份入股，由于股份少而不具备财务投资人的发言权。但在筹建新华控股时，关国亮没有考虑外资伙伴苏黎世，而是与其他新投资人洽谈，包括美国国际集团（AIG）董事长格林伯格个人持股的CV斯塔尔公司。2004年末，苏黎世保险通过受让国际金融公司、荷兰金融发展公司的股份，在新华人寿持股跃居18.9%。

（4）内部分裂：2005年12月，新华人寿董事会三年任期届满，新华人寿的国有和外资股东认识到要推进董事会改选，但关国亮控制了大多数董事席位，换届选举迟迟不能正常举行。2006年春，关国亮将其控制的新产业的9%的股权转让给上海亚创后，在股权比例上，反对关国亮的阵营第一次获得了数量优势。但在任期已告届满的董事会15个席位中，关国亮可控席位仍居绝对多数。公司内部的"挺关"一方和"倒关"一方在2006年7月底召开的新华董事会上僵持不下。"倒关"方要求在9月2日召集临时股东大会以选出新的董事会；"挺关"方则提出股东大会在9月10日召开，并提出应采用累积投票制而非简单多数制进行换届选举。最终在保监会干预下，双方均未按原计划召开股东会。同时，对关国亮的举报已上达国务院。

(5) 在关国亮接受调查前，北亚集团董事长刘贵亭于2006年6月因涉嫌经济犯罪被捕，北亚持有的大部分新华人寿股权被冻结。2006年11月，陷于资金和诉讼危机的北亚集团被迫拍卖新华人寿部分股权，这部分股权达2163万股，约占新华人寿总股本的2%。

案例小结与点评

此案的新闻主体即调查分析新华人寿原董事长关国亮的各项"隐形投资""外面的生意"和"混业经营的关联交易"分别是如何形成的，并分析三者之间的关系。新闻主体涉及的内容相当复杂，主要是分析关国亮利用职权获得以及如何获得非法利益，但是并没有给出关国亮能拥有这种"特权"的原因——而这种原因，可能解释中国多个国有企业高管为何能进行违法经营行为。

解构特权的形成必须分析与特权相关的各种利益体，并分析这些利益体与主体之间的关系是如何形成的。从上述案例可以看出，通过解构董事会各个股东的形成过程，分析关国亮如何将"自己人"拉入董事会，以及董事会中各个股东之间的权力争斗。新闻报道清晰地呈现了董事会的利益之争，为关国亮的特权形成制造了制度漏洞。

新闻事件中牵涉面比较广，新闻事件的事实有多重价值体现，既有政治性又有公共性，尤其还涉及经济性，那么对利益相关体的分析就显得十分必要。只有通过利益相关体的利益分析，才能弄清楚新闻主体以及新闻事件的内部规律和问题发生的原因。

案例11　　高铁新闻事件"利益共同体"分析

2011年7月，甬温线高铁发生两车追尾的特别重大事故。2011年7月28日上午，因存在设计缺陷导致温州动车追尾脱轨事故的北京全路通信信号设计研究院发布道歉信，表示会积极配合国家有关部门和铁道部的事故调查工作，并对有关责任人进行责任追究。

这个道歉令甬温线高铁特别重大事故这个"新闻主体"产生了事故之外的新闻联想和推理。接下来的新闻调查证明这个道歉使得高铁的制造商——浮出水面，它们即甬温线高铁新闻事件的利益相关者。事实上，金融市场的迅速反应也为我们提供了非常好的利益相关体分析。据7月25日证券新闻报道①，受"7·23"动车事故打击，以铁路基建为首的前期受益政策投资板块暴跌砸盘，市场恐慌气氛蔓延，沪指接连跌破2750、2700两道大关，创两个月来最大跌幅。作为高铁概念龙头股的中国南车、中国北车午盘跌幅分别为7.84%、8.31%。牵涉事故线路建设的多家公司中特锐德首个公告称事故与公司产品无关，午后复牌一度逼近跌停，随后尝试反弹。跌停的个股中，天马股份（002122）被认为和高铁车轴有关，宝利沥青（300135）生产轨道敷设使用的改性沥青，鼎汉技术（300011）主营轨道交通信号电源系统，时代新材（600458）和晋亿实业（601002）主营轨道紧固件，而南方汇通（000920）主营机车车辆及配件的设计、制造、修理和销售。

不少财经媒体和综合媒体的经济新闻都关注到股市的变化，并对高铁设备的各个供应商或制造商产生了浓厚的兴趣。其中以《新世纪周刊》的《高铁利益链》②为最早的利益相关体的分析报道，分析最为详细和清晰。此篇报道的影响力不亚于对甬温线高铁特大事故的原因分析。

第一利益相关体：通号集团以及集团下属研究院和公司。

通号集团成立于1984年1月，原隶属铁道部。2000年，通号集团与铁道部脱钩，划至国资委，系国资委直管的大型央企，与中国中铁、中国铁建并称中国铁路建设三大辅业公司。据国家工商总局资料显示，该公司注册资本为14.82亿元人民币，法定代表人马骋。2006年通号集团利润仅为3亿元，营业收入42亿元。两年后其营业收入已增至62.1亿元，利润为5.6亿元；2008年，通号集团就相继完成温福、甬台温、武广等客运专线建设项目，先后开展海南东环、沪宁、沪杭、哈大、向莆、杭甬等客运专线建设项目，签约承担京沪高速铁路通信信号工程项目。2009年集团共签订合同7257项，合同总额190亿元。

---

① 《6只高铁股跌停　大盘恐慌暴挫2.96%》，载搜狐网证券频道2011年7月25日，http://business.sohu.com/20110725/n314473643.shtml；《高铁股两天蒸发435亿》，载《理财一周报》2011年7月29日。

② 《高铁利益共同体》，载《新世纪周刊》2011年第30期。

第二利益相关体：通号集团内的子公司或关联公司。

查阅公开信息，通号集团承接了多数近年来新建铁路的通信信号系统工程。在拿到项目之后，通号集团将设计、生产和工程合同分包招标，通号集团内的数家公司最终成为供应商，包括上海铁大电信设备有限公司、北京中铁通电务技术开发中心、烽火通信科技股份有限公司（600498.SH）等。

在甬温台线通信信号系统中，ZPW2000型自动闭塞系统由通号集团提供，由其广州分公司施工完成。甬台温客运专线通信、信号工程将由通号集团北京工程分公司整体负责，信号施工任务也全部由该公司承担。通信信号系统集成由北京全路通信信号研究设计院提供，其也为通号集团子公司。

第三利益相关体：其他供应商。

甬温线上的铁路信号集中监测系统（原铁路信号微机监测系统）装备由中小板上市公司河南辉煌科技股份有限公司（002296.SZ，下称"辉煌科技"）提供。创业板上市公司北京世纪瑞尔技术股份有限公司（300150.SZ，下称"世纪瑞尔"）为甬台温客运专线提供铁路通信监控系统和铁路综合视频监控系统两个产品。防灾安全监控系统工程则由今创安达交通信息技术公司（下称"今创安达"）提供，今创安达是江苏常州今创集团的子公司。据了解，今创集团与落马的铁道部运输局局长张曙光关系十分密切。而甬温台线的运输调度指挥系统和列控系统中心（FZk-CTC系统工程），由通号集团与法国阿尔斯通公司的合资企业卡斯柯信号有限公司提供。卡斯柯还中标了京沪高铁的信号系统。佳讯飞鸿电气股份有限公司（300213.SZ）则为甬台温专线提供了"MDS多媒体指挥调度系统"。另外，和利时公司（Nasdaq：HOLI）是两列列车车载ATP系统的供应商。

此外，新闻报道还挖掘出重要供应商与铁道部的人或事之间的千丝万缕的关联。

（1）辉煌科技的招股书显示，公司为铁道部指定企业、高铁信号监测系统和防灾安全系统的主承包商，其铁路信号微机监测系统、防灾系统和无线调车系统在高铁中都占据很高份额，在上市前三年来自于国家铁路市场的营收占主营收入比例分别为76.35%、66.80%、77.42%。截至2010年年报，公司铁路通信信号行业的收入达2.44亿元，占主营收入2.50亿元的比例高达98%。辉煌科技2010年10月聘任郑予君为总经理。郑予君于1980年12月开始在郑州铁路局工作，2001年12月至2005年9月间担任郑州铁路局办公室主任、副局长，2005年起担任中国铁通集团公司党委委员、董事、副总经理并兼任中国铁通工程建设有限责任公司董事长。辉煌科技的独立董事唐涛，则是北京交通大学教授，曾担任多个国家和铁道部科研项目的负责人，包括铁道部重点实验室铁路运输自动化与控制实验室主任、中国自动学会教育专业委员会委员、中国铁道学会自动化委员会委员、国家发改委地铁设备国产化专家组成员、北京市城市轨道交通建设专家委员会成员等。

（2）全国铁路系统75%的路段都有佳讯飞鸿的产品。由于关系到生命财产安全，铁路部门对涉及运输安全的调度通信产品采购实行必要的行政许可，通过行政许可或者专项招标的方式设置较高的产品准入门槛，以达到保证运输安全的目的。由此，作为国内少数几家拥有《铁路运输安全设备生产企业认定证书》准入证书的通信信息企业，佳讯飞鸿在铁路市场竞争方面极具垄断优势，2007年到2009年，铁路市场占有率分别为47%、47%和48%，连续三年位居第一。佳讯飞鸿的测试技术总监吕志东曾供职于铁道部科学研究院通号所，而公司综合产品线总监杨勇则曾供职于中国通号总公司成都厂科研所，任助理工程师。

（3）世纪瑞尔1999年由毕业于北京交通大学的牛俊杰、王铁两位自然人出资300万元创立，如今在铁路安全监控系统市场以20%市场占有率排名第一，累计做过400多个铁路安全监控项目，2010年底上市募资11亿元，收入2.34亿元。世纪瑞尔的招股书显示，公司主营业务为向铁路用户提供行车安全监控系统软件产品及相关服务。2010年1—9月、2009年度、2008年度、2007年度公司来自铁路行车安全监控系统软件产品及相关服务的营业收入分别为1.595亿元、1.4亿元、8543万元和7918万元，占公司同期主营业务收入的比例分别为97.09%、92.89%、93.74%和95.97%。世纪瑞尔的董事、技术总监、副总经理尉剑刚，曾任铁道部沈阳信号厂工程师、铁道部通信信号总公司软件中心工程师；副总经理张诺愚也曾任中国铁道建筑工程总公司铁路运输处工程师职务。

那么，铁道部或通号集团是如何与这些制造商形成紧密的"利益相关体"呢？新闻调查与分析发现，铁道部技术产品生产商有入围的"潜规则"。

（1）通号集团脱胎于铁道部，能够垄断列车自动控制市场，被视为"路内企业"。每逢春节，铁道部领导都会按惯例到通号集团慰问。而像华为、中兴通信这样的通讯企业，虽然已在国际通信领域打败了包括西门子、北电在内的很多跨国电信公司，在高铁客运专线数据网项目中也屡屡中标，但其通信信号系统却至今未能获得铁道部的准入。

(2) 一位业内人士称,取得铁道部的认证对进入铁路行业至关重要。按照铁道部对联合体投标的要求(即必须与外商合资),即使一些路外企业具备相应技术,已有类似产品,如果没有业绩也很难成为铁路合格供应商,一般只能与国外企业联合才有可能曲线入市。

(3) "入围"的未必是好企业。有供应商认为:"采购目录分为一级和二级,前几年刚推出的时候主要靠关系进去,很多是业内不知名的企业;这几年慢慢调整,现在至少都是做过项目的企业。"

案例小结与点评

从新闻报道的内容来看,甬温线高铁的特别重大事故既非偶然,也非例外,并且属于政企不分的"暗箱操作",长期由"内部人"控制。但是,若非通过高铁制造链条的"利益相关体"的分析,读者是无法得到这个结论的。

对利益相关体的分析,经常是调查报道的重中之重。对"新闻主体"的报道提供新闻事件的静态的表层信息;"利益相关体"的分析则提供动态的深层信息,一些相关的边缘事项、背景事项,随着新闻调查的展开,都有可能演变为富含重要信息的新闻内容,是提示新闻事件发展的内部规律的重要指标。

从报道方案来看,评估新闻编辑的工作有一个重要指标,即看新闻主体利益相关体的分析方案,是否顾及新闻主体活动的方方面面,利益相关体是否与新闻主体有经得起推敲的逻辑关系,是否反映新闻主体的内部活动规律,是否显示新闻事件发生的深层原因。从实践意义上讲,建立一份好的报道方案,要从建立准确充分的利益相关体分析开始。

3. 社会反应体系层次

报道方案的第三层次即"社会反应体系"。它有三个特质:①体现新闻主体的同类横向比较。以新闻主体的类型为横坐标,比较同类机构/群体对新闻主体的看法与反映,其他国家/地区对此类事件的相关处理或制度。这些比较项可能与新闻主体并没有直接相关的隐性或显性的利益关系,但是,通过比较却可以提供新闻问题解决的可能性,或从"他山之石"获得攻玉的启示。②体现社会体系的信息反馈,这是新闻产生连锁反应/新闻跟踪的必要条件。③体现社会舆论和其产生的社会环境,在中国当前的社会环境之下,社会舆论往往能成为主导新闻事件发展方向的主要因素之一。

报道方式：采访相关的政府机构、网民（微博）、普通人、专业人士等。对于同类横向比较，则采访同类的其他企业、个人或群体，以及关联的官方机构（专业机构）/地区，参考其他区域或国家的同类事件发展过程，目的是寻找可能的解决方式。

案例12　甬温线高铁特大事故的横向比较：日本和德国

提到发生在中国的高铁重大事故，人们自然想到了同样拥有高铁的两个国家——日本和德国。中国高铁的调查过程可能十分漫长，因此，对比这两个国家的高铁技术和事故处理方式，则成为编辑在新闻主体报道、隐性利益相关体分析之后进行新闻报道的主要内容。有些编辑可能更迫不及待，即在新闻事件发生之后马上进行横向比较。

例如，《日本新干线47年无重大事故背后》[①] 提到其原因有三：第一，把新干线的运营速度控制在绝对安全的范围内，日本新干线的试验时速最高已经达到了420公里，但是几十年来实际运营时速未超过300公里。第二，日本的新干线实行车辆制造技术与运营管理技术同步成长，列车技术改进一下，运营管理系统也跟着改进，不会出现两者脱节的现象。第三，新干线有两个最基本的安全运营系统作保障。首先是自动列车制御系统（ATC），这个系统由列车内装置和地面上装置合作构成，每一个路段的运行速度超过限定速度时，地面监控装置会向列车发出紧急信号，这一系统会自动刹车或减速。其次是列车运营管理系统（PTC），当其中的一列列车出现临时性刹车减速或停车，这个系统会自动通知在同一线路上行驶的车辆同步减速或停车，并自动控制沿线的交通信号和沿途各车站的广播系统，还能根据当时列车停运的状况，自动编制临时的列车恢复行驶时刻表。

文章还引用日本媒体的报道——日本工学院大学客座教授曾根悟在接受日本媒体采访时指出，温州动车追尾事故发生的最大原因，在于中国高铁的车辆技术与运行管理系统是一个大杂烩。他说，两列追尾的列车，停车的一列是加拿大的列车，追尾的一列是日本的"疾风"型新干线，而整个运营管理系统却是中国自己研发的。显然这三者之间还没有实现最佳的融合。同时，高速列

[①] 《日本新干线47年无重大事故背后》，载《第一财经日报》2011年7月25日。

车的避雷技术不过关，列车制御系统只有一套，没有备份系统，导致列车信号与运行管理信号联络中断，致使这一重大事故的发生。

针对中国甬温线事故发生之后，铁道部某些官员急于掩埋受损车体并在一周内通告的事故处理行为，媒体将其与德国高铁事故之后的救援方式进行了比较。

报评《德国高铁事故如何救援》①分析了德国在遭遇重大事故之后的处理方式。1998年6月3日上午，一辆德国城际特快列车（ICE）从德国慕尼黑开往汉堡，在途经小镇艾雪德附近的时候突然脱轨。这场列车事故造成101人死亡、88人重伤、106人轻伤，遇难者还包括2名儿童，生还的18名儿童中有6人失去了母亲。搜救工作整整持续了三天才结束。约有1900名救援人员参与了现场抢救，其中包括驻扎在附近的英国军队。而长达5年的技术调查和法律审判才刚刚开始。德国联邦铁路局是监管铁路及其相关基础设施的权威机构。一旦有证据显示铁路公司未能尽责防范危机、保证安全，联邦铁路局作为监管机构将介入调查。在它的组织下，组成了独立调查小组，对事故原因展开全面调查。由于联邦铁路局要求进行全面安全检测，德国实行了紧急列车时刻表，多辆列车被取消，多条线路被缩短，直至事故后一个多月才基本恢复国内铁路运营。德国旅客直至次年11月全部车轮更换完毕后，才重新体验到列车原有的运行状态。

案例小结与点评

对甬温线高铁事故来讲，最合理的对比与经验借鉴是与其他国家的类似交通系统进行比较。日本和德国明显是合适的比较对象。

横向比较不能泛泛而行，必须有针对性。与日本新干线的对比，侧重比较其整体的操作系统和管理模式，并刊出日本专家对中国高铁事故的评价，有很强的借鉴意义和指导性。与德国高铁的比较，则侧重比较对事故的处理方式，德国人处理事故的方式严谨而慎重，联邦铁路局对全国高铁系统进行全面安全检测，特别是高铁线路在事故发生之后一月才基本恢复，显示出德国的科学精神和高度的责任感。与这两个国家的比较，正好反衬中国高铁事故的两大漏洞。

同类横向比较，可以将社会舆论的倾向性以一种比较委婉的方式呈现出来，是体现媒体机构价值取向的较为合理的方式。

---

① 《德国高铁事故如何救援》，载《中国青年报》2011年7月27日。

案例 13　苹果公司和惠普公司对富士康员工跳楼事件的评估

2010年1—5月，深圳富士康公司发生员工连续的非正常死亡事件之后，有媒体采访了苹果公司和惠普公司驻华总部。

2010年5月17日，苹果公司中国区发言人对《第一财经日报》表示，苹果对供应商合作伙伴有着极为严格的要求，会持续关注一些合作伙伴的行为，但拒绝评价富士康员工的悲剧。2009年7月，负责苹果公司iPhone第四代N90产品导入的富士康员工孙丹勇，因遗失一台样机，遭遇内部调查，最终跳楼自杀，而背后原因正是富士康担心产品信息秘密泄露而丢掉苹果公司的订单。

2010年9月17日，富士康另一重要合作伙伴惠普中国区发言人沈激转述亚太区发言人的话说，惠普是供应商管理与社会环境方面公认的领导者，发起参与制订了社会环境守则，对于供应商的选择，一直有着严格标准。记者查阅了《电子行业行为准则》，2004年6月该准则诞生时，其发起方确实包括惠普，且名列发起公司名单第一位。而其他公司分别为IBM、戴尔、Celestica、伟创力、Jabil、Sanmina SCI和Solectron。"我们要求供应商必须保证它们的员工能感受到安全、尊严。"谈到富士康员工悲剧，沈激强调说，惠普将针对此事"积极调查供应商的行为"。

记者还调查了富士康的国内竞争者：苏州一家台湾地区代工企业的工厂总经理表示，按照富士康员工数量，没有曝光的悲剧可能还有，目前的"九连跳"也许只是冰山一角，而这跟富士康多年来的管理、思维模式有关。和硕联合上海南汇厂一位内部主管对《第一财经日报》表示，该厂早在成立之初便引进了上海专业的咨询机构，专门针对员工进行定期心理辅导，对于与工作有关的方面，则设有一个专门申诉管道。[①]

案例小结与点评

新闻消息中的主角并非新闻事件的主角，而是与新闻当事人——富士康公司有经济利益往来的"大客户"和"竞争者"。尤其苹果公司和惠普公司与富士康同为世界500强企业，两者均为IT行业领导者，它们对富士康企业所发生新闻事件的评价，可以较好地反映世界

---

① 见《苹果惠普关注富士康九连跳　竞争对手欲抢单》，载《第一财经日报》2010年5月18日。

知名企业对于劳资关系的态度与价值观。从记者的报道内容中可以看出,苹果公司对此事的评价取"审慎"之态,以经济关系为主要评估标准;惠普则与之不同,不仅批评富士康,并且还提及行动。国内竞争者则处于明显的批评状态,且自我表扬。

这应该是一起典型的由编辑策划的而非源于新闻事件延伸性的新闻消息稿。这些企业与富士康公司员工跳楼事件并无直接或隐性利益关系;但是,这些企业的评价却可以间接地反映国内外企业对于企业履行社会责任的认知态度与行为。"企业的社会责任"是深圳富士康公司跳楼的新闻事件中所凸显的一种"政治经济学价值"判断,是一种富有现实意义的新闻事实的价值判断,因而也凸显其鲜明的社会意义,是社会舆论的主题思想。

案例14 公众对于"小悦悦"事件中"冷漠路人"的讨论

2011年10月13日,一名2岁女童在南海大沥黄岐一五金城内被一辆汽车撞倒,司机肇事逃逸,后又被另一辆汽车碾过。而之后将近7分钟里,尚有呼吸的悦悦一直孤零零地躺在路边,18个路人先后经过,但都当没看见,没人报警。最终,悦悦被第19名路人——一名捡破烂的阿姨抱到路边,随后被送往医院急救。《佛山日报》从10月17日起开始报道"小悦悦"事件,引发社会各界人士强烈关注,至21日小悦悦抢救无效而死亡。①

国内外新闻媒体都在关注这个新闻事件。自从小悦悦不幸离世后,新闻报道的关注焦点从"小悦悦"及其父母、救人陈阿婆、冷漠路人等新闻主体和当事人转移到中国人的道德讨论以及有关的"路人见死不救"的法律惩戒的讨论之上。社会公众的舆论成为新一轮新闻报道的"当事人"和新闻主体。

《法制日报》近日联合搜狐网展开社会调查,与3913名公众对小悦悦事件背后所暴露出的一系列问题进行探讨。②"为何前后经过了十多名路人,却

---

① 见《这一天,他们令佛山蒙羞》《这是一根刺扎进每个人的内心》《悦悦挺住有爱相伴 陈姨好样正气弘扬》《救人阿婆探望悦悦捐出慰问金:每晚都梦见她》《小悦悦已于今日凌晨离世》,分别载《佛山日报》2011年10月17日、18日、19日、21日。

② 见《女童被碾案引公众反思 "见死不救"凸显道德滑坡》,载《法制日报》2011年10月21日。

无一人去搭救女童,这其中最普遍的心态是什么?"在回答这一调查问题时,有1.64%选择了"没看清",53.85%的人选择了"怕承担责任",44.52%的人选择了"多一事不如少一事"。《法制日报》记者了解到,自"彭宇案"之后,救人帮人者似乎陷入了某种习惯性的困境之中。许多被调查者认为,这类事情是造成此次路人见危不救、见死不救的原因之一。《法制日报》与搜狐网在对"见死不救现象越来越多的出现,其最根本的原因是什么?"这一问题进行调查时,有42.61%的人选择了"道德滑坡",有28.58%的人选择了"法律存在漏洞",还有28.83%的人选择了"原因比较复杂"。

《羊城晚报》《南方日报》《佛山日报》以及国内其他媒体就中国人的道德问题进行了全面大讨论,《羊城晚报》10月17日刊发陈杰人撰写的首席评论《街头血泊中的女童击中社会之痛》指出,一个完整的文明社会,不仅需要完备的法制,更需要高尚的纲常和伦理秩序。人与人之间的温情缺失源于利益的过度强调,更源于自然的正义和基本的伦理实质上被否定。10月18日《羊城晚报》专题新闻《别让善良,成了风中之烛》,从人性、法律制度和道德修养三个方面阐述社会舆论之导向。《新快报》10月18日封面专题《我们不做中国的路人》,刊发特约评论员文章《不是救她,是救我们自己》表示:"道德在我们面前一天天枯萎,我们在道德面前一天天冷漠。拯救之道在于我们每一个人,如何保证自己不会成为那18名路人之一。如何让自己的精神,在每一个深夜,走向10月13日的那个下午,走向佛山的广佛五金城,走到被汽车碾压的悦悦身边,弯下腰,伸出手,献出爱心——这不仅仅是救她,更是救我们自己。"

案例小结与点评

广东佛山两岁女童小悦悦被撞不治的新闻事件由此引发了对中国人道德和相关法律的双重讨论,是前所未有的新闻案例,体现了"社会舆论及其产生的社会环境"——在中国当前的社会环境之下,社会舆论往往能成为主导新闻事件发展方向的主要因素之一。

编辑不约而同地关注公众对此新闻事件的反应,并对公众进行各种社会调查,引导公众对此事件进行讨论,其中还包括对"路人见死不救"进行立法惩戒可能性的争论。这些社会反应体系所呈现的内容极大地丰富了新闻事件的社会意义,体现了新闻事实中的"公共价值"。这些舆论既发源于新闻事件,又脱离新闻事件并成为另一个明显具备新闻效应的"新闻主体"。

因此，关注新闻事件的社会反应体系是目前编辑的重要工作，尤其是网络社会，各种社会反应都会通过互联网系统呈现出来，社会舆论的形成是伴随新闻事件的发展而产生并发展的。编辑若不关注这些反应，必然滞后于新闻的现实发展，必然会丧失新闻议程设置的功能与作用。

本章小结

本章实际是再现"新闻编前会"的过程：讨论新闻事实的所有可能报道的事实价值，确定报道选题，然后确定报道方案。

对于新闻编辑工作来讲，新闻编辑的宏观思维涉及新闻的事实价值，这是专业工作者对新闻微观事实和宏观意义的融合认知：基于"微观事实"的认知确定事件能否成为新闻，基于"宏观意义"的认知确定新闻是否能成为有意义、有价值的新闻。辨清新闻事件的各种宏观意义，是将新闻的微观报道置于政治、经济、文化和其他的社会宏观环境发展规律之中，结合宏观看微观，才能提示新闻事件内部发展的规律。

接下来将进行报道的策划。

第一步，必须确定记者报道的主题。如何确定报道主题？从已经判断出的、各种具备报道可能性的"事实价值"中挑选出合理合适的某一种或某几种价值作为新闻报道主题——这个"合理""合适"的标准，是合乎新闻发展的规律，合乎本媒体机构的特点，合乎本采编部门的特点。

第二步，确定报道方案。新闻报道的策划与组织不是围绕一个新闻热点制造新闻事件，而是在新闻事件产生之后，对新闻事件进行全方位的专业报道。因此，策划与组织的工作流程主要是在新闻编辑部内部进行的，既是新闻一线采访的"后台总指挥"，又是"后勤总输送"，既指挥记者如何组织采访和反馈各种社会信息，又为记者提供更多更快的信息和资料，满足其人力和物质需求。

思考题

1. 选定当下发生的一个新闻事件，对其进行新闻要素的"事实价值"分析，即从政治与公共价值、经济与科技价值以及美学与心理学价值出发，分析有可能产生的新闻选题，并说明理由。

2. 假设你身处各种不同的媒体，如党报媒体、杂志社、专业财经媒体等，根据媒体机构的特点进行新闻报道的选题策划——以某种事实价值为主要的新闻报道价值，其他为辅助价值，并说明理由。

3. 根据选题安排确定报道方案，并说明理由。

第四章　新闻稿件的审美与搭配

本书第二章、第三章着重阐释了新闻编辑的理论依据、宏观思维以及新闻报道的策划方案。

第四章、第五章和第六章则进入新闻编辑的微观操作层面。记者根据新闻编辑的报道方案进行采访和写作，并向编辑提交了稿件。接下来，新闻编辑要对稿件进行详细的分析与修改过程。这个过程包括两个重要环节：新闻稿件的审美与搭配以及新闻稿件的修订。这是第四章的重点内容。

新闻稿件的审美与搭配包括三个重要内容：第一，分清新闻故事的分类以及各类型的搭配比例。第二，进行写作上的审美判断。第三，在故事的具体组合方面进行平衡与调整。

第一节　新闻故事类型

在日常采访报道活动中，大多数情况下记者可以按照编辑预先策划与组织的报道方案进行，但这并不意味着完成的新闻报道稿件能完全如编辑预期所料。尽管在新闻事件发生之际，编辑对新闻故事类型的判断已经有了新闻事实的价值判断，但由于受报道客观环境的变化或限制，或者由于记者主观条件或资质的不同，编辑对于记者提交的稿件还需要根据现实情况进行新一轮判断：哪些新闻故事可以成为"重要的新闻故事"？哪些是"趣味的新闻故事"？哪些只能成为"备用的新闻故事"？

除此之外，当无重大新闻事件发生之际，编辑还必须善于寻找、挖掘新闻素材，或是"化腐朽为神奇"，令一般的新闻成为优秀的新闻故事。

一、重要的新闻故事

重要的新闻故事永远是最受公众关注的故事，是新闻编辑心目中的重中之重,是支撑整个报纸版面、杂志内页、电视新闻栏目的核心。

(一) 重要新闻故事的特质

什么样的故事才算是重要的新闻故事？它具有以下五个特质。

(1) 这些重要新闻故事的标题一定会出现在各种媒体的当日封面导读之中,新闻内容则放置在平面媒体的中后半部、电视晚间黄金时段的头条、网站头条以及专题网页;篇幅有可能是所有新闻故事中最长的,但是这类故事的数量却最少,只占据所有新闻故事的10%～30%。

(2) 重要的新闻故事一般与政治价值、经济价值和社会公共价值相关,且以严肃新闻或硬新闻居多,娱乐性的新闻故事一般不会成为重要故事,除非它与前述三个因素有明显关联。

(3) 讨论与策划组织报道重要的新闻故事,永远都是编前会中最重要的议题。从实践经验来谈,一般需要讨论的一定是重要性的新闻故事,其他类型的新闻故事则未必。

(4) 采访报道重要新闻故事的记者一般都是知名记者,或是一般记者通过采访报道重要新闻事故而成为知名记者。至于新闻编辑则一般为低调的"幕后英雄",编辑经常以"编者按"或"本刊编辑部"的名义为重要的新闻故事配以评论,以彰显编辑的价值取向或媒体机构的立场。

(5) 编辑十分关注重要新闻故事的社会体系的反馈,以确定自己对"重要性"的专业判断是否合时、合情和合理。

(二) 重要新闻故事的类型

1. 由新闻事件本身的重要性决定的新闻故事

在本书第三章讨论过新闻事件的"事实价值",凡是体现"政治与公共价值"或"经济与科技价值"的新闻事件一般都会成为重要的新闻故事。这些新闻故事一旦发生,都有可能成为头条新闻。

从中国新闻报道领域而言,重要的新闻故事包括:政府新闻,特别是与人事任命、经济利益相关的新闻;新政策出台,特别是与民生息息相关的政治和经济政策,尤其是易产生"外部性"影响的各类政治和经济政策;经济改革,特别是关于产权归属、财富利益再分配的新闻;其他如涉及中国人重大道德规范的新闻故事。

从实践上讲,上述这些报道领域的新闻之所以成为重要新闻故事,与其说是因为新闻本身的力量，不如说是因为这些领域本身的特殊性。不过，这些新闻故事大多"可遇不可求"。坐等重要的大新闻发生既不现实也非编辑之上选，编辑要善于发现新闻、挖掘新闻，对具有重要性的"新闻价值"有着敏锐的嗅觉，令一般的新闻消息成为重要的新闻故事。

2．从冷僻处挖掘重大新闻故事

就中国新闻现实而言，编辑时常关注和挖掘的对象是某些地方职能部门或机构，尽管其级别不高，但由于其具备政策制订权，属于"现管"部门，因而也成为编辑挖掘重大新闻的领域。有些政策公众既不知其如何出台，亦无权利和机会参与其制订过程，公众与官方机构之间存在严重的信息不对称，因此，编辑必须对相关政策加以研究和解读，一解读往往能读出"大新闻"。

3．善于思考与观察的"反弹琵琶"式的重要新闻故事

新闻做久了，编辑极易形成思维定式，对某些类似现象按照常规思路进行，省时省力。但是，这样做极有可能错失不少好的新闻点和优秀的新闻故事。有些善于思考的编辑和记者，往往能从不起眼的新闻事件中发现重要的新闻点，或是从习惯性的新闻思维中进行"反弹琵琶"式的新闻思考，并且这种新闻思考常常带有重要的社会意义或启示。这样的新闻故事往往会让人眼前一亮。

案例1　官方网站的常规数据引出重要新闻

2009年6月，《羊城晚报》刊出一系列文章，引发社会强烈关注。6月初，广州市政公布酝酿已久的公积金提取新政拟定于同年7月1日执行，其中拟规定公积金账户"需保留最近6个月的缴存额做'沉底'资金"。市民对此表示不解。一位金羊网网友指出："留住6个月公积金有什么根据吗？"网友"凭舍扣押我的资金"则称："强烈反对压半年，凭啥扣押我的资金，有法律依据吗？"还有不少网友质疑，公积金是自己账户里的钱，为何取出来有这么多门槛？更有人称："这一规定是否为了吃利息，能否保证不被挪用？"此外，公积金提取新政规定，每次提取时均需提供房屋产权证（或借款合同、商品房买卖合同）及购房发票（或契税完税证）等证明材料，这让市民感觉十分不便。还有市民提出质疑，这样的新政出台并未举行公众听证会。①

---

① 见《公积金"压款"半年为哪般？》，载《羊城晚报》2009年6月13日。

《羊城晚报》记者就这些疑问屡次约访广州住房公积金管理中心，未果。新闻采访进行到这里，似乎遇到了"死结"。

据了解，这位记者是学金融出身的，对数字比较敏感。① 她浏览广州住房公积金管理中心的官方网站，通过简单的计算，发现这个机构的人均年管理费超过27万元/人，随即告之编辑。编辑从这个数据中嗅出了一个重要的新闻故事：为什么有这样高的人均年管理费？

于是真正的重要新闻故事才开始了："在广州市（住房）公积金管理中心简介一栏，记者看到，广州市住房公积金管理中心编制共72人，如果以上两年每年超过2000万的管理费来计，是不是意味着人均管理费将超过27万？"② 此外，记者还发现，"《管理办法》第七章第三十五条规定，公积金中心应于年度终了后30日内，向本级财政部门报送住房公积金财务收支报告和管理费用财务收支报告，经财政部门审核，提交住房委员会审议后，于3月底以前向社会公布。财务报告内容包括住房公积金归集、运用情况，收益分配情况等。但在目前公积金中心发布的公告中，看不到住房公积金收益率、管理费用率、委托存贷款比率等主要指标……""《管理条例》中还指出，住房公积金管理中心的管理费用标准可按照略高于国家规定的事业单位费用标准制定。不过，昨日有媒体爆出，在《广州市住房公积金管理中心2009年部门预算编制说明》中，该中心今年预算支出的工资福利款为598.56万元。那么按72人编制计算的话，平均每位员工的年工资福利款为8.31万元，加上'对个人和家庭的补助支出'191.38万元，管理中心员工年收入平均10.97万元，月收入超过9000元，远高于他们回应的月薪4000元。"③ 记者还对公积金的在册正式员工和工资人数进行对比，对公积金的管理模式提出强烈质疑。报纸每天就此新闻事件进行跟踪采访，报道内容既有记者的采访，也有社会反应体系的反馈，同时还有公职机构的回应，一时"羊城纸贵"。④

广州市常务副市长苏泽群主持召开的广州市住房公积金管理委员会第二届

---

① 笔者1999—2010年曾在《羊城晚报》任记者、编辑，该名记者为笔者同事。
② 《广州公积金中心年管理费估算超2000万 人均27万》，载《羊城晚报》2009年6月17日。
③ 《公积金中心员工月入过9000 收益应惠及缴存人》，载《羊城晚报》2009年6月19日。
④ 见系列报道《广州公积金中心年管理费估算超2000万 人均27万》《广州公积金管理费用是最低的》《公积金中心员工收入源于增值收益》《网友人肉搜索：广州公积金管委会官员超标》《"单位代表"大半是官员?》《公积金中心员工月入过9000 收益应惠及缴存人》等，分别载《羊城晚报》2009年6月16日、17日、18日、19日报道。

四次会议上,审议了关于《广州市住房公积金提取管理规定(讨论稿)修改情况的报告》(简称《规定》),最终决定该《规定》将不与7月1日新系统的运行挂钩;管委会更否决了《规定》中提出的"按月提取""预留半年缴存款"和"限制异地购房提取"等三项新规。苏泽群还特别提到,今后有关公积金管理的规定,凡国家和上级部门没有先行明确要求改变的,广州市不应自行设定新的规定;本届管委会决不允许再拿公积金去发放任何政府项目的贷款;以后的住房公积金管理应该在七个方面公开,即年度使用情况要公开,年度的审计结果要公开,对审计的整改包括上级检查出的情况进行公开,重大政策调整之前要先公开征求意见,公积金办理的流程、网点要公开以方便市民办事,财务预结算要公开,委员会的成员信息要公开。①

案例小结与点评

此个案典型地反映了编辑对地方职能部门政策制订的关注,这些政策与民生息息相关;但由于中国某些地方政府部门的官僚作风与信息不公开的暗箱操作,许多政策的出台过程、目的和执行过程并不明朗,公众相对政策制定者存在严重的信息不对称的问题,更没有参与的权利和机会。因此,新闻媒体担当了为公众解惑释疑的职责。

从编辑策略而言,编辑对新闻报道采取了"曲线救国"的方案。新闻事件缘起广州市的公积金支取新政,但由于某些原因而致报道受阻——这种情况在新闻报道采访过程中时有发生。编辑必须另辟蹊径,寻找新闻的突破口。尽管这个新闻突破口与公积金支取没有直接关联,却属于同一类别,即新闻事件映射了中国官方机构的种种不透明和不合理。从现实意义而言,这种财务信息的不透明比公积金支取方式更令公众关注。从最终结果来看,新闻报道不仅令不合理的"新政"取消,还令官方机构形成了信息公开的制度。

在没有重大新闻事件发生的时候,新闻议程设置要随时捉摸公众的"议程",站在公众的角度,为他们解决信息不对称的问题。这样的新闻,同样具备重要新闻故事的基本素质,因为它们反映的是老百姓——弱势的大多数关注的问题。这是新闻议程设置假说的现实应用。

---

① 见《广州公积金新政争议中夭折 按月提取等提议被否》,载《新快报》2009年6月20日。

案例2　　　　　"反弹琵琶"出新闻奇作

2006年,《羊城晚报》刊登一篇新闻消息,文中并未记载重大新闻事件发生,新闻要素的"5W"并不齐全,却获得了"2006年广东新闻奖报纸系统获奖作品篇目(一等奖)"。

这篇标题为《广州有没必要争那么多"第一"?》①。全文不足千字,谈的主要是两会期间一些当地人大代表或政协委员的观点:"代表们说,当前,城市间互相攀比、拼追第一的心态殊值玩味。争建'世界第一高楼';工业园、开发区竞全国最大;单是'最高摩天轮'便有近十个城市争夺;机场、汽车、钢铁等项目竞相上马……若非国家宏观调控对一些项目叫停,恐怕攀比之风会愈演愈烈……'当前,珠三角已成为全世界经济最活跃的地区之一,广州建设地标,有利于提升层次、彰显地位。但短短几公里的珠江两岸,要建几个'世界第一',是否真有必要?'市人大代表林沛勋如是说。"文章引用多位代表观点,以讨论广州建这么多"第一"的正面影响和负面影响,最后以一位代表观点作为结尾:"代表们指出,硬件第一容易,软件如何跟上?建'世界第一'项目不难,只要有钱又肯花钱就可以;难的是对社会软环境的改善、对社会文明程度的提升。'社会公共事业应与经济建设同步。'卢启明代表说,'如果拿出搞城建的力度来搞社保、教育、卫生事业,我们的社会将更美好。'"

此篇新闻作品获奖后,笔者曾与记者交谈,这位记者常年采访时政新闻,在采访过程中多次听见一些人大代表或政协委员谈广州争建多个"第一",并提出了反思的想法。记者认为这是一个好的"新闻点",但是只有观点没有新闻由头,只有说法没有新闻事件,何以成新闻?记者与编辑商量,编辑认为这是一篇"反弹琵琶"式的好点子,于是与记者共同商议后提出,应该确定一个新闻时间、新闻由头,同时对于观点不能盲目认同,必须寻找不同观点进行碰撞。因此,记者又进行不少补充采访。一切准备就绪后,新闻稿件选在广东省"两会"期间召开之际刊出,引起社会强烈反响。

案例小结与点评

若以"新闻五要素"论,此篇消息稿不算严格意义上的新闻消息,既无重大的新闻事件,亦无新闻当事人,时间性也不强,放在任

---

① 《广州有没必要争那么多"第一"?》,载《羊城晚报》2006年3月27日。

何时候刊登均可以。这篇新闻稿之所以获奖，主要原因是新闻故事的主题"广州何必建那么多'第一'？"以反问的形式提出了一个深具现实意义的问题——花费巨资盲目地追求硬件上的"政治工程"，实际上是一种巨大的浪费。这种反问秉持大多数新闻稿件的立场和态度，是立于反思和批判的角度的；而在过往遇到"广州第一"这样的新闻事件时，必定以肯定和赞扬为主。

新闻的"反弹琵琶"强调的是逆反思维，是与常规新闻定式不同的新闻思考方式。但是这种逆反思维必须与客观事实相吻合，不能为了"逆反"而"反弹琵琶"；不能离开社会大背景和政治、经济环境而进行新闻反思。一方面，此篇文章选择发表时间是在召开广东省"两会"之际建言建策的大背景下，更显出此篇新闻稿件的社会意义，使其社会影响从公众社会扩大到决策层。另一方面，此篇消息行文委婉，用词谨慎，布局客观中立，这是因为反思必定要对社会建设有正面启示意义，不能一味地批判和指责，否则反思则成为无用的抱怨和责任推诿。

记者在采访中常常会产生不少灵感，但灵感只是一个火花，需要编辑用经验和推理进行演算。就该个案而言，编辑在宏观社会背景上的良好把关，特别是在重大体裁和出版时间上的分寸把握，是这篇"观点"稿成为一篇优秀新闻稿件的主要原因之一。

二、有趣味的新闻故事

重要的新闻故事永远最容易受到公众关注。但是，正如前文所述，其在所有新闻故事中所占的比重仅为10%～30%，余下的空间应该如何填补？这也是新闻编辑应该关注的问题。从实践而言，除了负责重要新闻故事的"要闻编辑部"之外，其实还有众多的新闻编辑和部门，也许这些部门的编辑人员比"要闻编辑部"更多，工作的内容也更丰富多元，因为他们的任务是选择和编辑"趣味性"的新闻故事。

（一）趣味性新闻故事的特质

有趣味的故事具备以下几个特质：
(1) 它们是重要新闻故事的辅助。重要的新闻故事多是"坏消息"，而这些报道"好消息"的则大多体现了"美学与社会学"的新闻价值,讲述节奏轻松、幽默、温情的个性化和人情味的新闻故事。

(2)有趣味的故事总是令人开心,且可能无刊出时间的特殊要求,因此随时可用。

(3)趣味性的新闻故事符合大众审美,不能太"小众"。

(4)趣味性的新闻故事需要轻松的心境和创意的思维来寻找和发现。

(5)趣味性的故事切忌煽情过度,若写作不够真实朴实,人物形象过于完美,存在虚构成分,易引起受众的反感心理。

(二)趣味性新闻故事的类型

有趣味的新闻故事可以分为以下类型。

(1)具备人情味或个性化的故事。这类故事能激起受众的同情、怜悯或钦佩,与故事的主角达成情感共鸣,从而体现平凡个体的超常魅力。

(2)角色翻转①。新闻人物脱离媒体或公众预定的角色,从而引出公众新一轮的兴趣。

(3)描述非主流人物的"英雄"情怀的新闻故事。

(4)揭秘性的新闻故事。此类故事永远是趣味类新闻故事的主角之一,因为这些故事能极大地满足受众的猎奇心。实际上,如果故事内容涉及政治与经济的因素,这类新闻也有可能成为重要的新闻故事。

(5)极具新奇性的故事。故事出乎人们的意料,令人惊叹。

案例3　　"中国达人秀"的人性故事

2010年夏天,在不到1个月时间里,《中国达人秀》借这个舞台推出了多位红遍全国的"草根"奇人:"无臂钢琴王子""民工街舞团""孔雀哥哥""农民歌唱家"……站上舞台的,既有牙牙学语的幼童,也有年过古稀的老人,有船头卖唱的,也有街边修车的,甚至有拾荒者。节目录制引进《英国达人》的原创概念,现场没有电脑灯,没有任何逗乐或煽情的音效,选手的

---

① 与"人咬狗"的新闻含义类似,是指新闻故事与人们的预期产生了极大的偏差,从而引起公众的强烈好奇。〔见(美)郝伯特·甘斯:《什么在决定新闻》,石琳、李红涛译,北京大学出版社2009年版,第197页。〕

表演、观众与评委的反应、侧幕主持的简短互动,构成节目的主要元素,呈现出一种朴素而隆重的剧场形态。

　　这是中国电视界较早引入国外经典节目——以平民选秀为主要内容的真人秀节目。之前有湖南卫视的《超级女声》等选秀节目,但《中国达人秀》的节目内容从"台上"延伸到"台下",从"表演"延伸到"生活",优秀选手个人的真实平民生活,甚至是低层或边缘群体的生活细节也被媒体不断报道。《南方人物周刊》于2010年第30期刊出一组文章:《"中国达人"刘伟:一个"达人"的诞生》《中国"达人"许娜:卖鸭脖者的千千阙歌》《"中国达人"郑健锋:有时民工,有时舞者》。这些文章都真实再现中国普通民众为追求自身梦想而不断努力的励志故事。也有反映公众情感生活的故事被挖掘出来。例如"为爱开屏"的"孔雀哥哥"姜仁瑞,自行车修理工出身的他来自内蒙古呼伦贝尔大草原,为了挑起家里的重担,为了瘫痪在床的妻子,为了两个还在上大学的女儿,他重操旧业。为了能使妻子重开笑颜,他带着笨拙的"孔雀装扮"在舞台上辛苦地表演着,虽然还有"瑕疵",但他到底做到了。①

　　案例小结与点评

　　采访这些选手的新闻故事极其注重生活细节的陈述,特别是突显与台上光芒四射的形象形成巨大落差的真实个人生活场景,这种"真实"与"表演"之间的明显差距,使新闻故事获得极大的戏剧性张力。

　　这种张力既令公众产生强烈的认同感和共鸣,又予以公众强烈的心理暗示而产生高于真实生活的预期:既然他们都行,为什么我不可以?!节目由此产生了极大的吸引力和影响力。

　　此案例是典型的趣味性故事,真实的人性,感动的人情,即导演所言:"要把所有真诚的东西爆料,送给老百姓。"但是,要达到这个目的,包括新闻人物的选择、写作细节的选择以及文中所隐晦曲折的价值观的选择,都需要新闻编辑和记者共同努力。

　　此类故事切忌过多,过度消费这些真实的生活细节,不仅会令受众形成审美疲劳,并且会让受众对其真实性产生怀疑。

---

① 见《"孔雀"哥姜仁瑞:为爱不离不弃》,载《内蒙古日报》2010年9月15日。

案例 4　　　　　　　　　角色翻转的人物故事

以个人生活经历为主要新闻采访内容的人物故事，是主要的趣味性的新闻故事。但写出"趣味"却不是一件容易的事，尤其当采访对象已经是一位知名人士，关于采访对象的新闻报道并不鲜见时。

《南方人物周刊》关于新闻人物吴宗宪的专题文章[①]是一组不可多得的典型的趣味性新闻故事。这组专题由一篇记者综述《我演了一个叫"吴宗宪"的角色》和一篇人物专访《我是一个透明的人》组成，前者5600多字，后者4400多字，读来却不觉累赘。记者善于捕捉新闻人物的性格细节，描写细腻真实，从他入行记起，中间插入他的个人感受，文笔既活泼又老练，既欢快又忧伤，与吴宗宪矛盾的人生十分吻合。

吴宗宪是一位台湾娱乐界的知名主持人，亦是一位知名娱乐人物，有关他的报道无数。记者再去采访他，有何值得再做新闻报道？

结尾部分道出了这篇新闻人物故事的宗旨："吴宗宪说自己只是一个小丑，而不是白痴，因为小丑和白痴最大的区别是小丑知道什么时候停下来……他是想当老二，不想当老大，他说自己承担的责任太重了。其实怎么看，吴宗宪的价值观都多少显得传统：他对女性的态度和传统意义上'三妻四妾'没什么太大不同；他挑下重担，却又不愿意用太多现代企业手段；他疯狂工作又很容易让人想起他的出身；他总是反问'我到底做错了什么？'……他只是笑笑说：'我一直在努力扮演"吴宗宪"这个角色。'……在他的心里，歌手始终是一个美好的事情，主持，太累了。当大哥，更累。"

"曾经有一天，吴宗宪百无聊赖在街上暴走，走累了上了一部出租车。司机认出他后情绪立刻变得很high，反复说我喜欢你的节目啊，那个谁谁和谁谁到底是怎么回事啊？坐在车后座的吴宗宪听到烦死，司机还不停说，宪哥宪哥说个笑话嘛。他终于受不了，说：'停车！'交钱后一个人走在街上。他说那一刻他真的很想哭。"

案例小结与点评

新闻报道的结尾部分点明了新闻人物的"矛盾人生"：浮华娱乐圈的明星人物一方面需要他人对自己的肯定，另一方面这种肯定又令自己陷入真正的失落。这种矛盾而痛苦的形象是在关于这个新闻人物

---

① 见《我演了一个叫"吴宗宪"的角色》，载《南方人物周刊》2010年7月12日。

的报道中几乎从未出现过的,因而产生了强烈的"角色翻转"的效果——原来大明星也是如此苦恼。

趣味性的新闻故事,与其说是在报道某一个新闻人物,不如说是借这个新闻人物承载某种人生的感悟,特别是从痛苦中获得的人生感悟,因而新闻人物被赋予了某种禅意。

趣味性的新闻故事考验的是新闻编辑的人生阅历,考察编辑对新闻人物或新闻事件是否具备非同一般的领悟力。

从此案例可见,趣味性的新闻故事对记者写作的要求比较高;对编辑而言,则需要具备既能保持新闻客观性又能增加故事可读性的平衡能力。

案例5 美国特工的"英雄式揭秘"故事

2013年6月初,美国中央情报局(CIA)前职员爱德华·斯诺登将两份绝密资料交给英国《卫报》和美国《华盛顿邮报》,并告之媒体何时发表。按照设定的计划,2013年6月5日,英国《卫报》先扔出了第一颗舆论炸弹:美国国家安全局(NSA)有一项代号为"棱镜"的秘密项目,要求电信巨头威瑞森公司必须每天上交数百万用户的通话记录。6月6日,美国《华盛顿邮报》披露称,过去6年间,美国国家安全局和联邦调查局通过进入微软、谷歌、苹果、雅虎等九大网络巨头的服务器,监控美国公民的电子邮件、聊天记录、视频及照片等秘密资料。随即斯诺登继续曝料称美国对欧盟国家、中国等国家进行了多年监听。

自2013年6月6日曝光后,此新闻事件因为涉及美国国家机密以及美国与被监听大国之间的关系,一直成为各个媒体、网站的头条重要新闻。不过,随着新闻事件的发展,包括关于斯诺登向各国发出避难申请、有女性向其示爱、"维基解密"组织与之合作种种与斯诺登有关的后续新闻报道,仍不断地成为各个媒体"国际新闻"的头条新闻,这些后续新闻似乎越来越远离政治,而成为趣味性新闻的典型个案。

案例小结与点评

"揭秘式新闻"成为趣味新闻的前提是,公众从关注揭秘的内容转而关注揭秘者,关注其个人生活,包括揭秘原因、情感生活、未来命运等等,这类新闻故事既满足"角色翻转"的好奇心,又满足"英雄情怀",是不可多得的趣味新闻。有公众认为这个新闻事件完全可以拍成电影。

对"揭秘者"的个人故事的挖掘面临三个挑战。一是来自同行的竞争,任何媒体都想获得揭秘者的最新动态或独家资料。二是采访的成本可能会很高,面临的风险也比较高。三是跟踪采访可能会损害揭秘者及其家人朋友的隐私。

三、备用的新闻故事

优秀的趣味性新闻故事尽管可以解除重要性新闻故事的沉闷感,以富于人性色彩博得编辑和公众的喜爱,但仍不能完全填充所有的报纸版面、电视栏目和网页。同时,优秀的趣味性故事与重要性故事一样可遇不可求,只占比重的30%~50%。那么,剩下的新闻故事空间该由哪些故事来填补?因此,寻找"备用的新闻故事",也成为新闻编辑的必要工作。

(一)备用的新闻故事的特质

何为"备用的新闻故事"?它们一般具备以下几个特质:

(1)备用的新闻故事没有发表时间的急迫感,无明显的重要性,亦无鲜明的趣味性,故事多以迎合公众使用与满足的现实需求为目标,故事内容的选择强调受众选择,具备鲜明的社会需求弹性,可读性高。

(2)它是填充版面的第三类考虑,有时经过加工和重新采访,也能升级成为重要性的故事或趣味性的故事。

(3)编辑预先策划并预备这些故事选题,以备缺稿急用之需,特别是在报纸扩版、电视节目或栏目增加之际。

(4)备用的新闻故事切忌过度吸引眼球,或以炒作为目标;或"画虎不成反类犬";或与趣味性的新闻故事牵强附会;或给某一类群体随意"贴标签",制造"刻板印象";或过度包装,使之失真,制造假新闻。

(二)备用的新闻故事的类型

备用的故事,大致可分为以下三种类型。

(1)基于自身的专业判断,编辑重新发现旧闻中的当下变化。

(2)与重要性或趣味性的新闻挂钩:编辑手中总是预备着一定数量的非

时间性的一般故事，然后期待与之相关联的重大新闻出现；或是出现焦点新闻后，由点及面谈相关的现象。

（3）策划专题，编辑策划出来的所谓的"新闻故事"。

案例6　　　　　　　　旧闻变新闻

为了稳定房价，国务院和各级地方政府陆续出台了不少针对房地产商、购房者和银行的调控政策。2007年9月，央行出台新政，要求购买二套房首付比例不得低于40%，贷款利率不低于央行基准利率的1.1倍，这被市场认为是收紧房贷的开始。其中最令购房者紧张的是关于"第二套房产"的购买与出售的相关政策。

2010年4月15日国务院出台措施，要求对贷款购买第二套住房的家庭，贷款首付款不得低于50%，贷款利率不得低于基准利率的1.1倍。对购买首套住房且套型建筑面积在90平方米以上的，贷款首付比例不得低于30%。2013年3月1日，"新国五条"细则出炉，其中对卖家出售第二套房产的升值部分征收20%个税的规定，成为狙击二手房交易的一道"杀手锏"。有些已经拥有两套房产的家庭，为避免征收这20%个税的规定，采取离婚的方式，夫妻二人各拥有一套房产，然后出售其中一套便无须上缴个税了。不少新闻媒体关注到了这种现象，有媒体甚至派出记者守在民政部门，采访离婚人士是否为了房子而离婚。

《新周刊》的一组专题策划报道《中国人遭遇离婚困境》[①]则较为详细地刻画了中国人不仅为了房子有可能办理"离婚"，还有可能为了拆迁款、孩子学位、供暖费等原因而不得不"离婚"的故事。

这组报道中讲了四个新闻故事：上海新婚夫妻为省30万元，在中介公司的建议下不得不办理离婚；天津的个体户为户口和第二套房，和妻子办理了两次离婚手续（其间复婚一次）；深圳人王先生和同事们为了获得公司福利，为符合深圳户口不得拥有两套以上的房子的规定而与妻子离婚；"东北三省"的居民则有可能为了一笔供暖费，每年供暖期前都会涌现"季节性离婚潮"。

此外，这组新闻报道还提及"中国式离婚"的种种模式。例如2006年，辽宁省丹东市振安区在中小学中全面实行竞聘上岗，以精简超编人员，其中规

[①] 《中国人遭遇离婚困境》，载《新周刊》2013年第7期。

定"离异或丧偶且抚养未成年子女的老师"可成为照顾对象，结果导致40多名教师离婚。2012年，贵阳市政府公布《贵阳市集体土地范围内宅基地和房屋确权登记工作实施方案》，规定"城市郊区、坝子地区新建农房建筑面积每户不超过240平方米"，按"一户一宅"计算面积，超出规定面积标准的部分不能登记。当地媒体报道，为了"一户变两户"，贵阳郊区每天有120对夫妻离婚，甚至连90岁的老人也被儿女们用轮椅推着排队办离婚。

案例小结与点评

有关中国房地产调控的报道历来是重要新闻故事，多偏向于政策解读以及对市场影响的分析，故事性不强，忽略受政策影响最直接的当事人之一，即购房者。但购房者个体分散，信息真实性受质疑，而且就新闻要素而言，其个人故事有可能并不具备明显新闻性。因此，大多数媒体在报道"中国人为房子离婚"的新闻时，多为"备用新闻故事"。

此组报道因2013年国家新一轮房地产调控政策而起，但并不局限于此，而是以此为新闻由头，对中国人为了服从国家和地方政策，同时又顾及个体利益而不得不"离婚"的现象进行了比较全面的综述与分析。这组故事的"备用"是以新闻报道的原则和要求进行的，因而显得深具真实性、客观性和新闻性，同时也令一则可能过时的旧闻（2013年度新一轮房地产调控新政）成为"新闻"——"中国式的与婚姻无关的'离婚'"。

这组报道以个人故事为主要内容，新闻主题关注中国人的婚姻现状与国家政策之间的矛盾，更深一层的主题则是对国家和地方的相关政策进行反思，认为国家政策的颁布和实施不能与公众的基本伦理生活相违背，因而立意高远。

案例7　"绯闻"成新闻

2010年10月，台湾知名艺人徐熙媛（"大S"）与大陆"富二代"汪小菲订婚。2010年11月，模特出身的台湾女星孟广美和交往不到10个月的北京世贸天阶老总吉增和订婚。2009年7月，出生台中的香港凤凰卫视女主播陈玉佳，嫁给了身家逾几十亿的中国分众传媒创办人江南春。

台湾媒体和大陆媒体均发现，除了女明星，越来越多的台湾女性开始倾心大陆男子。有媒体针对这些娱乐圈的新闻事件做了两类风格和内容不一的新闻策划。

一类是台湾媒体，关注的是新闻事件中的女主角，总结最近数年来台湾知名女星嫁大陆男子的原因。"对于大S嫁给大陆富豪，台湾媒体用'接棒'一词形容……嫁到大陆的台湾女性，多半受过高等教育，不少人还曾在欧美留过学，而且大部分人结婚时的年龄都超过了30岁。这些女性在思想、事业和经济上都比较独立，不太容易受传统观念的束缚。此类两岸婚姻的双方有的是彼此在海外留学时走在了一起，有的是台湾白领女性到大陆出差、学习时与大陆男性交往，有的是到台湾出差的大陆男性与台湾女性渐生情愫……据台湾民政部门的最新统计，台湾30岁至35岁的女性当中，平均每3人中就有1人是单身。而台湾女性的择偶面也越来越窄，主要锁定在公务员系统。在这种僧多粥少的情况下，有舆论呼吁台湾女性不要再沉浸于'红楼梦'中，而要以实际行动上演'西游记'。与此同时，大陆男性对台湾女性也青睐有加。除了台湾女星'击败对岸成千上万的美女，收服黄金单身汉'是最好的例证外，有分析人士认为，岛内女性对于大陆产官学界的男性尤其有吸引力。因为不少大陆男性认为，台湾女性讲话的模样、用词更为柔和，皮肤白皙柔嫩，而且少有'讲话大大咧咧、女强人式的作风'。他们认为，相比大陆女性，一些受过高等教育的台湾女性更有国际视野，生活美感、消费品位也更高一等。"①

另一类报道则来自大陆媒体，关注的是新闻事件中的"男主角"——所谓的包括汪小菲在内的"京城四少"②。这四位年轻男子有其显著的共同点：均出身非富即贵的家庭，均与演艺圈的女星有绯闻关系。这一组策划报道中还详细地分析了"四少"与各绯闻女星的关系并列图示意。编辑同时还比较了民国期间的"京城四少"，并配以评论："'京城四少'意味着倜傥、风流，万事有人打点帮办，不必奋力谋夺。论貌，气宇轩昂，可王珂还不如新娘子挺拔高挑。论才，知诗书会风雅，谈吐不凡，可汪小菲连微博文字都写不清。生意人风生水起了几年，二世祖们在国外泡了圈，还远未够火候。这样的'京城四少'满足的是民间八卦游戏。如同顶尖奢侈品不会在电视里向最广大群众投播广告，最漂亮的女人不会抛头露面演戏给大众看，真正有身份的少爷自有

---

① 见《大S领衔　港台"剩女"争嫁内地男》，载新华网·新华台湾2010年11月12日；《台湾妹嫁大陆郎》，载《人民日报》（海外版）2010年11月12日。

② 见《揭秘"京城四少"与女星情事　汪小菲恋爱最高调》，载《南方都市报·声色周刊》2010年11月7日。

封闭的小圈子，绝不屑与外人道。"

案例小结与点评

这两组新闻报道的新闻事件均一样，均由"汪徐"二人联姻而起，但是其策划内容与风格不同，体现各自不同的区域特点和媒体机构特点。

台湾媒体的报道带有鲜明的"台湾女下嫁大陆男"居高临下的立场观点，这是缘于两岸常年来不相同和不对等的历史文化和经济环境，反映由于大陆的发展与开放，台湾女子出现与以往完全不同态度的婚姻观，从"看不起大陆人"转变为"主动嫁给大陆人"。从新闻要素和事项内容分析，这是一组典型的"新闻故事"，有新闻点，有原因和背景事项的追踪与分析；特别是进行历史与现在的对比，满足了公众对这一桩桩跨海婚姻的好奇心。

大陆媒体表现为对联姻事件中的"男主角"的关心，并且从新闻事件的"婚姻"主体扩展为四位中国知名年轻男子的绯闻生活。这种报道将新闻当事人的绯闻罗列在一起，以小说风格写作，可读性极强，较之上组文章，则更大地满足了公众的好奇心和窥探欲。

客观地说，两组报道均出自有着良好新闻报道传统的媒体。因此，这些"八卦"式的新闻故事并未完全偏离新闻报道的轨迹，尤其是大陆媒体配以批判式评论，明确舆论导向，不至于使其新闻故事滑向"绯闻大集合"的境地。

从上述个案来看，"备用新闻故事"经常游离于新闻与非新闻的边缘，差之毫厘则失之千里，因此编辑对这些新闻故事的把关尤其重要：客观真实的事实永远是新闻报道的底线。

案例8　爱"贴标签"的专题策划

对于出生于不同年代的群体，新闻媒体偏向于以"×0后"作为其群体称呼，并且将不同年代的群体特征进行比较，期待得出某些结论。

某周刊在2009年9月刊登专题报道《90后驾到："比垮更垮"的一代？》。导语是这样写的："从2008年开始，90年代出生的年轻人逐步迈入成人的行列，他们有的上了大学，有的直接进入了社会。如同他们的前辈，'90后'在青春期都急于得到社会的关注和认可，都期望以群体亮相的方式宣告他们已经长大，显示他们的力量，争取应有的地位和尊重……'90后'女生率众打架；'90后'贱女孩想进娱乐圈而被潜规则；'90后'少年带领传销组织羁押白领；今年的天津高考作文题是'我说90后'……'90后'的故事近来频频见诸媒体。"

专题文章则有《把父母20岁后干的事都做了》《女孩们的文艺江湖》《19岁夜店达人生活史》《网店小红人，不为钱，只为名》《90后标签 高考同题作文：我看90后》《放养，而非圈养》《90后交往手册》《孪生姐妹的明星梦未成名先遭潜规则》等。

案例小结与点评

此新闻专题无明显的新闻性，且以人物的个人故事为主，属于典型的"备用故事"专题。

从文章内容而言，故事可读性高，写作有特色，事实陈述客观。但从标题来看，以吸引人眼球为首要目标，且以负面词汇冠之，特别是专题的大标题和分篇文章的某些标题，有"标题党"嫌疑，实为不妥。

专题立意有待再讨论。1990年以后出生的年轻人，正是上大学或进入社会的年轻人，从其年龄特征来看，属于未完全成熟的青春期，讲究个性是其主要特点；而从现实来看，90年代出生的年轻人，同样也是一批具有公民意识的群体。例如，2011年5月4日，广州市第十六中学的高一学生陈逸华在地铁一号线东山口站和烈士陵园站举牌，呼吁众人"反对地铁一号线'统一化'改造"，收集市民签名。有网友将他举横幅收集签名的照片发上微博，短短几天，就被转发超过万次，引起一片讨论的热潮。在社会舆论的推动下，地铁公司三度做出回应，并改变了初衷。① 类似的例子在"90后"中并不鲜见。因此，这个专题是否就真实地反映了中国当代"90后"青年的生存现状呢？如此随意"贴标签"或轻易下结论的专题策划，不能算是严谨意义上的新闻策划。从逻辑推理来看，这个新闻策划存在"特例概括"的逻辑谬误，以偏概全了。

---

① 见《广州因高中生举牌反对调整地铁改造计划》，载《中国青年报》2011年5月19日。

第二节 写作的审美

记者交出的稿件实际上也是编辑的作品。编辑在打开电子邮箱的一刹那，心中是否仍有些忐忑？也许更多的是期待。因此，写作的审美，是编辑打开稿件需要做的第一件事，编辑的写作审美既与写作者有相似之处，也有明显差异。

写作者的审美是从采访与写作角度出发，着力呈现通过采访收集的新闻素材铺陈新闻故事，使文字流畅自然。编辑审阅稿件，则既要从一个专业新闻工作者的角度，又要从读者的角度阅读记者稿件。编辑在阅读时应思考：新闻事件的事实价值是否通过新闻素材的收集得到了充分呈现？新闻的写作过程是否体现了编辑的报道策划方案，而不仅仅体现记者的采访兴趣？新闻故事的铺陈是否合乎逻辑，而不仅仅具有可读性？新闻细节的描述是否让读者"重返现场"，而不仅仅是体现作者的个人写作风格？

一、写作审美的评估标准

一般来讲，对于稿件的写作审美评判大概有以下四点标准：

（1）主题：新闻故事的主体新闻价值/新闻主题是否明确？主体价值与辅助价值的关系是否明确？其相互间的逻辑关系是否清晰？这一评判标准是新闻编辑首要关注的。这是决定新闻稿件生死攸关的首要根基。呈现新闻事件的主体新闻价值，是新闻报道安身立命的必要条件（但非充分条件）。若新闻稿件不能完成符合第一个标准的内容，则新闻报道工作必须重来。

（2）报道过程：是否完成新闻报道策划方案的既定内容？是否对新闻主体、利益相关体和社会反应体系都进行了相应的采访？采访内容是否有价值？是否反映了新闻事件发展的客观规律？这项评判标准，则是评估记者的报道工作是否按编辑制订的计划完成。尽管在实施报道过程中会遭遇种种意料之外的事情，如采访对象不合作、拿不到关键素材、采访被打断等等，但记者的工作就是尽可能用各种应变之计完成报道方案。若未完成报道方案，特别是方案中的重要采访内容未完成，则报道有可能要继续进行，等有足够的新闻素材才能成文。①

（3）逻辑：主题提炼过程是否清晰？写作过程是否合乎文本的结构逻辑？分析与结论之间的关系是否合乎准确的形式逻辑？这项评判标准衡量的是作者的写作能力与新闻分析能力，是文本写作中的难点。

（4）现场：新闻故事是否是记者作为"我在现场"的转述？这种转述是否让受众感觉到"还原现场"？新闻是否在"讲故事"，特别是在讲一个让受众易读易懂的故事？这个标准则是衡量作者的基本写作能力。遣词造句、细节描写，对涉及现场的描述，对新闻人物个性、肢体语言等的描写，无一不体现记者的写作功底和功力。当然，这些功力非一蹴而就，必须经过长期训练方能达成。

二、写作的结构逻辑与形式逻辑判断

上述第三个评判标准关于逻辑。写作逻辑包括结构逻辑和形式逻辑。

首先谈谈结构逻辑。它关乎各部分内容之间的写作秩序。这些内容包括新闻要素的陈述（包括新闻主体事项、背景事项和边缘事项）。这些内容应该以一种清晰的逻辑结构呈现出来。一般常见的结构逻辑模式有倒金字塔式、悬念式和创新型的自由式/创新式/散文式，以及在财经新闻报道领域中流行的"华尔街日报体"。

（1）倒金字塔式是经典的新闻消息写作模式，按照重要事实（新闻事件的结果）、次要事实、更次要事实、最次要事实排列。"倒金字塔式"适合的新闻故事类型：时效性强、事件单一的动态新闻消息和单主题新闻。

（2）悬念式＝倒金字塔式＋时间顺序。富有想象力的开头是最精彩之处，依时间顺序或事件发生过程展开。悬念式适合的新闻故事类型：奇闻轶事、破案故事，非动态新闻或动态新闻的追踪报道。

（3）创新型的自由式/创新式/散文式。打破消息原有的架构，在层次安排上灵活、富于变化，表现手法多样，现场感较强，形散而神不散。适合非动

---

① 在当前不少媒体的新闻报道实践中，这仍是一个有争议的报道过程。也就是说，若报道提出了新闻问题，有一定的推理过程，但是记者并未获得足够的证据材料，报道是否应该照常刊登？有些媒体采取刊登的方式，有些媒体则认为未有一剑封喉的证据则不能发表。本书认为，严谨的新闻报道应该采取后一种方式，否则违背了新闻客观真实的底线标准，不仅会引来各种争议，还会引起法律纠纷。

态新闻的深度报道、人物报道、特写报道，不适合严肃的负面信息新闻和时政类新闻。

（4）目前在中国财经新闻界流行一种所谓的"华尔街日报体"①。这种写作的文本结构分为四步：第一步，将一个与新闻主体事件紧密关联的个人小故事——这个小故事的主角或许是新闻主角，或许是新闻当事人群体中的一员——作为一个有吸引力的开头。第二步，过渡到新闻主体事实，阐述事件经过。第三步，对新闻事件的背景、产生的问题、可能的原因等事项一一展开叙述。第四步，结尾呼应开头，以小人物的故事进展为结尾，进一步提炼主题。这种文本结构增强了财经新闻的可读性，使抽象的经济新闻现象与新闻故事结合在一起，令人容易理解。

由于倒金字塔式、悬念式和"华尔街日报体"均为各大媒体记者编辑常用手法，本节仅举一个关乎创新式的结构逻辑的案例。

案例 9　　创新型的特写生动再现"新闻现场"

2008 年 8 月北京奥运会上，发生了一件令全世界震惊的新闻事件——中国运动员刘翔因为脚伤退出男子 110 米栏第一轮预赛。而在这之前，刘翔被国内外媒体认为是争夺本届奥运会中国男子田径金牌的运动员；同时，刘翔团队在比赛之前还一直否认他的腿伤可能成为参赛的最大阻碍。但是，刘翔在第二次起跑铃声响起不久即退出了跑道，一时全场哗然，举世震惊。全球媒体都以最快的速度报道了此新闻事件。

从新闻专业角度来讲，这是十分罕见的新闻事件，值得所有记者全力以赴。事实也证明，这个新闻事件从当天的现场报道开始发酵，新闻追踪刘翔团队的责任是非，以及对赞助商种种争议，还涉及对中国"举国办体育"体制的反思等等，新闻报道一直延续了数月。其中产生了众多的优秀报道。

本案例涉及当天新闻事件的特写报道。这是一份晚报的新闻稿件。从发稿时间来看，晚报的新闻刊出应该是事件发生的第二天，新闻的时效性已经大大降低，但是这篇稿件仍然获得同行的称赞。这篇《震惊世界的十分钟》②的新闻特写报道全文 1270 字，是一篇典型的创新的新闻特写，模拟电视纪录片的

---

① 孙发友：《新闻报道写作通论》，人民出版社 2005 年版，第 352～355 页。
② 《震惊世界的十分钟》，载《羊城晚报》2008 年 8 月 9 日。

场景描写,以分钟作为"特写瞬间",以现场三个地点为特写地点,将"镜头"对准刘翔、围观的记者、离刘翔最近的观众,生动地再现了当时紧张而失望的10分钟。

文中有四个小标题:

第一个小标题"11时50分 观众席 媒体席",主要描述比赛开始之前媒体记者轻松自在的现状,特别是有些媒体认为刘翔在预赛拿第一名是理所当然的事——以此埋下伏笔,为后文的强烈反差做铺垫:"媒体席也从来没有这样拥挤过,迟到的记者甚至找不到座位。过道上站满了人,急得工作人员不断在劝'别挡道''别挡着后面的人看'。一些晚报的记者在赶发当天稿,打开电脑飞快地打下这样的标题:中国飞人亮相鸟巢,轻松晋级下一轮。"

第二个小标题"11时51分 第二赛道",从刘翔的出场、做预备动作到退赛,近距离地还原了全过程:"一身红色运动服的刘翔出现在人们的眼前,欢呼声浪又强了许多……与以前的情况不同,这次出场的刘翔没有了以往的微笑与自信,沉默得让人感到可怕。他脱掉长衣长裤,开始热身。刘翔摸了摸右腿,蹲下,起跑,试着跨过两个栏后,突然痛苦地蹲了下来,双手不断地按着右脚脚踝处,十多秒钟后才表情痛苦地站起来,一瘸一拐地回到起跑处……刘翔走到起跑线时,突然把衣服一脱,引来全场一阵大叫……刘翔把练习服往筐里一扔,拿起比赛服穿上。发令枪响,刘翔发力冲了出来。召回枪立即响起,第5道的荷兰选手抢跑犯规。还没有跑到第一个栏的刘翔已经痛苦地瘸着腿,转身,撕掉贴在腿上的'2'字标志,走出跑道。刘翔退赛了!"

第三个小标题"11时55分 混合区",描述了与跑道几乎零距离的媒体区的反应。

第四个小标题"12时 转播席 鸟巢外场",描述了全场观众的反应。

案例小结与点评

新闻特写以纪录片的全景式描述方式、以时间为顺序再现新闻现场。行文结构紧凑、张弛有度,写作自然细腻,用词丰富准确,特别是动词的用法,十分形象地体现了"近距离"观察者的视角。

此篇报道突显记者的写作功底,更深藏编辑心机:此媒体机构是晚报,出刊时间较日报晚半天,因此,如何在时间落后的前提下使新闻出新出彩,一向令晚报编辑煞费苦心。新闻事件发生后,国内外各个媒体都在第一时间抢发新闻消息,但却有可能忽略新闻现场;而此类新闻事件的现场细节同样令人关注,特别是对无法亲临现场观看比赛的观众来说，即使有电视直播，由于直播方位的限制也不可能是全景式的。此篇新闻稿在新闻事件第二天刊出，编辑和记者舍新闻消息而还原新闻现场，以少见的创新式特写方式报道新闻事件，仍然从众多新闻报道中脱颖而出。

由于时间和篇幅所限，编辑和记者常常关注新闻事件的结果、原因和影响等重要事项，却忽略新闻要素和细节的展示；而新闻事件的现场细节，往往也是令公众十分感兴趣的内容。特别是新闻事件涉及知名人物，现场细节对事件的影响重大，并且新闻事件的重复发生率极低、偶然性高，新闻现场就显得极为重要。只可惜，在如今碎片化的信息传播时代，有心思和有能力去还原现场的编辑和记者越来越少，有时间和有耐心来读这些细节的读者也越来越少了。

接下来谈谈形式逻辑。形式逻辑能力是指新闻工作者通过新闻事实分析新闻事件发展规律的能力，要求主题的提炼过程清晰，有事实根据，结论符合新闻事件发展的逻辑（即内部规律）。形式逻辑通常由"三段论"（即前提、论据和结论）组成，与此对应的新闻分析过程有新闻事件、新闻分析和新闻结论三个部分。

新闻分析是写作审美中的重要环节，新闻分析常常具备"侦探断案"的特点。新闻分析是否合理，决定着新闻报道是否成功，特别是对于负面报道，新闻的展开与分析过程必须谨慎小心。因此，编辑在新闻分析中的技巧是"大胆假设，小心求证"。

对于新闻结论，有两个要点必须谨记：①在新闻分析中，记者最好不要直接在文章中写出结论，而要在新闻分析的铺陈中暗含结论，让读者看完新闻分析之后自然地得出与记者一致的结论。②结论必须符合当前新闻事实的内部发展规律，还必须符合公共社会的价值判断共识。

但是新闻分析经常出现逻辑谬误，这是因为报道者缺乏基本的逻辑知识与逻辑判断能力。其中，最常见的逻辑谬误有以下四种。

（1）违反理由充足定律一：不能区分必要条件和充分条件，并常将必要条件作为"充分必要条件"来论证，认为只要具备了某些必要条件，问题就会得到解决。例如，有些新闻在报道某些社会问题时，总是在结尾提到"需要政府多加管理"或是"尽快出台相关政策"。这些说法有可能就犯了这一逻辑谬误。某些社会现象是经济规律运作的结果，问题的产生则可能由于不完善的市场经济系统，或由于不恰当的政府管理。从市场经济发展规律来看，市场经济的自由竞争和政府机构的法律监管"合二为一"，才构成保证经济运行发展良好的充分必要条件，其中任何一者都只能是必要但非充分条件，尤其不能片面强调政府的管理而忽略市场经济规律。

（2）违反理由充足定律二：理由和结论不相关。2013年上半年，有媒体曝光国内某知名矿泉水生产厂家的质量有问题，原因是该企业产品不符合当地相关矿泉水质量标准，但符合国家相关标准。由此可以得出这个产品有质量问题的结论吗？显然，这个原因与结论是不相关的。国家有关部门对矿泉水质量有一套系统的检测标准，矿泉水产品是否出了问题，可以通过国家质量检测部门的科学测量得到证明。然而，中国各地都出台相应的水标准，并规定当地所销售的矿泉水必须符合当地水标准。那么，该新闻事件中的焦点，不应该放在矿泉水的水质上，而是中国矿泉水产品质量检测标准上；国家标准与地方标准之间的矛盾，引发了企业之间的商战。弄清楚这些事实之间的逻辑关系，新闻调查才可以深入下去，新闻报道才会有意义。

（3）两极思维谬误：非黑即白。这是指在两个极端之间进行决然选择而造成的谬误。这种谬误的产生实际上是由于忽略了问题存在多重维度。采访报道一个具有争议性的新闻事件，有的记者只采访争执双方当事人，将两者矛盾描述成"非此即彼"的不可调和的斗争。例如广东两家凉茶生产企业的品牌所有权之争，双方都认为自己是"正宗品牌"，不惜斥巨资打起广告营销战、官司战，双方销售人员也常发生激烈争执。新闻媒体多对双方的各种争执手段津津乐道，公众也乐意看两家企业互揭短处、互曝内幕。有的媒体认为，国有企业赢得了品牌商标权却输了"民心"；有的媒体认为，民营企业输了商标权却赢得了市场。其实，这些新闻报道都忽略了这个新闻事件中其他的利益相关方——消费者、经销商、发生竞争的其他同行。这个新闻事件的"事实价值"并非局限于"商场输赢"，而是既有市场经济价值又有公共价值——涉及国有企业和民营企业之间的自由竞争和品牌知识产权交易，同时还涉及民族品牌的自我创新与发展。

（4）特例概括整体谬误："盲人摸象"。这种谬误亦称为"轻率概括谬误"，它经常以特例或非典型事例为根据，概括出一类对象的一般性结论。这是新闻编辑在制作新闻策划时常犯的逻辑谬误之一。这种谬误经常带来全盘肯定或全盘否定的结论，或形成一些"刻板印象"，为某些群体"贴标签"。与此种谬误类似的还有以相对推出绝对，"乱点鸳鸯"，因果错配，不能区分必要条件与充分条件。例如，在当前社会中出现了不少"富二代""官二代"的负面新闻事件，有些新闻专门就这些群体进行新闻炒作，这些年轻人奢侈的生活细节、傲慢的生活习惯和无忧无虑的职业未来，无一不成为新闻内容。受众以为所有的"富二代"和"官二代"都是这样，而实际上，不少这样的年轻人虽然拥有不同寻常的家庭背景，但仍然过着与普通人同样的生活。在本章第一节中所列的案例8——某周刊在2009年9月刊登专题报道《90后驾到："比垮更垮"的一代?》，即存在以偏概全的逻辑谬误。

一篇读来引人入胜又令人回味无穷的好文章，常常是因为结构逻辑与形式逻辑的完美结合，可谓"余音绕梁欐，三日不绝"。

案例10　　**新闻人物与文化融合的新闻分析**

中国知名学者于丹在2009年4月访问英国并接受《泰晤士报》的专访①（见图4-1）。本案例将对报道全文的结构逻辑和形式逻辑进行解析。

图4-1　英国《泰晤士报》专访于丹的新闻报道
Why Confucius matters now 网页截图②

---

①《泰晤士报：和于丹谈孔子》，载中国网2009年5月1日，http：//www.china.com.cn/international/txt/2009-05/01/content_17706783.htm。

② 见"Why Confucius matters now"，in *The Times*，April 25, 2009. 网页截图、中文翻译、英文原文均见新浪博客"寒江独钓千年雪"，http：//blog.sina.com.cn/s/blog_5ff86a010100diet.html。

这篇文章显然是一篇采用了"悬念式"结构逻辑的人物特写，标题是一个十分吸引人的问题：为什么孔老夫子也适合咱们现代人？

开篇即抛出一个充满矛盾的悬念："于丹以一本在21世纪讲述孔子2500年前智慧的书在中国走红。现在，她把平衡自我的古老方法带到了更重实利的英国。""21世纪"对比"2500年前"，"古老的中国"对比"更得实利的英国"，两组对比显然是为了引起读者的阅读兴趣。

文章从三个方面展开事实的陈述：于丹的个人细节、成长经历、学术思想。三个方面的文字内容相互交替陈述，创造出一种"现场同期采访"与"画外音"配合的画面感，最终以于丹的话回答了这篇文章的标题——现代人的确可以从孔老夫子那里找到平衡物质与内心的智慧。

从形式逻辑来讲，"充满矛盾的对比"是该报道的第一个逻辑分析方法。通过对比，文章铺陈了一系列充满矛盾的、具有戏剧张力的事实，并引出了新闻问题：为什么孔老夫子适合咱们现代人？例如，标题呈现了古老与现代的对比，导语比照了"讲究哲思的中国"与"更重实利的英国"，就连某些人物细节（如语言和外形描写）也是如此。文中这样描绘："这位来自北京的教授坐在一家伦敦酒店的沙发上，穿着白色百褶紧身衣，发型经过精心打理，黑色短裙搭配黑漆皮短靴，呈现出一副完美的女性形象。"结尾——"'我喜欢现代爵士乐。我在伦敦的时候会和男性朋友去爵士舞会。但那并不意味着我就不能欣赏中国古典音乐和古典哲学，'她说，'这些并不矛盾。'"这些现场的个人细节呈现了一组组对比，如"现代对古老""女性对孔子""爵士舞会对古典哲学"。于丹也正因为以美女教授的身份讲解"孔子哲学"（以往少有女性学者涉足）而成为新闻人物。

文章以对比的方式提出新闻问题后，接下来是严谨的新闻分析，这里使用的是溯因推理的方法。前文提到结构逻辑是从个人细节、学术思想和人生经历这三个层次展开的。这三个层次实际上也是形式逻辑的组成部分，它们既相互映照，又层层递进。因此，新闻分析的展开分为两个方面，一方面是于丹的学术思考，这是直接地回答新闻问题；另一方面是于丹的成长经历，这是间接地为于丹的学术思想提供现实证据，同时也为前文的"矛盾的对比"提供了一种实证解释——于丹的个人成长经历赋予她对中国古典哲学独特的理解力。

关于于丹的学术思想，文章主要阐述她如何理解中国古老智慧与现代社会之间的关联性："公元前551年的政治家对于生活的感言看起来似乎很难成为现代社会浮躁、选择和矛盾旋涡的指南，但是于丹说，孔子的思想'为现代世界提供了一扇古代的明窗'。她解释道:'在21世纪,我们可以从许多不同角度来阐释他的思想,其中最适合我们时代的就是全球化。我写这本书是给现代人看的,而不是写给古人或学者的。'于丹说,孔子在中国很长时间里被误读,并且亟须从二十世纪七十年代近乎灭顶的灾难中恢复过来。'孔子就像是一个沉睡的哲学家。我现在做的就是唤醒他,不只为中国人,也为欧洲人。现在中国太现实了,我们正努力寻求物质和灵魂的平衡。现代人两方面都需要。'孔子传达的最重要的观念是,我们不应该向外界寻求生活问题的答案,而应该涵养我们内心的资源,改变我们的态度。保持愉悦的秘密就在于采取宽容和积极的'君子观',于丹如是说。"

以于丹的个人成长和学术经历为其个性的言行提供依据,同时也陈述了作者的个人观察:"不过,于丹仍然用了很多明显的西式方法为现代读者重新包装这位古代的大师。'我的第一个学位是哲学和文学。在那之后,我改变了专业,取得了大众传媒的博士。所以我用媒体作为传播哲学信息的工具,从而形成一种令孔子易于理解的方式。我想把他介绍给受教育不多,学术界以外的普通中国人。'这并不是于丹第一次使用这样的策略。过去十年中,她已经成了电视名人,并写了关于道家和中国古代戏剧的通俗文章。"

新闻分析继续用于丹的言录进行"于丹式的孔子文化解释",层层推出孔子言论对现代社会的启示和帮助。"这位古老的圣人甚至可以帮助我们解开现代性的核心矛盾之一,"她补充道,"在现代中国社会,我们的物质生活水平明显提高了,但许多人还是越来越不满意。因为还有一个暴富的阶层,总会有一些东西让普通人觉得很不公平。我们花了太多时间去看外面的世界,但在观察自己内心和灵魂时却往往不够。孔子可以教给我们幸福的秘密:寻找内心的平和。"

结尾总结"于丹是现代中国的和谐矛盾",以于丹的个人经历回应了开篇导语,并回答了其新闻标题"Why Confucius matters now?"。"于丹是现代中国的矛盾体。但是她很自豪这一点。她说,儒家理念可以弥合分歧。'我喜欢现代爵士乐。我在伦敦的时候会和男性朋友去爵士舞会。但那并不意味着我就不能欣赏中国古典音乐和古典哲学,'她说,'这些并不矛盾。'"

案例小结与点评

这篇专访与其说是一次对于丹的采访,不如说是基于欧美文化差异之上的对中国文化的一次专访。全文行文流畅,风趣自然,用词形象生动,对新闻人物和受众之间的文化差异有着充分的写作准备,以对比手法进行人物特写，既能抓住新闻人物的新闻性，又能迎合受众的好奇心。但该专访并不以满足好奇心为目的，而是层层深入，触及人性深处的困惑与矛盾。可以说，这是一篇难得的写作范文。

此篇文章更显著的特点是新闻分析的独到之处，论点鲜明，论据充分，分析铺陈张弛有度，充分展示新闻人物个性特点，但不为新闻而写人物，而是为新闻主题而写新闻人物。新闻人物成为新闻主题的最佳载体，因此对于新闻人物的描述是完全围绕新闻主题展开的，增一分则长，减一分则短，细节描述恰到好处。

第三节　新闻专题的策划与制作

相比传统新闻编辑而言，有一点变化是异常明显的，即新闻专题如今无所不在，专题之于新闻已经变得越来重要了，几乎"无专题不新闻"，做新闻离不开专题思维。这很大程度上是因为门户网站的新闻专题风生水起。受限于采访权，门户网站在新闻事件发生之后，大多只能采用传统媒体的新闻报道；但是，新闻采写原创的缺失客观上激发了新闻编辑的创造力。一个新闻事件发生仅半日后，网页的新闻专题就出现了，其中融合了新闻动态消息、新闻评论、新闻相关方、社会反应体系等各方面的消息。

门户网站的新闻专题对于传统媒体的新闻专题来讲，无疑起到了强烈的刺激作用。从新闻思维来看，二者的新闻专题制作并无明显差异，其原理都是一样的。但从传播效果来看，二者仍有显著差异。

首先谈谈新闻专题的定义与作用。

围绕主题新闻，通过其中的主要新闻事实撰写相关的新闻稿，由这些稿件组成的三篇或以上的新闻组合，就是一个新闻专题。主题新闻常常是最重要的稿件，也是编辑费尽心思进行策划、组织和写作审美的稿件。

新闻专题可以强化新闻主题，多角度、多侧面地为公众提供接近真相的新闻事实。新闻专题还可以呈现多元价值取向，因而使得新闻报道更中立、更客观。

新闻专题一般有如下新闻特点。

（1）一般情况下，新闻专题的新闻事件具备重大的政治和社会民生影响，如重要政策的出台、政治经济制度的改革、行业政策的调整、民众生活方式的改变等。

（2）新闻事件涉及的新闻要素与新闻事项丰富复杂。例如"凉茶品牌之争"，新闻事件涉及中国民族产业的技术竞争、国有企业与民营企业的市场竞争、自主品牌创新、知识产权交易等等。

（3）新闻事件或持续发展时间较长，如雅安地震从发生、救援到制度的反思。

（4）新闻事件或社会反响较大，如官员的"手表""房子"等被网友"人肉搜索"之后的新闻追踪。

根据上述新闻特点，新闻专题的策划与编辑呈现出以下特点。

（1）一般专题新闻由通讯/特写、新闻消息、人物专访、评论等不同体裁的文章组成。

（2）核心新闻：主体新闻价值作为核心稿件/头条的主要内容，一般以通讯或特写的方式完成。

（3）辅助新闻：辅助新闻价值作为其他稿件的主题。一篇稿件只能包含一个辅助新闻价值的主题，最好不要融入两条或以上的辅助新闻价值。

（4）评论：根据新闻事实的重要性，以编者按、记者手记/观察、"本刊编辑部"等形式出现。评论有四个主要功能：①提炼财经新闻事件的政治、经济或社会意义。②对纷繁复杂的新闻事件进行抽丝剥茧的工作，简明扼要地指出隐藏在新闻事件和各种现象背后的规律、主要矛盾、主要原因或主要解决办法。③在具有争议的事实真相与约定俗成的社会伦理之间寻找均衡。④体现媒体机构的独到分析，带有鲜明的价值预设和写作风格。

（5）其他：数据库展示、历史时间表、分析图表。

案例 11　负面新闻事件的心理学和社会学分析

2010年3月23日，曾在南平一社区卫生服务站担任医生的郑民生，因工作受挫，恋爱失败，持刀在南平实验小学大门口行凶，整个行凶过程仅55秒，连伤了13个小孩。这些无辜的孩子是一年级到四年级的学生，其中8人不幸遇害，5个孩子受重伤。事后，据参加救护的目击者介绍，做过外科医生的郑民生刀法极狠，刀子不是抹在脖子处，就是扎进胸腔里。2010年4月8日，福建南平将开审郑民生案。

国内外新闻媒体对此新闻事件有大量报道，且大多关注新闻事件的各个新闻要素，如凶手郑民生的个人经历、行凶细节，被害人的家庭情况，当地政府的救援，以及各地政府和公安部门对学校的保卫。

《南都周刊》的这组封面新闻专题《解剖反社会》①（见图4-2）也是报道这个新闻事件，但是编辑的策划思维显然不同于一般性的新闻报道，从专题的导语可见编辑的策划动机：

"因为这些反社会的报复行为缺乏明确的指向对象，通常是无辜的不相关者被当成了泄愤对象。犯罪心理学将这类暴力行为的心理机制称为'反社会人格'。反

图4-2 《南都周刊》新闻专题《解剖反社会》

社会人格、反社会行为的产生，与生物学因素有关，与个人受挫经历有关，也与社会环境有关。古今中外，任何社会都可能会出现反社会行为，但在社会发生急剧变化甚至失范的转型期，规则的不确定性将会加剧人们的焦灼、绝望情绪，从而导致反社会行为趋多。

每一个人都有可能是潜在的反社会行为者，每一个人更有可能成为反社会行为的受害者。从这个意义上说，善待身边每一个人，给予所有社会成员稳定的预期，关乎你我切身利益。"

新闻策划的动机有三方面：①关注郑民生等有反社会人格的群体；②寻找反社会人格形成的个体成因和社会宏观环境因素；③探讨减少和防范这些反社会人格的个体犯罪的可能性。如何实现这些策划动机？

新闻专题由六篇文章组成。

主体新闻稿件是三篇特写和通讯。《一个人的南平血案》是一篇特写，主要对制造南平凶杀血案的郑民生进行个体生活的描述，新闻报道引用了多个与郑民生有交往的邻居的评价，以及还原当天早晨郑民生的活动轨迹，试图从其个人经历中找出凶杀的动机或与动机相关的原因。《毒饺子制造者》和《赵承熙的杀手之路》均为通讯。《毒饺子制造者》分析了"日本毒饺子案"。2007

---

① 封面报道《解剖反社会》，载《南都周刊》2010年第13期。

年12月—2008年1月间，日本发生数起因食用中国产速冻水饺中毒事件，引发中国食品的安全危机。2010年3月27日，案件水落石出，毒饺子系饺子出口商河北天洋食品厂临时工吕月庭投毒所致。吕因对工资待遇不满，而且对个别同事有怨愤情绪，为报复出气，向成品饺子投毒。这一反社会行为，导致隔着重洋的日本消费者也受到伤害。《赵承熙的杀手之路》记载的是2007年4月16日，韩裔美国人赵承熙制造了美国历史上最严重的校园枪击案"弗吉尼亚理工大学枪击案"。那天，年仅23岁的赵承熙一共开了220多枪，打死32人，打伤29人。最后，他毫不犹豫地向自己的脸部开了最后一枪，面目全非地离开这个世界。这篇翻译文章仔细分析了赵承熙的个人成长经历，尤其是移民美国之后的性格特点。

《他们在报复》同样也是一篇通讯类稿件，记者整理了2002—2006年其他七起类似反社会的凶杀案，并总结凶手特点。例如，"2002年9月13日晚11时许，32岁的南京浦口区乌江镇商业村人陈正平，潜入汤山'正武'面食店，将所携带的剧毒鼠药'毒鼠强'投放到食品原料内，导致300多人食物中毒，42人死亡。凶手特点：在汤山镇经营面食店期间，与正武面食店店主陈宗成在生意上存在竞争，在生活中也有矛盾。陈正平心怀恨意，于是投毒报复。"

上述四篇新闻报道共呈现了国内外十起因报复社会而杀害无辜公众的恶性事件。但是新闻专题的策划目标并非仅仅曝光这些案件的细节，何况这些案件过程早已被新闻媒体报道过了，即使对事件特点进行了总结与归纳，也不过是"炒冷饭"。因此，专题组合中另两篇人物专访才是该专题的目标所在——由犯罪学家和社会学家解剖反社会人格的形成原因以及如何防患于未然。

从体裁上看，这两篇新闻《郑民生是外罚性的反社会》和《社会转型下的绝望》是人物专访，但这两篇人物专访并非呈现被访者的个人经历和新闻事件，而是以专家身份解读反社会人格的种种特征，并带有专业观察和点评。因此，这两篇人物专访实际上承担了评论的作用（当然，编前语也可算作一篇短评，但由于篇幅所限且承载事件复杂，仅做"导语"功能）。

《郑民生是外罚性的反社会》记者专访中国犯罪心理学、法律心理学主要创始人之一，中国政法大学犯罪心理学研究中心主任罗大华，从犯罪心理学角度分析反社会人格特征以及形成的个体因素。他认为："从犯罪心理学的角度看……郑民生属于外罚性反应，没有具体目标，泛化到全社会，他对南平实验小学的孩子们或者孩子家长无冤无仇，他是对整个社会不满。"反社会人格形成的原因之一在于："挫折感长期困扰，得不到解决，会形成精神疾病，比如反社会人格障碍,比如抑郁症、精神病等,自杀、精神病和某些犯罪,其心理根源其实是一致的,就是挫折。有80%甚至以上的凶杀案都与报复心态相关,而报复心态则可找到挫折的影子。"

　　对于防范,他认为:"反社会人格的形成有一个过程,除了本身性格特质之外,也和他生活的社会环境有关。如果他的心理问题,能够在导致悲剧前获得疏导,此类案件或许是可以避免的。我希望人人都能关心自己身边的朋友,在他遇到困难时,及时伸出援助之手给予帮助,尤其是心理帮助。各种社会组织,比如街道、村委会、所在单位、党团组织、妇女组织等,也都要建立人文关怀机制。这样,一个人做出成绩,有人肯定,有了困难,获得帮助,这才是良性的心理空间。心理危机干预相当重要,我们不要等到恶劣情况出现之后再来反思。"

　　《社会转型下的绝望》专访社会学者、中国社科院社会问题研究中心主任、教授于建嵘,从社会环境角度解析社会与反社会人格之间的关联性。"南平案件投射出一个很大的问题是,谁也不知道到底什么时候,这把刀会落到自己的头上。如果每个人对社会有了不满,都要发生这样一个反社会心理和行为,那是不可想象的……社会在转型,在此期间,人们很容易产生绝望,郑民生产生绝望之后,将原因归罪于社会,于是要对整个社会进行报复,这是南平案件的一个典型特点……郑民生觉得别人看不起他,他要开诊所也开不成,等等,于是他认为,有人在故意卡他,而他又将这所有不顺利,统统归结为规则对他的不公平。最终,他为反抗这种规则做出了这样一件泯灭人性的事情。规则的不确定往往给人们造成某种恐惧心理,对未来的恐惧,在某些人那里可能表现为懦弱和平庸,而在另外一些人那里,可能演变成仇恨,而由恐惧而产生的仇恨则是散发性的。"

　　在防范手段上,他认为:"郑民生不但是他人恐惧的制造者,自己也是恐惧的受害者。从这个角度说,上述社会问题正是郑走向犯罪的外因,充满了社会转型期的独特色彩。因此,要消弭南平血案引发的社会恐慌,首先要让潜在的郑民生们不再恐惧。起码可以从下面几点入手:首先,应调整社会分配体制,解决好民生问题。其次,应采取各种办法,使社会各阶层之间更容易地流动、更有规则地流动。最后,要加强社会建设,而社会建设中,关键的一个问题是社区建设,郑民生这类人,只有生活在他身边,你才会预知他是否可能会出现问题。"

案例小结与点评

此专题发表时间是新闻事件发生一个月之后，新闻事件的大部分新闻要素和新闻事项均被曝光。但专题的焦点并非新闻事件本身，而是从个体转移到同类群体，从新闻事件的细节转移到社会环境和人性特点的综合考量，最后落在对此类事件的防范方式以及社会共建上，因此凸显新闻事件的社会意义和公共价值。

新闻专题的总体篇幅偏长却不显累赘，体裁类别丰富，既有特写，亦有通讯，还有相关数据库。评论以人物专访的方式展开，受访者具有代表性；行文过程将专家观点和理论知识融入其中，摒弃了枯燥的论述，对主题有十分明显的深化作用，使读者阅读后能理性地思考这类事件的产生原因和处理方法。

从这个案例，我们还可以看到网络专题和传统媒体新闻专题的差异性：前者将新闻事件的所有信息聚集在一起，从时间和空间跨度上分类整合，迅速建立新闻事件的数据库文件，以最短的时间获得最大量的信息；缺点是各种信息仍是碎片式的，阅读者除了获得数据库，其他可能并无所获。后者则首先要有新闻编辑的策划思维，包括专题的制作动机和传播效果，然后为这个动机筛选新闻素材，进行新闻再创作（如两篇专家的人物专访即为这个专题而设计）。因此，这样的新闻专题有具体社会传播目标，并非仅仅是数据库的收集，是整体的而非碎片式的，是有启迪性的而非随意的。由此可见，其传播效果是事半功倍的——即使数年后再读这个专题，仍能读出社会意义。

新闻专题的总体目标，不仅要追求信息的数量，而且要追求信息的质量；不仅要追求信息的速度，而且要追求信息的深度。这就是新闻专题的总体编辑目标。

案例12　"评论"在新闻专题中的功能

有一些新闻事件本身即具争议，众说纷纭，是非不明，没有定论。特别是在当前中国社会转型时期，一些社会现象不能简单地以传统的道德或伦理标准来评断，是与非之间，有着众多的前提或选择；受众的价值观取向，可能更加多元和不确定；加之网络的迅速传播，原始信息不断地被扭曲，使得事件的发展不可预测。正因为如此，本来无足轻重的社会现象便"升格"为新闻事件了。

正如前文所言，包含多元价值取向、不能简单判断是非的新闻事件，正好符合新闻专题的形式，因为可以用多种新闻体裁来讲述一个新闻故事。在这种专题中，评论发挥的作用是显而易见的。

2011年，中国有一位父亲因一本书成为名人。广州人萧百佑自费出书《"打"进北大》，用20万字讲述自己以"棍棒方式"教育并成功将自己4个孩子送进北京大学读书的故事。11月14日，萧百佑做客江苏教育电视台栏目，与教授和中学老师等嘉宾对谈，因争论太过激烈，节目录制数次中断。部分视频被传到网上，他因网友称其"狼爸"而急速蹿红。出版方根据市场反应，紧急加印该图书，总印数已达12万册。

"狼爸"毫无疑问是一个争议人物，因争议而成为新闻人物。《南方人物周刊》制作了《"狼爸"萧百佑 危险的教育实验》①的人物专题。专题由评论《"狼爸"是与非》、特写《危险的教育实验——"狼爸"和他的孩子们》以及对话《好父亲不会跌倒——对话"狼爸"》组成。

特写和对话，是以人物专访的形式完成的，从各个角度呈现萧百佑的"狼性父亲"的特点，同时又呈现孩子们热爱父亲和家庭以及努力上进的个性特点，两者矛盾地结合在一起，再辅以社会对此的各种争议，层次丰富，价值多元，客观中立。

此组专题中最具特色的文体是评论。此篇评论篇幅较长，有2000余字，在众多专题中较为罕见，本节重点分析这篇评论。前文曾提到新闻专题中评论的主要功能：提炼主题，对复杂事件抽丝剥茧，矛盾之中寻找均衡，体现媒体独家风格。此篇评论可谓这四点功能的综合体现。

提炼新闻报道的主题："在转型时期的中国，不能轻易对一件事或一个人进行是非判断。'狼爸'的是与非，恰恰是在这一宏观背景下展开。从某种意义上讲，'狼爸'的所作所为，其实是亿万中国人的观念在一个小小家庭的聚焦和浓缩，理解了他行为的复杂性，也就部分理解了复杂的中国。"

"抽丝剥茧"，置"狼爸"的教育行为于中国当今的社会背景之下，评论对其进行了"三是三非"的点评。"狼爸"的"是"在于：①他的家庭至上的价值观。②他的惩罚策略（在不过分的前提下）、他对人性的观察在一定程度上符合人性的真实。③他对孩子教育路径的设计符合中国现实，具有一定的合

---

① 《"狼爸"萧百佑 危险的教育实验》，载《南方人物周刊》2011年第41期。

理性。这是一个"非官非富"的父亲为孩子成长能做的最安全、最不易出错的规划。

"狼爸"的"非"则在于：①他不尊重孩子天赋秉性和儿童成长规律的做法，其实是对孩子的伤害。②他的教育观，本质上是一种社会达尔文主义的教育观，其核心是优胜劣汰，强者为王。而他以大压小的暴力惩戒行为，会以一种不对等的、屈辱的方式，压制孩子的自我生长，影响孩子健全人格的形成。③他的自以为是和家庭主宰，其实是一种中国人普遍具有的专制特质，这种潜意识的人格"病毒"会对孩子产生潜移默化的影响。

"三是三非"的点评，既是对"狼爸"教育方式的总结与归纳，亦是编辑的平衡之术，同时回应主题，而非简单以传统经验判断是非曲直。此篇评论本身就是一篇立意高远、知识渊博、说理清晰、观点鲜明、文字优美的文章，即使独立成章也十分出色，体现了编辑部的高度与深度。

案例小结与点评

新闻专题中的新闻事件深具争议性，这既有新闻人物"狼爸"的教育方式和细节，也涉及中国家庭对于"成功"的定义以及渴望的心态。后者远比前者更具社会意义和代表性。因此，新闻专题的文体与内容安排是：特写和对话注重新闻人物的教育方式，是新闻事件的主要新闻要素的呈现，评论则对新闻人物的社会背景事项进行深度剖析。

一般来讲，评论依新闻报道而生，提炼新闻主题是其目标。而此篇评论的目标不在于提炼新闻人物的主题，不限于对主题的评价，而是重建评论的主题：必须客观认知当今世界的复杂性，不能简单论断是非——这是一个具有哲理性的认知，会令读者在阅读新闻报道之前就建立了思想的高度，不论是对专题中的新闻事件，还是对其他的具有争议的事件。

在新闻专题中，优秀评论与新闻报道相融相生，新闻报道是评论的事件依据，评论又提升新闻报道的影响力。读完评论再看新闻报道，会增加理性的思考；返回评论，又会扩展思考的维度。

第四节 新闻的平衡

新闻编辑与记者工作最大的不同在于，记者往往关注自己写的采访报道，编辑则不仅要关注某篇采访报道，还要关注一组采访报道，如新闻专题。这还不够，还必须关注另外的新闻报道。一组平衡的新闻节目或内容，"是新闻故事多样化的集合体"；而这前提可能是"想以最大限度地吸引并维持受众的注意力"。因此，新闻的平衡，与其说是新闻故事的多样化，不如说是"受众多元化的具体形式"。①

实际上，新闻的平衡无处不在。

从受众角度而言，新闻平衡体现在对受众的考虑之上，在最大程度上顾及受众的多元需求，包括情感需求和实用需求。

从采访角度而言，新闻的平衡体现在记者必须克服偏见，摒弃先入为主和好为人师的态度，尽可能保持客观与中立，避免对负面事件"媒体审判"。新闻的平衡还体现在"控制与反控制"，尽可能通过平衡使媒体免于被某一方控制的处境，或不使某一方占据明显上风，特别当争议或当事人双方处于对立面。

从媒体经营发展的角度考虑，新闻的平衡则体现在既有"防火墙"的存在，又使采编与经营保持战略上的统一性。

呈现新闻平衡的基本方式有五种：故事混合、主题平衡、人口学平衡②、媒体经营策略平衡以及新闻报道与社会伦理的平衡③。

（1）故事混合，即由"重要的新闻故事""趣味性新闻故事"和"备用新闻故事"进行搭配组合。一般来讲，重要的新闻故事多与政治、经济相关，故事多为沉重的、带有负面信息的新闻故事，数量与篇幅不宜过多，一般占10%～20%；趣味性的新闻故事的主题大多与"真善美"相关，比较符合受众的人性特点，一般占30%～50%；余下的则为"备用新闻故事"。

---

① （美）赫伯特·甘斯：《什么在决定新闻》，石琳、李红涛译，北京大学出版社2009年版，第221～224页。
② 同①。
③ 关于这种平衡，将在本书第八章"新闻的受众分析与价值暗示"中进行详细分析。

（2）主题平衡，即指主题的多样性。相同主题的新闻故事，尽管新闻当事人不同，新闻地点不同，但编辑一般不会将它们同时刊登，除非它们能融合成一个新闻故事。在本书第三章谈到编辑的宏观思维中，曾分析"相关利益方"的采访报道策略——这也是一种丰富新闻报道内容、扩展新闻主题的新闻平衡的具体形式。

在灾难发生之际，灾难造成的伤亡与损失需要报道，救援过程中发生的温情故事同样值得报道，甚至后者比前者更令公众感觉到新闻传播的力量，救援报道的主题也分为国家和地方的官方救援以及民众和 NGO 组织的自发救援。在另一类报道企业与员工的劳资纠纷的新闻事件中，员工固然是劳资双方力量较量中的"弱势群体"，属于首要关注的新闻当事人，不过，企业的经营成本和盈利模式也值得关注，特别是劳动密集型的中小型企业；此外，与这些企业息息相关的国家或地方的扶持政策也应得到关注。因此，编辑的宏观思维也是主题多样性和主题平衡的实施策略。

（3）人口学平衡，包括地理平衡和年龄、性别上的平衡。地方媒体固然是以地方新闻为主，但是新闻故事偶然延伸至区域以外甚至是国际领域，也是平衡的一种体现，特别是当其他区域的新闻与本区域产生明显的关联性、接近性。所谓的"全国视野"或"全球视野"即如此。但是，在达到平衡的基础上必须考虑报道的成本，跨区域的采访报道不仅会增加信息管理成本，而且会令采访资源的成本增加。

新闻故事在年龄和性别两者之上的平衡，则体现在媒体新增加的专题版面或网页内容。例如，教育类专栏关注青少年，健康专栏关注中老年人士，时尚专栏关注女性，两性专栏关注男女关系，等等。

（4）媒体经营策略平衡，一般指新闻报道与广告策略的平衡。从新闻报道而言，这显然是一对矛盾；但从媒体经营而言，这两者必须平衡共存。例如，广东报纸媒体竞争比较激烈，各个媒体都力争在新闻报道和经营策略上赢得先机，但是这种竞争是以赢得更多受众作为主要目标，并非单纯以商业利益为重。就财经新闻而言，与广东经济发展现状相吻合，各种经济新闻和理财新闻均为重要的新闻内容板块。

笔者粗略研究发现，具体的新闻报道与广告客户之间并无明显关联，即使有新闻报道，也是因为发生新闻事件，而非刻意为其做广告宣传；但是，在新闻故事的组合与搭配上，在新闻版面的设计上，财经报道已经从单纯新闻策划的角度——"新闻人"的角度，切换到"读者"的角度，所谓"为读者服务"

已经成为新闻传播的核心价值观。① 例如,《广州日报》在2009年进行了一次规模较大的全面改版,从版面内容设计到报纸尺寸都进行调整,引发全国报刊热议。② 笔者发现,其财经新闻报道分为"财经调查""股市行情""板块与公司""产经"和周六的"理财周"等,每天8个版或更多。据了解,这是当时广州同城纸媒中最为全面的财经新闻专版。再说副刊,以往副刊多以编辑口味为导向,但此次改版则以读者为重,并将群体细分,侧重高端、年轻、男性读者,如增加了为男性读者打造的"发现"和"军事"、比较小资情调的"品质生活",甚至还增加了有一定阅读和理解难度的"势·力"。尽管后来有些栏目增加或删减,但《广州日报》无疑是中国党报群体中"最亲民""最家庭"也"最市场"的一份报纸——以获得更多读者的忠诚度而间接获得广告商的青睐,这应该是媒体特有的经营战略。正是如此,该报的平面广告营业额十多年居于全国首位,可谓媒体经营策略平衡的典型代表之一。

本章小结

本章是对新闻编辑的微观操作进行阐述与分析。

首先是对于新闻故事类型的判断。尽管在新闻事件发生之际,编辑已经有了新闻事实的价值判断,但由于报道的客观环境的变化或限制,或者由于记者主观条件或资质的不同,编辑需要根据现实情况对记者提交的新闻稿进行新一轮判断:哪些新闻故事可成为"重要的新闻故事"?哪些是"趣味的新闻故事"?哪些只能成为"备用的新闻故事"?

写作的审美,是编辑打开稿件后需要做的第一件事。编辑的写作审美既与记者有相似之处,也有明显差异。记者的审美是从采访与写作角度出发,呈现通过采访收集的新闻素材,考虑如何铺陈新闻故事而令阅读流畅自然。编辑审阅稿件,则兼有从专业新闻工作者和读者的心态去阅读。

大多数时候,新闻编辑还要进行专题的策划与组合,有时这种策划是在新闻稿件完成之前,有时这种策划是将手头的新闻稿件进行巧妙地搭配与组合,然后再补充一些评论之类的文章。在网络成为信息传播的重要介质之

---

① 见龚周方:《评说广州日报改版——新闻整合营销的新探索》,载《青年记者》2009年第7期。

② 《青年记者》在2009年7月开辟专栏,请全国各地新闻人撰文讨论《广州日报》的改版。

后,专题之于新闻已经变得越来重要了,几乎到了"无专题不新闻"的地步。专题即围绕主题新闻,通过其中的主要新闻事实撰写相关的新闻稿,由这些稿件组成三篇或以上的系列新闻。主题新闻常常是最重要的稿件,也是编辑花尽心思进行策划、组织和写作审美的稿件。新闻专题可以起到强化新闻主题、深化新闻事实的作用,尽可能多角度、多侧面地为公众提供接近真相的新闻事实。新闻专题还可以呈现多元价值取向,使得新闻报道变得更中立、更客观。

在当代,作为一名专业的新闻编辑,还必须关注"新闻的平衡":一组平衡的新闻节目或内容,"是新闻故事多样化的集合体",而这样的前提可能是"想以最大限度地吸引并维持受众的注意力"。因此,新闻的平衡,与其说是新闻故事的多样化,不如说是"受众多元化的具体形式"。呈现新闻平衡的基本方式有五种:故事混合、主题平衡、人口学平衡、媒体经营策略平衡以及新闻报道与社会伦理的平衡。

思考题

1. 选取某天的报纸,或某电视台的新闻节目,分析哪些新闻故事是重要的故事、哪些是有趣味的故事以及哪些是备用的故事类型,并说明理由。

2. 分析这些新闻故事的主体新闻价值/新闻主题是否明确?主体价值与辅助价值的关系是否明确?其相互间的逻辑关系是否清晰?主题提炼过程是否清晰?写作过程是否具备合理的文本结构逻辑?分析与结论是否具备形式逻辑?新闻故事是记者作为"我在现场"的转述,这种转述是否让受众可以感觉"还原现场"?新闻是否在"讲故事",是否在讲一个让受众易读易懂的故事?

3. 选取某个新闻专题,分析各个搭配稿件之间的关系。对呈现新闻主题来讲,各稿件起到了何种具体的功能?对此专题还有什么可以改进的方面?以此个案为例,分析专题新闻与单独的新闻报道各自的利弊。

4. 专题制作。

第一步:分组。5人一组,确定一个主编,其余为副主编。

第二步:确定一个新闻事件,然后组成由4~5篇新闻组合的专题。其中包括:①(头条)新闻通讯;②事件分析(1篇或2篇);③人物专访;④评论。

第三步：专题展示。

（1）主编以 PPT 的形式陈述 8 分钟，包括：①主体新闻价值；②辅助新闻价值；③层次分析；④各个文章的选择原因；⑤该专题组合的特点；⑥标题和导语修改。

（2）同学提问，小组答辩。

（3）老师点评。

第五章 新闻稿件修改的原则与技巧

完成新闻故事的审美工作，当确定手中的稿件基本可以发表之后，新闻编辑开始修改新闻稿件。当然，并非所有稿件都需要逐字逐句地修改，但是对新闻事实的核实与把关以及文本内容（包括标题、导语和结尾，图片的审美与使用，某些细节的适宜性和禁忌）的修改，仍是需要新闻编辑劳心劳力完成的。否则，一个小小的错误，就有可能使新闻失之准确和真实。

第一节 新闻事实的核实与把关

有人会问，新闻稿件不是经过编辑的事先思考、策划，记者按照编辑方针完成的新闻采访稿件吗？而且，新闻记者也是经过专业学习和训练的专业人员，他们完成的新闻稿件还需要进行事实的核实与把关吗？美国著名编辑学教授约翰·布雷姆纳（John Bremner）曾说过："即使你母亲说她爱你，你也要进行核对。"

新闻事实的核实与把关有三个基本原则。

（1）确定报道严谨无误。这是新闻生产过程中所有参与者的首要原则和任务。大到新闻报道中所涉及的各种新闻素材，包括笔录、影印材料、录音、录像资料，小到人名、地址、头衔、年月日、专业术语、数据等等，首先必须由记者真实无误地记录下来；新闻编辑在审阅稿件时必须再次审阅，反复找记者核对，涉及数据推理过程还必须找相关专业人士重新计算，专业术语的解释必须以百科全书解释为准，或以相关专家的书面解释为准。

（2）确保信源真实可靠。"信源"在新闻报道中相当重要，新闻编辑在审阅稿件时必须确认信源身份是否真实可靠，信源提供的内容是否与其身份等客观因素相吻合，信源内容是否有第三方的佐证，等等。任何可采用的信源必须注明出处，若无信息出处，则删掉为妥。若有特殊情况，信源内容真实可靠，但信源明确要求不可公开其身份，则著文时可省略。不过，编辑和记者必须了解信源真实身份，并且有必要求在文本中解释匿名者背景，如"据一位不肯透露姓名的高层人士表示"。

（3）确定作者身份的合理性与合法性。一般来讲，新闻稿件的作者有两类，一类是媒体机构的合法新闻工作者，另一类是编辑约稿的作者或来稿作者。对于后者，除了执行上述把关原则之余，还要考察作者的身份是否与稿件内容相符合，即作者是否有条件写作新闻稿件。

每年都会出现一些假新闻，造假手法各种各样，但若细心观察，仍可见蛛丝马迹。只可惜有些编辑工作不严谨，屡屡出丑；打假者亦为媒体同行——看来，对"新闻"进行一番真假辨别，同样也能成好新闻。

以2009年为例，有媒体将当年中国十大假新闻进行综合分析，发现其特点：

（1）呈现两头多中间少的态势。2009年的假新闻，年头岁尾较多，而中间几个月份相对较少。这与监管部门重拳出击不无关系。不少虚假新闻一经发现，不等秋后算账，立即曝光处理，没有丝毫的犹豫，且处罚力度加大。

（2）权威信息源主动造假。2009年11月，南京市儿童医院发生一起患儿死亡的严重医疗安全事件，但事发后江苏省卫生厅和南京市卫生局召开新闻发布会，表示医院存在对该患儿病情的凶险程度估计不足，当事医生已停职处理，但医生不存在玩游戏、发牢骚等情况。而后来卫生部门再次发布调查结果显示，眼科值班医师在值班期间上网玩游戏，在患儿家属多次请求下，未对患儿病情进行及时观察，未能及时发现患儿病情变化，并采取相应的救治措施。

（3）主流媒体的新闻网站造假。2009年不少假新闻都来自主流媒体的新闻网站，如假新闻《奥巴马将向金正日赠送苹果电脑、iPhone手机》源自环球网，疑似假新闻《今起鸟巢、水立方免费开放3天》来自新华网，假新闻《杨振宁向媒体证实翁帆怀孕3个月》来自中国日报网。

（4）隔年旧闻包装成假新闻再次出笼。《国考最热岗位报录比超4700:1》准确的出产年份是2008年，却被"翻新"在2009年再次出笼；《中国0.4%的最富裕的人掌握了70%的财富》的炮制年份是2006年；而《电影分级确定，但不允许三级片》生产年份更早，是2004年的陈货。

（5）媒体集体造假屡屡出现。《中国海军索马里护航逼出跟踪潜艇》，涉假者为《华西都市报》《青岛早报》；《石家庄积雪比人还高》，涉假者包括《新快报》《西部商报》《黑龙江晨报》；《中国0.4%的最富裕的人掌握了70%的财富》，涉假者有《人民政协报》《时代周报》《青年时报》；《陈永贵之子陈明亮涉赌涉毒被刑拘》，涉假者为《收藏人物》《书报文摘》《生活文摘报》。①

对于上述第二个特点，出现这样的假新闻理应与新闻工作者无关，不属于本书讨论的范围，但后几个特点显然与编辑的核实与把关工作有关。

案例1　未经第三方核实而出假新闻

中国日报网在2009年10月28日刊登了一则新闻《杨振宁证实夫人翁帆怀孕3个月》。文中写道："杨振宁先生向新闻媒体证实，翁帆小姐已经怀上了。当时面对镜头，杨先生高兴之情洋溢于表，头颅骄傲高昂。而翁小姐也在旁边娇羞证实，孩子的确是杨先生的。这件事情的出现，引起的震动不亚于我国爆炸了第一颗原子弹，具备了划时代的意义。现在时间过去了近3个月，经多方打听，翁帆小姐确已有3个月的身孕，并正在家中静养保胎。"

这则新闻出来后迅速被各大网站转载。

但是仍有媒体将信将疑，尽管文章直接引用了新闻当事人的说法，但似乎没有得到第三方证实。2009年10月30日，《广州日报》记者陈正新、通讯员仇年摄影报道："近日，一篇《杨振宁向媒体证实翁帆怀孕3个月》的文章煞有介事地出现在互联网上并引发转载。翁帆在潮州老家的姐姐昨日接受记者采访时明确告诉记者，翁帆没有怀孕。她介绍说，今年国庆期间，杨振宁和翁帆夫妇还应邀到北京人民大会堂出席国庆庆典活动。"②

此新闻一出，公众即刻明了真相。

案例小结与点评

从新闻内容来看，此案例真实度比较高，因为引用了新闻当事人的说法。但是新闻事件既与当事人的知名度有关，也与其实际年龄有关。因此，应该遵循美国著名编辑学教授约翰·布雷姆纳（John Bremner）的观点，"明知"如此，也要"故问"。

就此案例来讲，对信源进行第三方核实相当重要。这样的工作其实不需要太多采访成本，仅仅需要编辑有再次核实的严谨思维。有些核实可能还需要第四方证实或相互核实。至于此文措辞夸张则属小问题。

---

① 见《2009年中国十大假新闻及其特点分析》，载《新闻记者》2010年第1期。
② 案例素材取自《2009年中国十大假新闻及其特点分析》，载《新闻记者》2010年第1期。

案例2　　　　　**数据未经核实的错误新闻**

《人民政协报》在2009年6月19日刊登了一则新闻《调整收入分配格局不是"杀富济贫"》，其中提到"中国0.4%的最富裕的人掌握了70%的财富"。"收入问题牵动人心，财富问题则牵动着每个人的神经。近几年，随着富豪榜的纷纷出台，中国财富的'集中度'在政协十一届常委会第六次会议专题讨论会上受到常委和委员的热切关注。'我国在社会财富增长加速的同时，出现了财富向少数人手中集中的倾向。中国权威部门的一份报告显示，0.4%的人掌握了70%的财富，财富集中度高于美国。这种大部分社会财富集中在少数人手中的格局，导致了我国消费不足，甚至产生了畸形的消费。调查显示，中国已经成为国际上奢侈品最大的市场。'某经济学家、政协委员说。"

"中国0.4%的最富裕的人掌握了70%的财富"显然是一个极具新闻性的新闻事实；同时，这个数据应该是一个经过统计计算之后得出的结论。按理，编辑在刊发这样核心的新闻事件之前——尽管这是由一位全国政协委员、经济学家说出来的——必须经过第三方核实和再次演算。同年6月25日，广东《时代周报》网络版刊发题为《贫富分化急剧扩大的危险》的报道，此文以《人民政协报》《上海证券报》报道中的数据等为基础展开述评。《时代周报》的报道刊发后被浙江《青年时报》及一些网站引用或转载。

真相是这样的：2006年10月20日，《上海证券报》刊登文章曾采用了这个境外网站提供的数据。2009年6月，某专家在一次专题讨论会上称，"国外一家研究机构估计，中国0.4%的最富裕的人掌握了70%的财富"。但是，《人民政协报》不仅未经核实，刊发时还将专家口中的"国外一家研究机构"改成"中国权威部门"。①

案例小结与点评

近年来，数据新闻越来越受到公众关注，经常成为各大媒体和新闻网站的头条新闻。而数据新闻最大的魅力在于它的直接与真实。

但是数据新闻也经常成为被质疑的新闻。其一，质疑数据的出处是否权威、中立和具有代表性。其二，数据的演算和推理过程是否合

---

① 案例素材来源于《2009年中国十大假新闻及其特点分析》，载《新闻记者》2010年第1期。

理。其三，通过数据统计而得出的结论是否与现实吻合。有关数据的假新闻经常由于数据的出处不够权威或不中立，因而不具备代表性；数据的演算与推理过程不合理，因而得出的结论不真实。至于数据统计与现实的差距，有可能因为统计方法的不同而存在差异性，这是客观原因造成的。

因此，对于数据的出处和分析结论，编辑需要不断核实，并通过专业人士进行演算和分析；若数据与现实存在差异，还必须分析原因。例如媒体报道各地房价涨幅的新闻，新闻中房价的数据一般是某区域在某一时期内所有成交单价的平均数，并未对成交房型进行分类；因此，有关房价的涨幅，除了这个成交均价，统计学家建议使用可能更接近现实的中位数和众数。中位数是指数字按大小顺序排列后，位于最中间的那个数；如果中间有两个数字，那么将这两个数字取平均数可得到中位数。另外，还可以观察众数，即数列中出现频率最高的那个数。从100套成交房屋中，我们可以看到，中位数可能是"150万元"左右，众数则可能是"130万元"，因为这个数字出现的频率最大——这两个数字可能更好地反映某个市场的房价指标，将数据进行环比和同比，则会得出更真实的统计结果。

案例3　　作者身份与稿件内容严重不符

2009年1月25日，《华西都市报》刊登了一系列关于我海军舰队在赴索马里水域执行护航任务的新闻。其中有一篇提到我舰队遭到不明身份潜艇的跟踪，我军舰与之斗智斗勇，最终成功逼其浮出水面逃走。此篇新闻一出即成为各大网站的重点新闻，该报道并未指出潜艇的国籍，但许多网站均为报道配上了"印度海军基洛级潜艇"的资料图片。更有消息称，《印度时报》《印度教徒报》等报纸也对该事件进行了报道。一时间，中印之间的这次军事较量成为"铁血""强国""新浪军事"等各大论坛上网友热议的焦点。

令人惊讶的是，这些新闻稿件既非新华社供稿，又非《人民日报》或其他中央媒体的新闻稿，而均是自由撰稿人个人杜撰。

假新闻炮制者童其志后来承认："我分别从新华网、腾讯网、中国新闻网等网站上下载当天的最新相关新闻，进行篡改整理成为一篇篇假纪实报道稿子，每天都发到《华西都市报》。如果当天没有新闻更新，我就搜索以前有关舰队出访的一些纪实报道进行整合。从2008年12月28日开始一直到2009年1月25日结束,我共发给《华西都市报》26篇稿子,《华西都市报》全部采用刊发,其中包括《深海围"鲨"》和《猎"鲨"行动》稿件。"①

案例小结与点评

这组假新闻的稿件内容涉及中国军事行动。据国家有关规定,涉及国家军事活动的事件均由中央媒体统一报道,其他媒体转载。而现在这一组稿件均为一般作者来稿,编辑对作者身份和主观条件竟然未有任何质疑而频频采用,这不能不说是编辑的严重失职。

该报为了哗众取宠,不求真伪,以为是地方媒体的新闻稿件不会出多大的问题,这种极不负责的侥幸心理是当代新闻编辑工作者的大忌。在信息技术高度发达的网络时代,信息传播没有时间和空间的限制,新闻编辑必须具备高度的职业责任感和社会责任感,面对稿件时应该如履薄冰、小心谨慎。

案例4 当事人主动曝料,编辑记者甘心上当②

2012年1月5日,《温州商报》刊出温州春平集团招聘的新闻《"春平"提供的美银行工作机会令人心动》,文中首次公布了"春平集团收购美国特拉华州的一家银行,更名为'美国新汇丰银行股份有限公司'"。《温州日报》也刊登《"东方犹太人"抄了西方犹太人的底》,详细报道了林春平收购美国银行一事,并首次点出林春平收购的那家银行叫"美国大西洋银行"。此后几天,全国各地报纸杂志、广播电视、网络媒体等纷纷开始介入,林春平的知名度急遽上升,舆论将其视为消除"温州金融风波"造成的负面影响的典型和温州民间资本突围的标杆式人物。当年1月18日,林春平成为温州市第九届政协委员,并任温州市瓯海区慈善总会副会长等。

3月初,网络上开始有人质疑林春平收购美国银行一事。3月3日,《潇湘晨报》报道称,在美国联邦储蓄保险公司和特拉华州政府网站上根本查不到林春平所收购的"银行"。3月7日,《温州都市报》等媒体开始大篇幅报道林

---

① 案例素材来源于《2009年中国十大假新闻及其特点分析》,载《新闻记者》2010年第1期。

② 案例素材取自《2012年中国十大假新闻及其特点分析》,载《新闻记者》2013年第1期。

春平收购银行闹剧的真相,所谓"收购美国大西洋银行"一事纯属子虚乌有,他只是以近乎零成本的代价买了一家已宣布破产的经营性公司。3月13日,林春平召开媒体沟通会,公开向公众道歉。3月29日,温州市政协同意林春平辞去市政协委员。5月23日,林春平因涉嫌虚开增值税专用发票案而出逃。6月10日,潜逃广东省珠海市的林春平被押解回温州。

关于林某海外经营的新闻信息的来源均来自林春平本人,除此之外,再无一个能够证实收购银行事件的直接证据。有些报道还引用了很多无法证实的细节,比如林自称是"安南儿子的同学兼室友""在加纳为国家领导人做翻译"等。

再举一例,2012年10月31日,《南方日报》刊登报道《论证国际数学猜想的90后男孩 王骁威:想做敢追梦的"中国高斯"》。报道称,同年10月15日,广东韶关学院大四学生王骁威的一篇关于数论的学术论文在国际知名数论期刊上发表,论证了国际数论学界一个尚未破解的数论猜想,并引起国外学者的关注。数学大师丘成桐就此与其进行了邮件交流,并对王骁威表示了肯定。同年11月6日、16日,《广州日报》连续刊发报道《60年未解的世界数学难题 "90后"的他破解了》《破解世界级数论猜想大学生:中国缺少静心做学问的人》,详细记述了王骁威与数学结缘的成长历程。

随后有网友写文章对相关报道提出质疑,质疑者联系了丘成桐教授,证明丘成桐根本不认识这位大学生。同年11月23日,《中国青年报》刊发深度报道《媒体制造的"数学天才"神话》,指出《南方日报》《广州日报》等媒体报道中存在诸多失实之处。第一,王骁威解决的"仅用1表示数问题中的素数猜想"算不上什么世界数学难题,只是"数论中未解决的问题"中的一个小问题,比较初等。第二,"王骁威成功论证了猜想"这个说法也有误,他并没有证明,只是用计算机找到了反例。事实上,类似反例前人已找到1000个,王骁威的结果和他们比可以忽略不计。第三,丘成桐与王骁威进行邮件交流也不是事实,王骁威承认自己把丘成桐和其弟弟丘成栋搞错了。第四,有学者认为刊登其论文的《数论杂志》只是一本很普通的数学期刊。

《广州日报》记者承认,她只凭与王骁威的邮件往来这一面之词就写出了报道,没有与丘成桐直接联系求证。调查者还发现,在南方某媒体网络论坛搜索到与王骁威QQ号相绑定的一个用户发的爆料信息,也就是说,这个新闻是王骁威自己主动向媒体爆料的。

案例小结与点评

当事人向新闻媒体曝料,这在新闻采访报道中很常见。曝料能否成为新闻,不仅要判断其内容是否具备新闻性,更要多方核实信息的真伪。这应该是新闻工作者的基本常识。可惜,某些新闻专业工作者没有做到的本职工作,基本上由网友承担了。

综合2012年的假新闻,笔者发现不少向来声誉很高的知名媒体也跌入这个陷阱,这是一个值得思考的问题。新闻编辑工作,固然有许多技术工作,但其中最关键的要素是基本的职业素养和社会责任感。在过去,这些美德都是由知名媒体传承着、宣扬着;现在,由于市场竞争的压力,媒体机构的"新闻商品"意识在增强,"受众"意识同样在增强,而职业标准却在下降,道德感正在消失,传统的新闻至上的荣誉感在锐减,而这一切,都从新闻编辑开始。试想,如果新闻成为纯粹的商品,除了可以售卖再无其他要求,新闻还会有存在的价值吗?因此,新闻编辑把关,不仅是对新闻事实的把关,更是对新闻职业尊严和社会责任感的把关。

案例5 "相关人士"的"新闻陷阱"[①]

2012年,两家在国内声誉良好的媒体分别出了假新闻。但是这两例假新闻与过往大多数假新闻有差异,个中原因值得新闻工作者认真思考。

2012年6月18日,《经济观察报》刊登《筹组三大集团 铁道部政企分开》,报道称铁道部改革方案将于10月份落定,谋划成立三大集团。之前,这篇报道已在各大网站上刊出。

同日,新华网发表消息称,铁道部宣传部接受新华网记者专访时表示,《经济观察报》的报道纯属谣言,将到该报社了解相关情况,并对其谣言可能造成的后果保留依法追究责任的权利。6月25日,《经济观察报》在头版刊出《致歉声明》,称《筹组三大集团 铁道部政企分开》文章内容完全失实:"据调查,记者没有采访,而是搜集以往有关专家言论和网络论坛信息整合而来,没有严格履行新闻采访程序,尤其是未向铁道部有关部门进行核实。"该报还对相关责任人分别给予处分,当事记者予以除名。8月29日,新华网报道称,

---

① 案例素材取自《2012年中国十大假新闻及其特点分析》,载《新闻记者》2013年第1期。

据新闻出版总署有关负责人介绍，《经济观察报》因连续刊发虚假失实报道，被山东省新闻出版局依法给予行政处罚。这也是2012年度新闻出版总署公布的唯一一件本年度虚假新闻被处罚案例。

问题一：全文2900多字，"据相关人士"类似说法出现6次。①"本报从相关部委、铁路建设系统及相关大型国有企业的高层等多个消息渠道证实，铁道部正在谋划成立三大集团，分别为投资、建设、运营集团公司。"②"据铁路系统知情人士透露"三大集团的具体分工。③"铁路系统知情人士称"涉及铁路投资、建设、运营三大集团的股权和资金结构。④"据铁路建设系统的知情人士透露"未来的铁路投资集团主要投资范围。⑤"铁路相关大型国有企业的一位高管认为"打破铁路建设资金瓶颈制约的方法是必须以公司、市场化的方式经营铁道部的相关资产。⑥"据一位长期研究铁路的法律人士介绍"目前政府部门债务处置铁道部资产的方式。唯一具名的信源是北京交通大学某教授，这位专家提供的是观点而非新闻事实。

问题二：有些相关人提供的信息十分具体。"据铁路系统知情人士透露，三大集团的具体方案为，铁路投资集团公司未来主要负责铁路建设领域的融资和投资，铁路建设集团主要负责铁路项目的规划、建设、施工等，铁路运营集团则由铁道部的运输局剥离后成立，主要负责下属运输公司的各项运输内容，及对全国运输实行统一指挥。地方铁路局成立分公司的方式，一种政策取向是以省为单位设立分公司，取消目前的18个路局。另一个取向则是，目前的18个路局变身为三大集团的分公司，受集团垂直管辖。据了解，目前多数铁路人士倾向于后者。与此同时该人士还透露，政企分开之后，铁道部今后将只负责投融资、建设、运营、安全政策法规的制定和行业的监管。"这位"知情人士"提供如此详细的新闻素材，在文中却不公开其具体姓名和单位，不知记者和编辑是否心中有底。若心中真有底，为什么《经济观察报》最终还是选择道歉，承认报道"全部失实"？

问题三：全文未见"新闻当事者"铁道部任何言论，显然记者没有向其证实这篇报道中所提及的新闻事实。

再看另一例。2012年8月1日，《武汉晨报》《沈阳晚报》报道，有业内人士爆料，广电总局近期约见各大电视台高层，口头提出针对电视剧播出的六条意见。8月3日，《新京报》刊发报道《广电总局提六项新要求》称："昨日，经国家广电总局相关人士证实，广电总局日前对于电视剧创作提出六项要求，其中包括革命历史题材要敌我分明，不能无限制放大家庭矛盾，古装历史剧不能捏造戏说，商战剧需要注意价值导向，翻拍克隆境外剧不能播出，不提倡网络小说改编、网游不能改拍。"

其后，各大媒体纷纷转载或跟进报道。8月5日，《河南商报》报道标题就是《广电总局传出六禁令 条条都要编剧的命》，报道称编剧吐槽"这日子没法过了"。

在《新京报》这篇不到400字的小消息中，"国家广电总局相关人士""广电总局相关负责人"等字眼就出现了4次。

2012年8月10日，广电总局电视剧司副司长王卫平出席业内恳谈会时，否认广电总局将对电视剧出台六条限令，明确表示该传闻是子虚乌有。对这条新闻的来源进行追踪发现，这六条禁令中的某几条之前曾有过报道：2011年12月，人民网发布《广电总局欲出新限令 宫廷剧穿越剧禁上黄金档》的消息；2005年3月，《京华时报》刊发过报道《广电总局严控"胡编乱造剧"》等。而这一新闻的源头则来自2012年7月25日一个名为"中国剧本网"的认证微博发的相同内容的帖子。

案例小结与点评

这两则新闻从核心事实来看，都属重要的新闻故事。"新闻当事者"皆为国家管理机构，且管理的领域皆与民生息息相关，因此其政策的颁布令公众十分关注，且由知名媒体报道，新闻产生的社会反响可想而知。

从新闻报道内容来看，关于铁道部的报道有事实、有分析，且从铁道部未来公司的功能、资金规模和债务处置等方面进行新闻分析，信息丰富。但是，"相关人士"出现次数如此之多，且编辑和记者手中并无真凭实据，更何况记者和编辑并没有向两个国家机构证实过新闻事实。报道刊登后，一旦相关部门不承认——在未进行新闻发布会之前，相关部门不能对外透露任何消息，或者实际情况与"相关人士"所言不符，那么"新闻失实"的恶名就坐实了。

至于"相关人士"，笔者从个人经历和同行经历来讲，这的确是一把"双刃剑"。首先，记者和编辑长期采写某条新闻线，尤其是某些行政机关，都会通过采访认识行内朋友，这些朋友经常在私下场合透露各种信息，甚至是极具新闻性的"内幕"，但又要求记者别说出去。记者能不能将这些消息写进新闻报道？大多数情况下，记者还是写了，以"相关人士"谓之。其次，有些政府机构的信息封锁严密，如关于关键部门的机构调整，即使透露消息也只愿意面对中央媒体。那么，地方媒体或其他非主流媒体如何突破信息垄断？笔者曾与这些媒体面谈，有些编辑认为他们的办法即派记者守在这些机构的某些分支部门，尽可能利用公或私的关系获得消息。如果有各种小道消息，记者听了是否应该将这些消息写成新闻报道？这一直是媒体内部有争议的话题。政府部门的消息一般会通过新闻发布会向外界公开，但是有些媒体为了抢得独家报道铤而走险，以"相关人士"之名提前报道各种信息。

不论新闻的核心事实多么符合现实或符合推理和假设，如果没有经过多方核实，就必须质疑其客观性；不论新闻的核实事实是多么具有"爆炸威力"的独家猛料，没有真实可靠的信源同样必须受到质疑。这是新闻编辑工作的底线，必须坚守；"相关人士"是一个新闻陷阱，应该避免。

案例6　未遵循"双重专业性"的新闻调查

2013年7月20日，中央电视台新闻曝光称"肯德基、真功夫、麦当劳三家快餐连锁店提供的冰块菌落总数均超标"，其中真功夫的冰块菌落总数超过马桶水的6倍，肯德基更是超13倍。之前，有英国媒体曝光英国超过六成餐饮连锁店的冰块细菌总量超过马桶水。[①]

据央视报道，北京农学院食品科学与工程系副教授丁轲称，按照国家《冷冻饮品卫生标准》，在冷冻饮品中，每毫升可食用冰块的菌落总数不得超过100个，每100毫升样品不得超过6个大肠菌群，而致病菌如沙门氏菌及金黄色葡萄球菌不得检出。央视记者在崇文门的肯德基、真功夫和麦当劳三家大型快餐店取回可食用冰块进行抽样检测。检测结果却显示，三家快餐店的大肠菌群、金黄色葡萄球菌以及沙门氏菌群均符合国家标准，而菌落总数则超标。麦当劳崇文门店冰块菌落总数为每毫升120个，高于国家标准，低于马桶水；真功夫冰块菌落总数为900个每毫升，高于国家标准8倍，高于马桶水5倍；肯德基食用冰块菌落总数高达2000个每毫升，高于国家标准19倍，高于马桶水12倍。

[①] 《记者调查：快餐店的冰块脏不脏？》，载中央电视台新闻频道2013年7月20日。

此新闻立即引起社会高度关注。7月21日，百胜集团对此新闻做出了回应，"百胜中国事业部主席、首席执行官苏敬轼就子公司肯德基被曝冰块菌落超马桶水一事做出了回应。苏敬轼表示，在被央视报道后，肯德基第一时间对餐厅进行了检查，未发现异样，具体原因无从查起，'只能说这是一次偶发污染事件'"；并且"苏敬轼还对央视的检测方式有所质疑，'冰块接触了其他的器皿、容器之后，菌落总数很快就会超过生产环境中的指数。如果要测，也应该是从制冰机里直接取样，严格按照采样的规范化流程操作'。肯德基称，此前崇文门店在其公司的冰块抽检中均合格。最近一次的检查是今年7月3日"。①

对于央视的报道，记者采用了体验式的调查报道，即以消费者的身份获取一份冰块，然后送至检验中心进行检验。通过这种调查方式获得的信息是否真实地反映了现实状况呢？

有专业人士对央视记者的取样和检测方式提出了质疑，认为对于冰决这样一种特殊的实验品，央视记者的取样方法有可能导致"二次污染"。从电视画面上可知，记者采样时是要柜台取冰块，先倒进可乐杯里，再倒入密封袋中，最后送到北京市某检测中心，并非由专业检测人员利用专业无菌操作方式进行检测，因此这样的检验结果能否真实地反映肯德基店内冰块的实际情况，我们不得而知。

新华网转载"新浪健康"的一篇博客文章，文章指出："食用冰的制作原料要符合生活饮用水的标准 GB5749，也就是说可以用自来水做冰块。食用冰一般是用制冰机做的，如果是直接用自来水冰冻，按说细菌不会太多，因为自来水的余氯可以杀菌。但是由于我们生活的环境中细菌无处不在、无孔不入，所以从水进入制冰机再进入实验室检测，有很多个环节可能被污染，比如制冰机、接触食用冰的工具、装食用冰的容器、记者采样过程甚至实验过程都可能污染。"②

从以上各种事实可知，虽然不能直接断定央视记者的调查结果是错误的，但是至少可以判断记者在调查过程中的取样方式是不专业的；若想获得真实的检测结果，必须请专业科技人员严格按照检验的相关规定进行操作。这样的专

---

① 《百胜称肯德基问题冰块属"偶发污染"》，载《新京报》2013年7月26日。
② 《钟凯：食用冰到底能不能吃?》，载新华网2013年7月22日，http://news.xinhuanet.com/yzyd/food/20130722/c_116635531.htm。

业判断，也是编辑进行新闻调查核实所必需的。

案例小结与点评

编辑的把关与核实，遵守的是新闻专业主义的基本原则。但有时这样还不够，还必须遵循某些事实的科学专业性，例如实验检测、数据分析、金融学或经济学分析等等，即遵循新闻事实的"双重专业性"。

遵循事实的科学专业性与新闻专业性并不矛盾，前者实际上是后者的深化与延伸——遵循事实的科学专业性即新闻"客观性"的基本内涵之一，只不过这种客观性是基于特殊事实的专业性。

随着公众知识面的提升以及对公共利益的追求，有关科技创新、环境污染、医疗纠纷等新闻事件都成为新闻调查的重点领域，而这些新闻事实无一不带有显著的专业性，专业性稍有不足就会直接导致新闻报道的偏差。因此，对于此类调查新闻，新闻编辑除了遵循传统的新闻专业性原则外，还必须打破常规，不能一味依靠传统的新闻调查手法，而必须求助相关的专业人士，共同完成新闻调查，以专业的科学常识取信于公众。

第二节　新闻文本修改

新闻写作与一般写作有明显的差异。新闻是以客观事实及其活动规律为主要描述对象，这一点决定了新闻文本的简单性和低语境的本质特点。

"简单性"主要指文本结构形式简单，基本以"倒金字塔"为主，最重要、最核心的要素经常成为导语的主干部分；要素简单，"5W"的要素固定明确，缺一不可；叙事结构简单，与新闻事实逻辑同构，文本呈现的主要目的即还原新闻事实的内在发展规律。

"低语境"是与"高语境"相对应的。高语境意味着绝大部分信息存在于物质语境中，或内化于个体之上，极少存在于编码中而被清晰地传播出去。例如，诗歌和小说讲究文字中蕴含的复杂丰富的多重意境，读者可以从中读出诸多"言外之意"。新闻的"低语境"正好与之相反，即大量的信息被清晰地放置在所有的传播信息中，文本所表达的语意必须清晰、明确，不能含糊，不能让读者产生诸多联想，过多的"言外之意"只能让读者对新闻事实产生不确定性、歧义或误解。新闻的"低语境"本质要求新闻文本的撰写者和编辑者必须摒弃个人情感要素，从原则上排除个人情感、个人观点和意见，同时要求新闻文本表达清晰、准确、简洁、干净，讲求文本的一致性、连贯性和逻辑性。

从态度上讲，新闻事实陈述的态度是谦虚的、客观的、中立的。记者是新闻事件（或人物）的记录者和再现者，而非制造者和参与者。

从写作风格上而言，新闻文本可以写得跌宕曲折，像侦探分析案件一般，但不能像法官做结论一般。

新闻文本的编辑原则，或是通过新闻编辑想要达到的目标：①新闻报道表达客观清晰，事实的陈述能让读者看得明白、不留疑问，新闻分析条理分明，专业术语解释清楚，段落之间逻辑关系明确。②新闻立场客观中立，不偏不倚，不先入为主，不妄下结论和论断是非，无"媒体审判"偏好。

从编辑的实际工作来看，具体步骤有三个：首先修改导语，接着修改内文，最后修改标题。导语是新闻稿件的"灵魂"，内文是其"肉体"，标题是其"外衣"。有了灵魂和肉体的搭配，才知道套一件得体的"外衣"。

一、导语的修改

对任何一种新闻体裁而言，导语都相当重要，导语也是编辑重点下功夫修改的部分。即使在发稿时间急迫的前提下，来不及对内文细加琢磨，导语也是要多看几眼的。导语写得好，稿件就成功了一半。美国新闻学者麦尔文·曼切尔说过："写好导语等于写好消息。"

导语在新闻稿件中起着极其重要的作用。

（1）言简意赅，以简洁、凝练的语言反映出新闻的要点和轮廓——立片言而居要，开门见山，拉出包袱，字数最多不能超过80字[①]。

（2）为整篇报道定下基调。客观事物的多样性、传媒立场的多视角，容易引起不同的结论，导语则可以避免这种多样性出现，即点明此篇新闻稿件的主要立场和主要观点。因此，根据新闻报道的导语，可以看出媒体的主旨和立场的差异性。

（3）继标题的第一印象之后，激发读者更强烈的阅读兴趣。

---

① 字数多少并无严格定论，但是100字以上的导语则不能称之为导语，可以独立成消息了。

首先说说新闻突发事件报道的倒金字塔式。这种报道结构据说起源于美国内战之时。彼时前方记者以电报方式向后方报告战况，为节省发报费用、抢发稿时间，第一封电报以最简短字语先报告最重要之事，如战役的结果，其次报告伤亡，若有多余费用再报道更详细的信息。这样一来诞生了新闻工作者最经典、最普遍的报道结构。

下面是突发事件的三条新闻导语，编辑让记者改动了两次，最后采用了第三条导语。这是为什么？

（1）一个粗心的吸烟者引出了一场火灾，家庭损失估计达2500美金。

（2）星期二晚上，一个粗心的吸烟者引出了一场火灾，在西港口大街1705号，受灾家庭损失估计达2500美金。

（3）星期二晚上，西港口大街1705号发生火灾。据估计，受灾家庭损失估计达2500美金，消防队长×××说，火灾是由在床上吸烟引起的。

比较上述三条导语，第三条导语与前两条导语都具备了新闻要素：人物，时间，地点，事件。差异之处在于，第三条导语去掉了形容词"粗心的"，并增加了信源"消防队长"。形容词"粗心的"意味着新闻判断了火灾的原因，但是这样的论判断从何而来呢？火灾事故的调查还未开始，何以有结论？钱财损失的具体数字，又是从何而来？没有可靠信源，怎么能让读者相信新闻事实？

因此，从上述比较可以看出，导语的基本构成一般是"5W的新闻要素＋信源"。

非新闻突发消息的导语，文字修辞上要灵活得多，但目标仍是一致的。因此，编辑对此类导语的修改居多。然而，写得好的导语其实并不多。以下案例主要分析导语的常见缺陷。

案例7　　罗列新闻由头的"伪导语"

新闻事件一发生，新闻消息一般遵循倒金字塔式结构，将最重要的要素或是新闻结果置于导语。但是，当追踪报道新闻事件时，记者往往就变得不会写导语了，总顾及着每天的读者是否了解新闻事件的发展，因此，开篇多为新闻事件的过往综述或是新闻由头的罗列——这并非真正的导语，而是新闻事件的背景事项。以下两则新闻皆为"重要新闻故事"，皆为公众关注的政治领域。这两则新闻报道的内文分析都不错，体现记者较强的采访突破能力和分析能力,被多家媒体和网站转载,尤其是第一则。但是这两则新闻中的导语却不如人意。

2013年7月,有网友曝光广东省珠海市烟草局违规购买超标豪车,记者进行跟踪报道。以下是2013年7月19日某则新闻的导语:

近日,网络传出广东省珠海市烟草局违反国家有关规定,豪掷120多万元超标购买3辆最高配置的汉兰达轿车的举报帖。昨日,新快报记者奔赴珠海市,多方走访、详细调查后了解到,该举报帖的内容属实。新快报记者后几经辗转,联系到珠海市烟草局局长李东华,后者在接受新快报采访时承认"用车违规"。[1]

这则导语存在如下缺点:①"导语"冗长累赘,130多字,几乎可独立成一则新闻消息。②导语以"近日"开首,容易让读者以为这是一则旧闻,其实是关于新闻事件的最新进展,还包括新闻记者采访得到的独家素材。③导语第一句话包含四个新闻事实,其实是此篇新闻报道的背景事项,明显啰唆;导语第二句话才是这篇新闻的重要事件或重要结果,可惜置于导语第一句之后。

再看当天第二则关于日本将派调查船赴东海"中间线"防止中国开采的新闻,以下是导语部分:

日本内阁官房长官菅义伟18日称,"绝不容许"中国单方面开发东海油气田。17日,路透社报道称,中国海洋石油总公司等正在准备向中国政府申请,新开发东海7处油气田。而该媒体18日又发表"独家报道",引述不具名日本消息人士的话称,日本经济产业省已命令下属独立行政法人JOGMEC(日本石油天然气金属矿物资源机构)的两艘地质调查船严阵以待,一旦发现中国在东海的"中间线"开始采油活动,日方调查船将奔赴东海。[2]

这则导语存在如下缺点:①与上则导语类似,导语有190多字,同样可自成一篇新闻消息。②导语中新闻事实繁多,新闻当事人既有"日本内阁房长官",又有"路透社",还有次要新闻人物"不具名日本消息人士";新闻事实有"绝不容许中国单方面开采""准备向中国政府申请新开发东海7处油田"和"两艘地质调查船严阵以待",但是细读之下却发现,三个新闻事实相互矛盾,不知新闻的重点到底是什么。

接下来我们尝试对这两则导语进行修改。

---

[1] 见《珠海烟草局违规购豪车3辆 局长称任内不再买》,载《新快报》2013年7月19日。
[2] 《日本欲派地质调查船赴东海确认中方油气开采》,载《环球时报》2013年7月19日。

第一则新闻的导语修改如下：

因违规购买豪车而陷入舆论风波的广东省珠海市烟草局，其局长李东华在18日新快报记者独家采访时承认"用车违规了"，并承诺"任内不再购车"。

以上导语60多字，一句话，两个逗号，将重要事实"局长接受采访并承认违规和承诺任内不再购车"陈述清楚，并带有简短的新闻背景介绍。网贴内容和记者采访的种种辛苦，均为背景事项，在内文中一一陈述即可，不必在导语中挤占位置。

至于第二则新闻的导语，笔者仔细阅读文章后发现，记者着重分析第三个新闻事实——"两艘地质调查船严阵以待"，因此关于"调查船"的新闻应该是重点事实。修改如下：

日本内阁官房长官菅义伟18日称"绝不容许"中国单方面开发东海油气田。有消息还称一旦发现中国在东海的"中间线"开始采油活动，日方地质调查船将奔赴东海严阵以待。

以上导语70多字，言简意赅，陈述两个相关联的重要新闻事实，与内文形成呼应。原导语中有关美国路透社的两则新闻内容可以放在内文进行分析。

案例小结与点评

此案例的"伪导语"在众多新闻中常见。新闻追踪报道一般涉及多个新闻当事人以及多个新闻事实，记者和编辑必须判断在这篇新闻报道中哪一个新闻事件是"最重要"的。一篇新闻消息一般只能有一个最重要的新闻事实，但允许有多个次要新闻事实同时存在。只有"最重要"的新闻事实能出现在导语中，其他的均在导语之后的各个段落中呈现即可。

导语不是交代新闻事实，而是"立片言而居要，开门见山，拉出包袱"，并吸引读者看下去——导语的作用其实是在"诱惑"，因此话不能多，否则就没有"诱惑"。

导语是一种总结工作，绝不能照抄当事人的说辞，而应将众多新闻事实进行总结和提炼，再引用当事人的说法作为依据。例如第一则新闻，新闻事实有关于网贴真实性的调查，但更重要的是关于豪车的调查，以及最后"逼"出局长接受采访。因此，局长的回应当是最重要的新闻事实，何况还是此家媒体记者的独家专访。

案例 8　　　　　　　导语与标题无呼应

　　在一些新闻特写的报道中,"还原现场"是其重要的新闻报道目标,特别是在一些令公众十分好奇的有关名人的生活或是重大活动的现场。有些编辑为了第一时间抓住读者的眼球,对标题的制作很用心,遗憾的是导语的修改不尽人意。有些标题确是以某个显著细节吸引了读者的眼球,却忘记导语应该与标题相辅相成,导致读者看了半晌还是不知所云。

　　请看下面这则新闻。这则新闻是关于全国政协委员、香港特别行政区立法会委员、香港奥委会主席霍震霆之子霍启刚与跳水名将郭晶晶婚礼现场的报道。国内外各个媒体和网站均对婚礼现场的细节有详细描述。

　　这则新闻标题是"平有蔬菜饺,贵至南非鲍"(眉题——"晶刚婚礼花费约 100 万元,婚宴每位 1028 元,共有 8 道菜")。从字面上看,这则标题对读者挺有吸引力,因为其强烈的"双重"反差:字面上的反差以及隐喻上的反差(暗指男女双方的家庭地位)。但细看导语:

　　近日,记者从可靠途径获悉,霍启刚郭晶晶将于 11 月 8 日在港岛区沙宣道大宅进行注册仪式,而后两人会于 11 月 10 日先在广州南沙进行婚宴,香港的婚宴则于第二日在湾仔会展中心进行。据了解,两人于南沙大酒店举行的婚礼,届时将筵开 46 围,每围宴请 12 位宾客。这场广州版的豪门婚宴并不算很奢华,整个婚礼开销约在 100 万元以内。近日,霍启刚家乡番禺练溪村村长告诉记者,村里已有霍姓族人收到婚宴请柬,将代表乡亲参加这场婚礼。①

　　这则导语显然是有问题的:①导语与标题显然缺乏呼应。标题只是内文某个细节的截取,显然属于编辑的"后期制作",却遗漏了对导语的修改。从标题来看,新闻重点是"豪门家庭的朴实婚宴",在导语中却并无相关陈述。另外,"并不算奢华"是新闻评论并非新闻事实,不宜直接出现在导语中,违背新闻客观性。②导语过长,有 200 字左右;新闻事实过多,信息量过载。

　　导语可以这样修改:

　　近日,记者从可靠途径获悉,霍启刚郭晶晶将于 11 月 10 日先在广州南沙举行婚宴,宴请 500 多位宾客。婚宴预计开销约百万元内,菜单显示"平有蔬菜饺,贵至南非鲍"。外界评述,这场豪门婚宴并不奢华。

　　上述导语与标题有呼应,既呼应其最具吸引力的显性细节,又以"评述"

---

① 《平有蔬菜饺,贵至南非鲍》,载《信息时报》2012 年 11 月 3 日。

呼应标题的隐喻。原导语中的另一新闻事实"近日，霍启刚家乡番禺练溪村村长告诉记者，村里已有霍姓族人收到婚宴请柬，将代表乡亲参加这场婚礼"应该属于此媒体的独家采访消息，但由于缺乏足够吸引力，不宜放在导语中，可放在第二个段落陈述。

案例小结与点评

此类导语经常出现在非突发性事件的新闻故事中，还原现场细节，或是新闻的故事性较强，编辑为吸引受众而制作标新立异的标题，可惜没有在导语中做相应的修改，以使两者相呼应。结果读者看了一半文章还找不到标题中的细节，做此标题的编辑便被人诟病为"标题党"。

此类情况经常出现在网站转载传统媒体的新闻报道中。网站编辑对原标题不满意，或为体现本网站的原创性，经常修改标题，但内文由于未获得版权而不能修改。

这种情况反映了目前新闻编辑中"重标题而轻导语"的趋势。这是一种急功近利的表现，读者看到标题而打开文章，却发现导语与标题"南辕北辙"，于是缺乏继续阅读的兴趣和耐心。结果损失的是新闻报道本身的影响力。

二、内文的修改

内文的修改是传统编辑的重点工作之一。本书讲解内文修改，重点不在遣词造句的文法修改，而侧重于文本的叙事结构、新闻"再现"手法和由于事实选取而形成的不同的意识形态等方面。

（一）新闻的叙事

叙事是故事的主要表达手法，叙事亦是一种文本策略——叙事手法"将事实按照其重要性进行排列，以此代替真实事件那些杂乱无章的原始素材"；叙事理论认为，所有叙事都是在"建构"真实的事件，或者是"制造意义的一种机制"。[①] 叙事模型多种多样，有小说、戏剧、电影等等，但是都包含三

---

① （英）利萨·泰勒等：《媒体研究：文本、机构与受众》，吴靖译，北京出版社2005年版，第63~74页。

个重要因素——事件、逻辑和主题,即多个事件通过逻辑关系串联起来,目的是为了表达某一个主题。

新闻故事也是叙事的一种模型。从叙事规律而言,新闻就是将多个新闻事件通过各种逻辑关系串联在一起,以表述某种事实真相。因此,有些老编辑告诫年轻的记者,写新闻其实很简单,因为实际上也就是在"讲故事"。同样的新闻事件,谁的故事讲得最好,谁的新闻报道就好。故事如何才讲得好呢?故事中有几个主角,做了几件事,这几件事之间实际上隐含着何种关联性,最后,故事讲完了,读者便恍然大悟。

内文的修改,从叙事角度出发有三个原则:①使新闻事件的陈述过程变得更加清晰。②使多个新闻事件之间的关联更加明确,并且讲清其间的逻辑关系。③使新闻的主题更加突出。

(二) 新闻的"再现"

从传播学角度而言,同一事件会产生不同的"再现",主要缘于表述者的动机、表述的方式和表达的目的不同。因此,"再现"实际上是一种选择和建构的过程。从新闻表达而言,再现的目标即新闻报道的目标:客观与真实。①

这种陈述过程大致分两类:一类是新闻现场的再现,这类新闻一般有发生、发展和结束的动态情节,即"事件新闻",如关于灾难、事故、活动等的新闻报道。另一类是非事件新闻的内部发展规律的再现。这一类新闻一般无现场动态,或是现场感不明显,新闻事实比较复杂、抽象、枯燥,缺乏动态感,涉及面广,需经过详细的新闻分析(如数据分析)后进行再现。例如财经新闻报道、问题新闻报道等。

对于第一类新闻的再现,修改的主要内容是"咬文嚼字"。从字数、字面、字义三个方面进行修订,遵循三条原则:①文本的"低语境",保证简洁、真实、清晰、客观的描述,以"新闻现场的还原再现"为唯一目标。②多用动词和名词,物质名词要使用标准,尽量少用或不用形容词和副词,因为这些都将带有记者的主观判断。③控制字数,尽量用最少的字数表达最丰富的信息。

---

① 从理论上讲,新闻再现的目标与新闻报道的目标是一致的。但是在实践中,由于记者个体差异、编辑风格、媒体偏好等主观因素,新闻不可避免地存在意识形态的选择,"再现"就是这种意识形态的再建构。新闻的真实与客观只是一种理论目标。

对第二类新闻的再现，修改的原则有二：①新闻分析有理有据，数据和资料真实准确，取舍有度，分析过程符合逻辑原理。②写作明确清晰，能完整地表达逻辑分析过程，令读者容易理解。

（三）新闻"意识形态"的隐性表达

这其实包括两层含义：其一，在不影响客观真实的前提下，新闻报道其实存在着某种抽象的"意识形态"；其二，这种意识形态不能正面表达，只能通过对新闻事实的陈述过程显露出来。通俗地说，这种"意识形态"即新闻的立场。

传播学批评家认为，新闻正是使用了"现在时态"的近乎自然的叙事手法，才使报道看上去像是没有经过人工构建似的，自然而极具真实性——通过这种方式，新闻的"意识形态"被掩藏了。① 但是社会学家认为，如果说新闻中包含着价值，同样也蕴含着意识形态。② 不论如何，新闻追求"客观与真实"，这应该是新闻最重要的价值判断和意识形态了。

那么，它将以一种什么样的方式隐约地表达呢？其实，新闻工作者通过对新闻素材的价值判断、取舍和偏好程度等等，隐约地表达某种观点或立场。因此，即便读者不解其中奥妙，编辑也应对记者选择的新闻素材"心知肚明"。例如，报道有关劳资纠纷的新闻事件，讲述同情劳工和批判管理者的新闻故事，其可能采用马克思主义立场；而讲述既同情劳工又结合现实宏观背景分析企业主的经营现状的新闻故事，其可能采用自由的市场经济立场。

因此，编辑要经常修订作者的写作立场。按重要性排列，修订时要遵循的原则依次如下。

（1）修订新闻"客观与真实"的立场，凡是与此不一致的表述方式、素材都要删改。

（2）修订新闻报道的专业立场。遇经济问题，以经济学相关理论和规律作为指导原则；遇法律问题，谨慎小心，以相关法律法规为指导原则；遇科技问题，以相关科技原理为指导原则。若遇争议，则应首先遵循第一条原则，以"客观与真实"为主要立场，其次以专业原理为次要指导原则。

---

① 关于新闻的客观真实的本质与新闻的意识形态之间的矛盾关系，本书将在第六章"新闻的价值暗示和禁忌"一节中详细阐述。

② （美）赫伯特·甘斯：《什么在决定新闻》，石琳、李红涛译，北京大学出版社2009年版，第84页。

（3）杜绝新闻的"泄密"可能性，对于新闻中有可能造成泄密的内容从严把关，防止给国家和人民的利益造成损失。新闻稿"泄密"有三个原因：一是有关国家自主创新的高新技术的报道信息量过大；二是报道时间不合宜，有些媒体为抢报道时间，花尽心思打听消息抢先报道，结果造成泄密；三是不注意内外有别，有些信息只能内部发行，不宜公开发表。①

接下来分析三则有缺陷的新闻报道。

案例9　　动态事件新闻的文本修订

下面是一则已经发表的动态新闻事件报道。全文960余字，记录某位疑似精神病患者的男性公民在闹市手持刀具的不寻常行为。新闻现场的再现，是这篇报道的主要内容。但从内文来看，有一些地方仍需要编辑重新修改。

疯男上车顶频挥杀猪刀

×××报讯　记者××摄影报道　洒汽油、玩火机，在奥迪车顶挥舞杀猪刀……昨天早上7时许，一名疑似精神病患者穿着三角内裤大闹位于新港西路的××药学院附属第二医院（即××医院），引来大批防暴警察及消防官兵。消防官兵趁其歇息之际，用消防水炮将其击落，结束这场闹剧，事件中无人伤亡。

站车顶舞刀洒汽油

昨天清晨，新港路上行人和车辆尚不多。一辆奥迪小轿车开至医院门口，一名该院女领导从车上下来后，小车准备调头离开。[1] 一名上身穿着红色T恤，下身仅穿一条三角底裤的男子将车拦下。"他年约30岁，右手握一把杀猪刀具，左手拎一个2.5升的大型矿泉水塑料瓶。[2] 看上去像受过什么刺激。"医院保安李先生回忆，"他已经来闹过好多次了。昨天7时8分就开始在医院门口徘徊。"

> 批注：
>
> [1] 如何得知这名女性是该院领导？关于这辆车的描述过多，与文中事实无关。应改为"一辆小车正在医院门口准备调头离开"。
>
> [2] "杀猪刀""2.5升"，都是详细的资料，如何得知？保安仅是目测。应该改为"一枚刀具"和"大矿泉水瓶"。

---

① 见蔡雯：《新闻编辑学》，中国人民大学出版社2010年版，第203页。

拦下车后，男子从车头爬上去，很快就跳到了车顶，司机一脸无奈地坐在车里等待帮助。司机仍待在车中。[3]男子的举动立刻引来围观，医院的保安迅速跑出来制止——这刺激了男子的神经——他用脚狠狠地踩踩车顶。[4]李先生告诉记者，男子挥舞杀猪刀大喊大叫，阻止保安靠近。[5]

吓走保安后，男子拧开塑料瓶盖，将液体向车身撒泼下来。顿时，一股汽油味在空气中弥漫。"汽油！"不知哪位围观群众惊呼，司机只得弃车跑出，围观群众也一下子往后撒开。男子随后拿出打火机在手中玩弄。李先生马上报警。[6]

消防水炮将其打下制服

不到10分钟，防暴警察及消防官兵相继赶到现场。围观的人群全部被拦在警界线外。上班高峰期的新港路上，行人驻足，车辆渐渐开始变得拥堵。

见到警察到场，男子开始破口大骂，声称被警察打过。骂完一顿之后，然后男子又哭着跪在车顶叩头。"但是刀子跟打火机一直没有离手。"参与防暴的海印南消防中队李队长介绍。与警方对峙半个多小时后，男子盘膝坐在车顶。"可能闹得累了，也热了。男子将刀放在身旁脱去上衣，但手上还是抓着火机不放。"李队长介绍。警察趁男子视线被衣服遮挡，将杀猪刀具扫落在地上。[7]"我们同时开水炮，射向车顶及男子，将汽油稀释、冲散。男子也被冲歪，倒落在车尾。警察一拥而上，将其控制住。"李队长介绍。

四周的群众终于松了一口气。[8]"他以前到医院闹过四五次了。"医院保安李先生介绍，事发前晚，男子还到过医院求医，但实际上身体就是好好的。"他几次跟医生争吵后，都主动报警。警察来处理过多次，也很无奈。"[9]

[3] 应改为"司机仍在车中"。

[4] 这是记录者的感觉，应该删减。

[5] 这位李先生是"信源"，是上文那位"保安李先生"吗？

[6] 前面两段画线句子的描述改为："保安李先生说，他用脚猛踩车顶，挥动刀具大喊大叫，阻止医院保安靠近；随后这名男子拧开手中的大矿泉水瓶，将瓶中液体倒在车顶上，马上一股浓烈的汽油味冒出来。司机马上开车门冲出来，围观的人群也向后散开。男子还拿出一个打火机。保安李先生马上报警了。"

批注：

[7] 此处细节不明：警察是如何将车顶男子的手中刀具扫落的？是人冲上去？还是用水枪？若无证实则应删去。

[8] 这句是套话，应删除。

[9] 保安的说法是否可靠？是否通过医生和警察进行佐证。若无则应删去。

目前，对于该男子的行为动机，警方正在对事件进行调查。

案例小结与点评

这是一个典型的事件新闻，现场细节丰富，新闻当事人身份不明，新闻目击者多，新闻发生地处于闹市之中，新闻报道的过程就是新闻现场的再现。

从新闻报道内容来看，读者可粗略想象新闻现场发生的细节；但从新闻编辑角度来看，有些新闻细节偏离"还原现场"的目的，而带有目击者的个体感受，因而影响新闻报道的客观性与真实性。

此外，这篇报道行文啰唆、拖沓、不紧凑。这并非重大的新闻事件，全篇却有960余字，但信息量仅仅局限于新闻现场的再现，过于单调。实际上，这类行为在闹市中并不少见，如果对相关机构做一个简单的调查和采访（公安部门对同类事件的统计数据，心理专家关于此类行为的简单解释，等等），也许能获得更有价值的新闻信息。

案例10　新闻立场的修订

修订新闻立场时，主要审读字里行间是否违背新闻的客观性与真实性，或是违背专业知识和法律法规。客观性与真实性是新闻报道的最根本的立场。仔细比较两者的差异，笔者认为客观性比真实性更重要。真实性可能是单向的，也可能是单侧面的；而客观性却可以提供多元视角和多个侧面。只有客观与真实合而为一，才有可能令新闻接近事实的真相。

有些新闻掌握了真实性的原则和立场，再现细节，叙事流畅，但是缺乏客观性的体现。

2013年7月，长沙某企业宣传要建世界第一高楼。报道《世界第一高楼"天空城市"长沙开工》[①]一出，立刻引起社会关注。该篇报道的导语是这样的：

"长沙望城区回龙村，一架美国贝尔直升机B-7748刚刚落稳在田地里，它的主人就迫不及待地赶下飞机，一路小跑，奔向他梦想中的'天空城市'。

他就是比迪拜塔还高10米的世界第一高楼'天空城市'的构想者——远大科技集团总裁张跃。

[①] 《世界第一高楼"天空城市"长沙开工》，载《潇湘晨报》2013年7月21日。

7月18日晚，中建五局与远大集团签署了'天空城市'的项目施工总承包合同，7月20日下午，'天空城市基础开工典礼'就在望城举行。远大方面认为，这栋楼的意义远不止于世界第一高楼，而将作为'节能节地城市模式'和'健康居住方式'的一项重要探索。"

接着，记者就外界质疑的问题对这位构想者进行了采访。

"由于采用'搭积木'式的快速建楼的方式，'远大速度'引起了世界的关注。'进度，是我们最大的一个挑战。'张跃承认，'我们的基础施工是6个月的时间，我们的地面的建筑是4个月的时间，也就是在明年的4月份这个楼就封顶了，明年的5月中旬6月份人就住进去了，到七月份的时候，这里面已经是熙熙攘攘、灯火通明、鸟语花香的这么一个地方了。'他最后强调，虽然项目在安全、质量、环保三方面，都对天空之城非常重要，但是'不论从质量、不论从成本、不论从环境、不论从城市的整体规划，我们一定要按进度完成。'

'有人说这里太偏？对我们来说它就是块宝地。'张跃在奠基仪式上回应了选址的质疑，'这个地方尽管离长沙市差不多偏了有十六十五公里，但是这个地方将是人类最向往的地方，大家记住这个地方即将成为人类最向往的地方。'

天空城市项目最遭到质疑的问题之一便是，100米技术如何建设838米的高度？2012年10月21日，湖南省住建厅组织专家评审会，对远大可建钢结构关键问题进行评审。专家组形成的评审中显示，'在满足国家和行业标准的前提下，该结构体系可用于100米以下的多高层建筑。'"

抗震抗风消防问题："针对这些问题，远大集团的新闻发言人朱琳芳表示，近日将召开新闻发布会，回应所有的问题。"

另外还附有一个关键数据的链接："数字——总高838米　电梯抵达830米　地面202层，地下6层　建筑面积105万平方米　4450家住户（最小60平方米，最大520平方米）　250套酒店客房　容纳超过30000人　93台电梯　10公里步行街（可行驶轿车）从1层直抵170层　56个比篮球场更大更高的无柱空间　130亩立体有机农场　8000平方米露天空中花园　4个直升机坪（最高设于727米）　游泳池720平方米，设于202层20厘米保温墙比同类建筑节能5倍，年节能4万吨油当量，减碳12万吨……"

上述新闻的立场有问题吗？如果有，指出是什么问题？如果没有，为什么？

请再看另一则相关事件的新闻报道。新闻《长沙将建世界第一高楼遭多位专家质疑安全性》①导语：

"据中国之声《新闻晚高峰》报道，昨天下午，号称将高达838米、比迪拜塔还要高10米的'世界第一高楼'——'天空城市'在长沙举行基础开工典礼。与它的高度一样让人惊讶的是它的建筑速度，据说，到明年4月，这个庞然大物就将正式封顶。这栋高楼背后的主角——远大集团，原本以中央空调为主业，近几年却因'可持续建筑'概念在业界风生水起。但是，自诞生之初，围绕它和它的'天空城市'的质疑声就未曾停歇：它的建筑，到底是一种颠覆，还是一场骗局？"

新闻首先引用了大楼的建造者和所有者对大楼的说法："张跃：这个楼有人担忧它的安全问题，他可能也没有看到图形，一看图形，谁都知道这个东西没有安全问题，这是一个金字塔结构，它的技术跟长城的技术没有本质的区别。'跟长城没有本质区别'，这是张跃去年对于'天空城市'安全性的回应，他还声称，其建筑可抗9级地震。"

其次，文章采访了两位专业人士。一位是北京清华城市规划设计研究院院长尹稚，他评价："远大用的这套建造技术在国际上没有先例，承诺造价相对又是非常低的，只有两种可能，要不就是他在建造技术上有惊世之举，有非常邪门的突破，要不就是一个骗局……超过100米后从结构体系来说是一个质的变化，很多规范都不一样。远大认为这是他内部的一个技术专利，所以从来没有公布过技术细节，所以（安全与否）无从判断。"另一位是业内人士宝佳集团总建筑师鲁萌，他认为："这么快的摩天大楼建筑速度有点不靠谱……这个系统不是一竿子到头的，一般12、13层就得变一下，包括水系统、暖系统等等。而且楼是有沉降过程的，比如说一个楼10层时是一个重量，100层是一个重量，会造成下面地基基础的变形，只有沉降稳定了才能再往上盖，这些都需要时间周期，不是人定胜天的。"

此外，记者核实了相关的专业评审资料："去年，湖南省住建厅曾组织专家评审会，认为远大可建钢结构仅适用于100米以下建筑。记者没有查询到，针对天空城市的100米以上超限评审会是否已经召开。"

再次，记者针对专家和业内人士的质疑采访远大集团："对于上述质疑，张跃的秘书今天告诉记者，公司明天才会出面回答。"

---

① 《长沙将建世界第一高楼遭多位专家质疑安全性》，原载中国广播网2013年7月21日。

最后，文章以专家的言论作为结尾："尹稚特别提醒，即使工程成功，快速、低成本的颠覆性技术也应用来建造更多经济实用的建筑，而不是贪大贪高，动辄做什么世界第一。"

比较两则新闻，可以发现新闻立场的差异。

第二则新闻有多方面的信源，包括当事人、独立的专业人士（代表学术观点）、业内人士（代表实践经验），同时进行第三方核实。这样的新闻报道既有新闻事件的数据和信息，又有客观性的多角度采访，体现了坚守专业知识的立场与原则，是一篇比较优秀的新闻报道。

而第一则新闻通篇只有新闻当事人的说法，无独立专业人士的评价，也无记者的第三方核实。尽管记者告知这栋大楼的众多新闻事实，但是既没有建立在客观性之上，又无遵循专业知识的原则和立场。这样的新闻报道与广告有何差异？此外，从文本上看，有些描述性的文字和言辞有文学化倾向。

案例小结与点评

第一则新闻出现的立场偏差并不鲜见，常见于诸多有关企业行为的新闻报道中。这种报道以企业行为作为主要（甚至唯一）新闻主体，新闻的内容以企业说法为主，既无独立的专业性佐证和第三方核实，也无其他利益相关体（特别是对立矛盾的一方）的看法和意见，这样的新闻报道实际上充当了企业的"广告"，类似软文。

建立新闻的客观性和真实性合二为一的原则与立场，包括其专业立场的建立，实际上是赋予新闻报道的独立性。只有坚持独立性的新闻报道，才有可能不被商业利益和政治利益利用或操纵，也才可能取信于公众。这是新闻报道和媒体机构安身立命之根本。

从编辑技术而言，对第一则新闻进行修改时，应增加独立的专业人士和学者的评判，对企业提供的所有利于己方的材料进行第三方核实。第二则新闻，则应增加一些关于高楼的详细素材和新闻当事人的自我辩护。

第三节　标题的修改

修改完导语和内文之后，编辑对新闻的核心内容已经有了充分的把握，这时才开始修改标题。从编辑工作来看，标题可能是文本编辑的最后一项任务；但从阅读角度来看，则是第一印象。因此，编辑往往最愿意在标题上下功夫——穷尽才华，只为一鸣惊人，标题也是最能体现编辑个人风格和偏好的部分。尽管标题的好坏理应由阅读者来判断，如网站新闻经常通过技术来测试一个标题的点击率，但是标题的制作仍是有章法可循的。

一般来讲，标题的作用有三个方面：①新闻注意力的主要表现手法之一，能够吸引读者注意，引起阅读欲望。②提示新闻细节，诱导受众，使受众在第一时间通过最短文字获得最有价值的新闻信息，特别是使用双关语的标题。③评价新闻内容，阐明意义，使受众在第一时间获得新闻的定性意义。

标题的形式有两类：一类是单行标题；另一类是复合标题。

（1）单行标题：也称单一型结构标题。只有主题，没有引题和副题，多出现在单一事件性的新闻中，标题表现了新闻的主要信息。这是网站新闻标题的主要表现方式，基于网页的"导读模式"，必须在一句话内包含重要新闻细节，以吸引读者打开新闻网页继续阅读内文。平面媒体的标题也趋向于使用这种标题。优点是标题明确直接，言简意赅；缺点是标题越来越长，字数越来越多，有标题"导语化"的倾向。

（2）复合型结构，这是主要的传统新闻标题的编辑手法。①眉题＋主题："眉题"引出"主题"，眉题与主题有前因关系。②主题＋副题："主题"导出"副题"，副题解释主题，或陈述主题产生的后果，副题与新闻有后果关系。③眉题＋主题＋副题：重大新闻的标题设置，其前因与后果都对新闻主题有相当重要的影响。④双主题：新闻有着双重同等重要的主题，一般用于冲突性新闻，双方关系对于新闻的发生同等重要；或用于外交事务等需要政治平衡的新闻事件。

修改标题要抓住"新闻点"，吸引受众眼球；标题要有层次感，用最短文字表现最丰富的、最有价值的新闻信息；文字要生动，简洁，对仗工整，富有节奏和韵律。

案例 11　　好标题"言简而意丰"

本章案例 8 的新闻报道，其标题是"平有蔬菜饺，贵至南非鲍"，眉题"晶刚婚礼花费约 100 万元，婚宴每位 1028 元，共有 8 道菜"。眉题展示新闻主要信息，主题既有新闻中最吸引人的细节，又内藏新闻的社会意义，是一个双关语，暗示两家联姻，一家是当地政要和商界名人，另一家是依靠自身努力达到职业高峰的普通人。

2013年7月22日甘肃发生地震，不少新闻报道此事，有一则晚报新闻使用了这种复合结构：

（眉题）今晨7时25分

（主题）甘肃地震至少22人遇难

（副题）有广州游客被困震中附近一列车上

这个复合标题的每一部分都具有重大的新闻信息："今晨"既说明新闻发生的新近性，也说明新闻机构的抢先报道，是最先进行新闻报道的平面媒体之一——因为该媒体是"晚报"，可以抢先报道当天凌晨之后至中午的新闻；主题揭示发生的重大新闻事件；副题既是新闻事件的后果之一，亦反映报纸的区域性和新闻的接近性——因为该媒体所在地属于广东地区。

2013年7月，广州市纪委曝光了广州市金融办等11个单位存在上班打网游、看炒股的现象，对此，其中7个单位回应是"司机干的"，就此引发网友热议。广州市纪委召开新闻发布会称"这是经过排查后作出的回复，是客观存在的"。某则新闻标题是这样的：

（眉题）11家单位上班玩网游

（主题）没错，7个是"司机干的"

（副题）市纪委发言人称"这是纪检机构经排查后作出的回复"，若查实虚报将问责主管领导

国家机构或事业单位出了事就推诿说是"临时工干的""司机干的"或是"清洁工干的"，已成为网友熟悉的"新闻笑料"。因此，这个标题，既提示新闻事件的主要核心事实，又带有双关语，暗讽一出事就是"非正式的工作人员"成"替罪羊"。

案例小结与点评

好标题的标准之一在于巧妙地使用了双关语，既在字面上提示了新闻事实，又在字义上令读者会心一笑：话中藏话，意义多层。其实对于编辑来讲，双关语效果是其追求的目标之一，将网络用语嵌入标题之中，也是双关语的一种表现形式。但是双关语要用得"恰在此时"，可以让读者联想到不久前发生的事情，或是传统伦理常规常识；还要"恰当人群"，一定得让新闻的阅读群体读得懂。换句话说，双关语要么是社会上普遍流行的词语，要么是某个专业群体中相互知晓

的词语，否则读者读不懂，也不能算是好标题。

好标题与好新闻一样，着重新鲜感、重大性、显著性、接近性和好奇性；利用复合结构将其新闻的主要特性呈现，同时还巧妙地呈现媒体报道的独家性和专业性。越能呈现新闻内容和媒体机构特点的复合性，就越能成为好标题。

案例12 新闻标题的"导语化"

标题的"导语化"是目前标题制作中最显著的缺点。标题字数越来越多，单行结构的标题类似一条简单导语；复合结构的标题就基本已经成为一条导语了。

网站标题一：中方劝印度击落疑似中国无人机 印称打不着

19字。阅读者看了标题，的确了解了新闻的核心事实，并且还知道了结果。建议改为"中劝印击落疑似中国无人机"，既提示了核心事实，又留下疑问，与日常思维形成反差——"为什么中国劝印度打落疑似中国无人机的飞机？"从而吸引读者打开网页继续阅读。

网站标题二：中国赴苏丹维和队回国 当地酋长送4只老母鸡

20字。数字一般不会出现在标题中，除非是核心事实，如伤亡人数、受损财产、巨额费用等；地点出现了两次，"苏丹"和"当地"。因此，建议改为"酋长赠鸡送行中国苏丹维和部队"，少了6字，意思没有变。

报纸标题一：只要心中梦想之火一直燃烧 重走黑色"荆棘路"无须惧怕

报纸标题二：碌碌无为赤过一生不是我想要的 养成优秀的习惯，让自己一直优秀下去

前一则有23字，后一则30字。两则新闻来自同一个编辑策划专题——6月的"高考"与"中考"，分别采访一位已经被中山大学录取和一位被广雅中学录取的学生。看了内文发现，这两位同学都是"奇人"：前一位同学两年前考上大学，由于不喜欢自己的专业，毅然选择退学复读再参加高考，最终如愿以偿；后一位同学中考成绩不如意，同样选择复读，最终如愿以偿。两则新闻报道写得不错，特别是后一则新闻故事，对于中考失利而选择复读的学生来讲，是一篇很好的励志文章，然而标题却不如人意。前一个标题比较注重文字的对仗和比喻，后一则纯粹是大白话。两者是否达到前文所述标题的三个作

用？也许编辑想以此标题评说新闻的意义，但是如此长的标题，且无核心事实的提示，仅是意义的宣讲。

第一个新闻标题建议使用复合结构——眉题"只要心中梦想之火一直燃烧，就一定坚持下来"，主题"退学复读　两度大学痴梦"。眉题是引用新闻当事人的原话，主题是编辑对其成长经历的总结，既有核心事实的提示，又留下"包袱"，吸引人读下去。

第二个标题，仍建议使用复合结构——眉题"心态摆正，一切都是浮云"，主题"两次中考，战胜'初四'的自己"。眉题引用新闻当事人的感悟，切合新闻当事人的身份和心态特征，"初四学生（指中考复读生）最需要心态的调整"，主题点明核心新闻事件，即通过调整心态、刻苦努力学习，最终战胜过去失败的自己。

论及标题的"导语化"，复合结构的标题长度有过之而无不及，眉题、主题加上副题，连起来即成一条完整的导语。

（眉题）××报特邀广州77个主流官博谈如何看官博"庸懒散奢"，120小时55部门回应，众官博异口同声：

（主题）官博不回复网友，就是最大的庸懒散奢

（副题）被市纪委曝光的"庸懒散奢"的"@广州城管委"等五部门无一回复；近半官博士回复网友率不足两成

整个标题的文字竟有90多字，简直是一条导语了。这副标题，眉题和副题均可以删掉，只保留主题，意思也很完整了。

案例小结与点评

若有了一个"导语化"的标题，导语的作用何在？从新闻文本来讲，导语和标题二者既能相互呼应和关联，又承担着不同的信息传播作用和功能，二者绝不能混为一谈。

将标题"导语化"的新闻编辑对信息传播方式的理解可能有些偏差，认为信息的位置比信息的内容重要，只要重要信息置于文章标题，就可以吸引读者看下去。若如此，为什么还有小说的存在？为什么大家还是喜欢听相声？文字或语言的魅力，绝不在于其所处文本之中的位置，而根本地在于其内容以及表达内容的方式。

标题"导语化"不仅仅是在文字技巧上存在问题，而且是在新闻编辑态度上缺少职业责任感的表现。

案例 13　　　　新闻标题的"标签化"

编辑在策划"备用新闻故事"时，有时陷入为新闻群体"贴标签"的带有偏见的做法。制作标题时亦是如此。这种"贴标签"的做法在西方新闻制作中是禁忌之一，传播学批评学家认为新闻若给某种群体"贴标签"，是通过制造"刻板印象"——通常是负面的简单而泛化的符号——而造成种族隔离、族群分隔；而被贴标签的群体即被预设为一个整体，一模一样，毫无个性。

例如标题"90后驾到：'比垮更垮'的一代"，不仅将20世纪90年代出生的人群与其他年代的人分隔，同时将90年代出生的人看成一个整体。实际上，这两种看法都是与事实相违背的。而且，这个标题的负面定性明确，作为新闻策划来讲，先入为主，带有明显偏见，实为不妥。

《醉驾倍增　女"醉猫"飙升近三倍》，新闻内容是广州2013年上半年女性"醉驾"比例增加。据广州市检察院通报，上半年醉驾1052人，同比增长99.6%，其中女性醉驾23人，同比增长283%。在公共场合，女性、小孩和老人属于受保护的群体，公共用词应该倍加谨慎。"醉猫"这一词带有显著的负面意义，在新闻标题中使用，不论针对男性或女性，都明显不妥。

另外，新闻标题为了贴近阅读群体，大量使用网络用语。① 例如使用"伪娘""妖男"的称呼，或称某位女性为"爷""女强人""灭绝师太"或"女汉子"，或以"尺度大开露半球"等修辞形容女性身材等等，对严肃媒体来讲，都是不恰当的标题。

案例小结与点评

标题"标签化"的现象，其根源是新闻编辑没有把握好新闻内容、形成合理的意识形态或立场，偏离了新闻的客观性和真实性的原则，是新闻编辑的大忌。

这个现象还显示新闻编辑过于迎合部分受众的偏好，以"新闻的新奇性"见长，并以此吸引读者，是一种追求"眼球注意力"的肤浅表现，长此以往，牺牲的是新闻报道至关重要的公信力。

---

① 在新闻内文写作中使用，则根据新闻内容来判断是否合适。

本章小结

本章主要专注于新闻文本内容的核实与修改。

新闻事实的核实与把关原则：①确定报道严谨无误，这是新闻生产过程中所有参与者的首要原则和任务。②确保信源真实可靠。③确定作者身份的合理性与合法性。

新闻文本的编辑原则，或是通过新闻编辑要达到的目标：①新闻报道客观清晰，事实表述能让读者看明白，新闻分析条理分明，专业术语解释清楚，各段落有逻辑关系。②新闻立场客观中立，不偏不倚，不先入为主，不妄下结论和论断是非，无"媒体审判"偏好。

新闻文本的修改主要集中在文本的主体内容、导语和标题三个部分。导语是新闻稿件的"灵魂"，内文是其"肉体"，标题是其"外衣"。有了"灵魂"和"肉体"的搭配，才知道套一件得体的"外衣"。

思考题

1. 查找2014年假新闻，分析这些新闻何以令公众相信。从新闻编辑的角度、读者角度以及与新闻核心事实相关的社会背景分析。

2. 就某个新闻主题写一篇1000字左右的新闻报道，匿名提交，然后由老师分配给同学们署名修改，仔细修订标题、导语和内文。由老师选取数篇，请修改的同学说明编辑的理由。

第六章　新闻信息的可视化表达

新闻信息的可视化，对于新闻编辑来讲并非新概念。新闻摄影、新闻插图、新闻漫画，是最早的新闻信息可视化表达，至今仍保留在各种新闻作品中。20世纪90年代末期兴起的"读图时代"，则更多地关注受众接收图片信息时感官与精神的双重需求，并逐渐形成了新闻视觉传播、新闻视觉文化的"大众文化"的主要特征。视觉文化也因此成为大众文化的一个重要组成部分。

21世纪初以来互联网技术的高速发展，为这种视觉文化带来了更多的想象力，也赋予了更具延展性的创新空间和实现这种创新的技术。就当下的新闻实践而言，新闻信息可视化几乎成为每一位新闻编辑都要面对、思考和学习的工作领域。它也由过去新闻文字信息的辅助手段，逐渐成为具备独立工作主体地位的新闻生产方式，实现或正在实现互联网时代的"媒介融合"。

互联网时代的新闻信息可视化，对于传统媒体来讲，既是创新的"蓝海"，也是新的挑战。它与传统的文字和图片表达形成了一个立体的、多维的、互动式的表达空间，它并非取代了传统的表达方式，而是丰富和延展了新闻信息的多层次表达方式。这是一种互联网思维的表达方式。

根据传播介质的不同，可将信息可视化分为两类：一是平面媒体的信息可视化；二是互联网终端的信息可视化。

第一类的信息可视化包括：①用于解释和分析新闻的核心事实，目前多用于财经新闻和科技新闻。②有些数字新闻以图表报道为主，表格用于显示数据的统计结果，有时与图形同时使用。应用条形图，可以将数量形象化，特别是方便进行多个同类新闻个体的纵向比较。③制图和图解，可以帮助读者理解复杂的事物或概念，包括某些难以用文字描述清楚或用文字描述显得相当累赘的信息；地图，帮助读者定位新闻事件的发生位置，特别是某些公共交通系统。

第二类的信息可视化从内容上可分为两个板块：第一个板块是数据信息的可视化，包括截面数据和历史数据的呈现以及统计分析的结果。第二个板块是文本信息的可视化，包括人际关系和人事关系，有些以事件演变过程为主要可视化内容（时间、人物和事件），有些以新闻人物变更为主要可视化内容（如上市公司的股东和股权变更）；既要呈现平面关系的复杂性，又要依据时间呈现事件发生的过程。

第一节　新闻信息的平面可视化表达

　　新闻图片编辑，与文字编辑一样，是新闻编辑的重要内容。图片本身亦可谓一种"新闻语言"。

　　图片的使用，对于新闻编辑来讲，是一件新派生出来的、具有挑战性的任务。大约在20世纪90年代中后期，随着广告业的迅速发展，新闻进入了所谓的"读图时代"。受众对新闻信息产生了多样化的需求：需要更真实的新闻图片，也需要更具审美的图片。平面媒体的摄影部和摄影记者，从新闻配图的配角，逐渐成为新闻专业工作者的另一主角：他们甚至比一般新闻记者还要风光，几乎所有重大事件新闻的现场，都会出现他们的身影；几乎所有新闻头条，都有可能被他们的作品占有。

一、新闻图片、图表和绘图的审美原则

　　一般来讲，有四种类型的图片经常被新闻编辑使用：①由专业人士拍摄的新闻图片和非新闻图片；②为解释和分析新闻内容而设计的图形或表格；③为表现复杂新闻内容而进行创作的绘画作品；④图饰。本章所涉及内容为前三种。

　　图片的选择和图表的应用，绝非随意为之，而必须遵循以下四条原则。

　　（1）图片和图表的使用，必须遵循新闻的客观性与真实性的基本原则。

　　（2）新闻图片、非新闻图片、图表和绘画作品的使用必须与新闻核心内容相吻合，以表现新闻核心内容作为主要目标，不能脱离这个目标而存在；艺术审美必须服从于新闻原则。

　　（3）必须保护图片人物的隐私权，所有受难者或受伤者图片应谨慎使用，证人、儿童和敏感职业者均不宜出现正面形象，若出现则必打标记；图片中不能出现人体敏感部位；图片使用必须尊重特殊的民族风俗习惯，不能违反伦理禁忌。

(4) 选择非本媒体机构版权所有的图片，不能侵害版权，必须有合法使用权。

二、新闻信息的平面可视化

具体来讲，新闻图片、非新闻图片、图表和绘画作品有不同的功能和作用，其使用的领域也不一样。

新闻图片，是还原新闻现场的最佳表现手法之一，"一张图片胜过千言万语"就说明了新闻图片的魅力。新闻图片是重要新闻事件报道的必备之物，有些图片直接成为新闻头条。对于细节过于复杂的新闻现场，或是重要人物的新闻事件，图片还能代替文字，使读者一目了然。图片使用数量，则参照新闻的特性、版面需求和图片质量而定。因此，对所有媒体来讲，摄影记者和文字记者的地位变得同等重要了。

非新闻图片，主要用于非新闻事件的新闻报道的配图，文字为主，图片为辅，多用于新闻专题的策划，目的是展现与新闻核心事实相关的新闻场景，但并不一定都是为了还原新闻现场。一般这种配图不能多，一个新闻策划专题最多配三张图片。

透过新闻图片与非新闻图片的选择与取舍，往往可以隐约地感知编辑、媒体的立场或意识形态。

图形和表格，则用于解释和分析新闻的核心事实，目前多用于财经新闻和科技新闻，有些数字新闻以图表报道为主。例如，制图和图解可以帮助读者理解复杂的事物或概念，包括某些无法用文字描述清楚或用文字描述显得相当累赘的信息；地图帮助读者定位新闻事件的发生位置，特别是在某些公共交通系统中；表格则使显示数据的统计结果更加直观，有时与图形同时使用；条形图可以将数量形象化，特别是在纵向比较多个同类新闻个体时。

绘画作品中，漫画一直以来都是新闻编辑钟爱的表现形式，利用漫画的隐喻来体现新闻的社会意义。除了漫画，其他绘画种类，例如人物素描、版画等都已经应用于新闻专题策划的配图了。

案例1　　　　**新闻图片的"新闻语言"**

一个新闻现场常常可以留下成百上千张新闻图片。但是编辑应该选择哪些图片与文字内容同时刊登，既取决于新闻立场，也取决于新闻内容。

2003年3月20日，美国以伊拉克藏有大规模杀伤性武器并暗中支持恐怖分子为由，绕开联合国安理会，发动英美军队为主的联合部队对伊拉克的军事行动。这场战争遭到俄罗斯、法国、德国、中国、阿拉伯联盟、不结盟运动等多个国家政府和国际组织的批评与谴责。全球普遍的反战情绪最终导致了全球反对对伊战争大游行。2010年8月，美国战斗部队撤出伊拉克，历时7年多，美方最终没有找到所谓的大规模杀伤性武器。2011年12月18日，美军全部撤出。

几乎全球媒体都持续地对这场战争进行了追踪报道。2004年5月10日出版的美国《时代》杂志上刊登了一篇 Life on the Front Lines（《前线生活》）的新闻特写报道。① 当时美伊战争已经持续一年多，而美国国内正在进行新一轮的总统大选。这则特写报道是关于海军陆战队前线的故事，当时美国军队夺回了叛军的据点，然后将作战任务移交给伊拉克军队；在紧张的对峙之后，军队从费卢杰拉回到驻地。但海军陆战队的战地上，战火仍然蔓延。

这篇新闻特写共使用了四张新闻图片。图6-1是第一张新闻图片，采用通版（横跨两个页面）的形式作为主题图片，新闻标题压在图片的右下角，带有一小段落的导语和记者署名。内文使用了三张图片，一张是战场中美国士兵准备伏击的图片，一张是作战计划图示，一张是士兵休息的图片。这四张新闻图片都真实地反映了美军前线战场的现状。

那么，编辑为什么选择这张衣冠不整、吞云吐雾、神情木然

图6-1 Life on the Front Lines 主题图片②

---

① 笔者翻拍杂志内页该报道的主题图片。
② "Life on the Front Lines", in The Times, May 10, 2004.

的图片作为主题照片?

图6-1说明的是"一场战役之后士兵们的短暂休息"。图片中有三个士兵,近景的是一个戴眼镜的白人士兵,两眼似乎无意地看着右前方,神情有些呆滞,烟雾正从口中喷出;他的右后方也是一个白人士兵,赤裸上身;图片右侧是一个黑人士兵,手中正拿着一支烟。后两个人的表情看不清楚,但感觉比较木然。这张图片按照摄影技术来讲,应该是一张即时抓拍摄影,角度并非最佳。

从文字信息可知,这是一场胜利的战役之后美军士兵休息的片刻,但是,从图片上只能看出简陋的环境和士兵们木然的表情。这种表情与获胜后本来应该表现的激昂情绪形成强烈反差:士兵们心态淡漠,战役胜利与否与他们似乎关系不大,他们只是在执行一项任务而已——此信息似乎在提示士兵们缺乏获得战争胜利的荣誉感。此主题图片选择的背后,编辑或媒体的反战立场可见一斑。

再从"世界新闻摄影比赛"获奖作品中分析新闻图片的"新闻语言"。

图6-2 《走出北川》

2008年,汶川大地震牵动了世人的心。国内一些摄影记者深入抗震救灾的第一线,拍下了许多优秀的新闻图片。《杭州日报》记者陈庆港拍下的救援部队在北川废墟中救出一名幸存者的照片《走出北川》(见图6-2),获得2009年世界新闻摄影比赛突发新闻类单幅金奖。

获奖者陈庆港是中国著名的摄影记者,他说:"我是带着对生命的敬畏去拍摄……在拿起镜头时,心中和镜头都要有所顾忌。"[①] 其作品《中国慰安妇》《细菌战调查》等作品屡获国际新闻大奖。拍摄情况是这样的:2008年5月14

[①] 《带着对生命的敬畏拍摄——访杭州日报首席记者陈庆港》,载《现代声像档案》2007年第9卷第4/5期。

日中午,陈庆港在进入重灾区北川县城的途中,遇到了八名解放军战士抬着一名伤员从两块巨石的缝隙中艰难穿过,陈庆港当时攀爬到巨石上方为救援人员让路,然后以俯拍角度拍下了这幅作品《走出北川》。"中国新闻摄影学会常务副会长兼秘书长、新华社研究员胡颖评价,陈庆港的《走出北川》,有丰富的镜头语言,体现了对生命的尊重、温暖和鼓励……新华社浙江分社副社长、总编辑何玲玲认为,《走出北川》传递了一种精神,传递了职业新闻人高度的责任感和使命感,饱含着人文关怀和人文精神。"①

《深圳晚报》记者赵青同时获得一般类新闻单幅二等奖,作品为《四川地震的幸存者》(见图6-3),反映了北川地震的幸存者在灾后的废墟上埋锅造饭的场景。

这张新闻图片既没有灾难现场又无救援情景,照片的拍摄角度亦非最佳,摄影记者为什么拍下来?"这张照片是我徒步进入北川后拍摄的,地点是北川擂鼓镇胜利村,时间大约是在震后一周,那天傍晚,看到一对男女在做晚饭。在灾区这么多天,面对更多的是死亡,而这一场景让人看到了希望。画面中的人物正在下面条。这种平静的态度让我感动。活着的人一定要好好活。"②

图6-3中的男人和女人在只剩下锅灶的废墟重新燃起了灶火,身后一排油盐酱醋,还有砧板和刀具,旁边蹲着洗菜的男人,这一切,不正体现着希望吗?灾难还没结束,希望就已经呈现了;或者说,希望一直都存在于人对自然的克服和适应之中。

图6-3 《四川地震的幸存者》

---

① 《杭州日报社专刊中心 陈庆港》,载新华网2009年9月22日,http://news.xinhuanet.com/zgjx/2009-09/22/content_12097537_2.htm。
② 《十堰籍摄影家赵青获"荷赛"银奖》,载《十堰晚报》2009年2月16日。

案例小结与点评

通过对上述照片的解读可以发现，新闻报道中难以体现的立场和观点，却能通过图片的选择巧妙地呈现。相比文字报道，新闻图片的"新闻语言"信息含量更丰富也更意味深长。

好的新闻图片，有时并非摄影技术最高超的图片，而是最能体现新闻主题或是凸显人文内涵和社会意义的图片。这些新闻语言述说着记者报道中不能直接写明的人文味、人情味和人道主义。

案例2　　复杂新闻事件的绘画配图

新闻策划通常围绕一个比较复杂的新闻主题而进行，新闻专题由多个同类新闻事件组合。由于新闻策划有滞后性，事件的新闻图片已公诸于众，可用的新闻图片已不多了；再者，新闻事件可能涉及负面信息（如凶杀）、敏感事件或人物（如儿童、女性等）。如何为新闻专题配图，是新闻编辑在实际工作中经常会遇到的难题。假如该新闻事件的发生并非偶然且意义重大、影响深远，显然有必要制作新闻专题，但专题中的图片编辑却是一个考验。

下面这个案例中，绘画的艺术风格与新闻专题的内容和社会意义十分吻合，恰到好处地体现了新闻主题的复杂性。

在本书第四章案例11"负面新闻事件的心理学和社会学分析"，谈到某周刊关于南平凶杀案的专题策划《解剖反社会》。2010年3月23日，福建南平一社区卫生服务站担任医生的郑民生，因工作受挫、恋爱失败，持刀在南平实验小学大门口行凶，造成8死5伤的惨剧。被害的学生，与凶手无冤无仇，甚至素不相识，却成了屠杀者泄愤行凶的牺牲品。但是新闻专题并没有关注此次凶杀案，而是将焦点对准与郑民生同类的因泄愤杀害无辜民众的凶手群体，从个体心理原因和客观环境因素两个方面探讨他们行凶的原因，并补充心理学专家对同类行为者"反社会人格"的解说。

新闻专题内文中配有相关新闻图片，但是封面和内页均采用了绘画配图。这些配图运用了类似版画的绘画技巧，全部采用冷色调。图6-4是封面图片，黑底，中央是一个人面兽身的形象似是徘徊在高楼林立的城市中央，扭头时眼神凶光毕露同时掩不住慌张。凶恶与恐慌并存，似乎是这个群体的最佳写照：这些凶手并非穷凶极恶的罪犯，都曾是安分守己的民众，是因为心中极度的恐慌无处发泄，结果失去理智，犯下不可饶恕的大恶大罪。

图6-4　系列报道封面图片①　　　　图6-5　系列报道内文主题图片

图6-5是内文的主题图片。这幅绘画所表现的形象特征与图6-4类似，但比图6-4更具象。男子抱头，闭眼，似乎很痛苦；仔细一看，头顶却蛰伏着一只恶魔，凶狠的表情，犀利的眼神，似乎掌控着男子的命运。

如果说图6-4的主题创意取自新闻事件，那么图6-5的主题创意则与专题的评述文章的主题一致，即这种反社会人格对自己和社会都造成极大的伤害，既有个体原因，也有社会环境的客观原因。正如专题导语所述："反社会人格、反社会行为的产生，与生物学因素有关，与个人受挫经历有关，也与社会环境有关。……每一个人都有可能是潜在的反社会行为者，每一个人更有可能成为反社会行为的受害者。从这个意义上说，善待身边每一个人，给予所有社会成员稳定的预期，关乎你我切身利益。"

案例小结与点评

这两张绘画作品恰当地反映了这个新闻专题的内涵和编辑动机，通过作品的艺术表现力传达新闻专题的主题，使公众的注意力从具体新闻事件本身抽离出来，理智地思考社会问题。

绘画作品的艺术风格阴郁、压抑，正符合恶性事件给予公众的负面情感压力，也符合新闻专题中"新闻群体"的生活现状，令公众印象深刻。当读者一想到这些恶性事件，脑海中也许就会浮现这两幅绘画作品以及作品的隐喻。

---

① 图6-4和图6-5均取自《南都周刊》2010年第12期新闻专题《解剖反社会》的网络截图，http://focus.news.163.com/10/0414/09/647L13AT00011SM9.html。

漫画本是以往新闻报道中经常使用的配图手法，但此类新闻事件显然不宜用漫画来表示。编辑选择类似版画的绘画作品，实为创意之举，为包含复杂负面信息的新闻专题提供了新闻配图的优秀范例。

案例3　　　　　创意与理性的版式结合

科技新闻与财经新闻一般都有"叫好不叫座"的特征，文章的信息量大，但是既无激动人心的新闻故事，更无令人眼前一亮的新闻图片，因而可读性低，似乎只有专业人士才能看下去。如何才能吸引一般读者来阅读这些看似枯燥的新闻文章？

下面选取美国《时代周刊》的报道作为案例。

一则是公司新闻，有关世界知名企业微软公司，标题是"Is Microsoft a Slowpoke?"①。新闻故事涉及微软公司的发展现状，指出它庞大的产品群中有些过于老化，有些遭受其他公司同类产品的竞争压力，从而质疑微软的未来。内文数据引用1999—2004年纳斯达克指数的变化与微软股价变化之间的对比，结果显示：前者变化小于后者的变化。

看看这个新闻报道的版式设计（见图6-6）。

图6-6　*Is Microsoft a Slowpoke?* 版式设计②

---

① "Is Microsoft a Slowpoke?"，in *The Times*，May 2，2004。
② 图片由笔者翻拍杂志内页所得。

新闻报道的中央是一幅占据大半个版面的漫画：一只庞大的海龟背负着一大堆微软产品，正在蹒跚而行，步履维艰，海龟头部被换成比尔·盖茨的头脸，表情略带焦虑。图片色彩鲜艳，生态形象，令人忍俊不禁。比尔·盖茨的面部表情以及海龟身上摇摇欲坠的微软产品，其中含义不言而喻。第二页版式中央则有一张显示微软公司最近五年来经济状况的统计学分析图，清晰地呈现统计结果。看了这两幅新闻配图，读者可能会迫不及待地想知道这只微软"海龟"到底还能不能走得动，下一步应该往哪里"爬"呢。

另一则是科技新闻 The Fire Within①，主要讲体内的炎症是怎样产生的，以及如果炎症没有得到有效控制将会引发哪些疾病。这是一个封面故事，是当期杂志最重要的新闻报道，篇幅很长，整个报道有6个页面，有大量的专业术语，涉及众多医学知识，还介绍了一些科学研究结果。按理，这样复杂的专业知识不会出现在一本以新闻报道为主要内容的大型期刊中。

新闻报道的每个页面均有配图，其中三个页面为三种疾病的病理解剖图，第4～5个页面却换成了一幅大插图（见图6-7），占据跨版页面的3/4：从

图6-7　The Fire Within 内页配图②

---

① "The Fire Within", in *The Times*, February 23, 2004.
② 图片由笔者翻拍杂志内页所得。作为美国《时代周刊》的普通读者，毫无疑问，笔者对这样的主题没有太大兴趣，于是略过前面数页文字；但翻到此处，发现这张图片如此详细地解释了炎症发生的复杂机理，既生动有趣又直观形象。看完了这张图，笔者有了阅读兴趣，再从头开始阅读这篇新闻报道，并将这篇报道保留至今。

手指尖的一个被感染的小伤口开始，通过5个节点（"身体受伤""体内寻求帮助""还击""战斗"和"伤愈"）解释炎症发生的过程，以及如果处理不当将引起哪些疾病。资料十分详细，画面鲜艳而富有动感，实现了"复杂信息图片化"的良好阅读效果。

案例小结与点评

上述两个案例的版式设计，包括图片、图表和绘画的各种搭配，堪称非事件性新闻的典范设计。根据新闻故事的类型和内容，编辑娴熟地将各种配图融入其中，令人印象深刻。

极具创意思维的设计，不仅使枯燥的新闻故事变得可读和有趣，同时也令新闻版面变得活泼生动。编辑还根据每个新闻故事的特性进行不同的搭配。例如，第一则是关于全球知名公司的新闻，新闻配图既有幽默风趣的一面（拼搭的讽刺漫画），又有严谨理性的一面（数据统计图）——前者是后者的引子，是为了吸引读者的阅读兴趣；后者才是新闻故事的主干。如果没有前面的配图，只有统计图的话，估计没有多少人愿意继续浏览这则新闻，尽管新闻的主角是"大人物"。第二则新闻，严格地说，是一个新闻策划类的专题报道，专业性很强，应该发表在医学类的学术刊物中，但是生动的绘画弥补了新闻故事的阅读枯燥和"知识鸿沟"——这样的绘画连小学生都能看懂，何况成人。因此，这篇文章很有可能被家庭收藏而成为科普阅读的好材料。

创意思维的背后有两点值得学习和借鉴：其一，编辑既对新闻故事有充分理解（不仅仅是了解），又对新闻的阅读群体有充分了解，知晓"知识鸿沟"的存在。其二，编辑部对版式设计有充分的独立和自由氛围，同时社会公众（特别是著名企业家等）对新闻的创意设计有极强的包容性，如比尔·盖茨不会因认为配图有辱身份而将《时代周刊》的编辑告上法庭。

第二节　新闻信息的互联网可视化表达

新闻信息的可视化，目前已经成为新闻编辑越来越重要的工作环节了。新闻信息的平面可视化，丰富了新闻信息的容量和表达方式。然而，这样的新闻信息并不适合在互联网平台传播,更不能适应互联网用户的各种信息需求。另一方面,新闻报道的方式变得越来越多样,趋于更加复杂的、全方位解读。互联网用户的需求改变,新闻信息容量的增加,都推动着信息传播平台从单一平面的模式向平面与互联网"融合"的模式转变。

一、互联网新闻信息可视化的成因

具体而言,新闻信息的互联网可视化,源于三个重要因素。第一,复杂新闻信息尽可能地可视化,使新闻信息变得更为直观、清晰和简洁。第二,基于数理统计的数据新闻逐渐成为当代新闻报道的新方式,这种以数据抓取、分析进行报道和写作的新闻内容应该进行可视化设计,才能让阅读更容易。第三,新闻信息必须可视化,才能符合多种互联网平台产品的传播特征。

(一)复杂新闻信息尽可能可视化

深度新闻目前已成为最受公众关注的新闻报道类型之一。这种新闻报道的驱动力在于"问题意识"强于"事件意识"。这种问题意识的起源是新闻报道者已经不再满足于对新闻事件的表征信息报道,而是将各类新闻事件置于中国目前所面临的转型社会的宏观背景之中,思考、分析、调查其发生的原因、背景和影响,进一步分析解决问题的各种可能性,或是预测事件发展的趋势。事件复杂、信息容量大、报道周期长是这类报道的基本特征。

以深度新闻报道中的"人际关系"为例。深度新闻涉及众多人物、事件、机构以及各种人际关系的动态变化。这些复杂的人际关系是深度调查报道的核心组成部分。如果仅以文字陈述,即使连篇累牍,事件发展的逻辑关系也未必能陈述清楚,描述信息时可能顾此失彼。但是,若将这些复杂信息"可视化",读者便可一目了然。

再以财经新闻为例。财经新闻的主要特点是"重分析、轻现场","重数据、轻细节"。[①] 数据及其生成过程是财经新闻报道中的主要事实,但对于大多数读者来讲,要么读不懂,要么知其然不知其所以然。因此,必须让数据及其生成的过程变得简单、易懂。

---

① 详见本书第七章"专业新闻修改"。

（二）数据新闻报道应该可视化

数据新闻报道是近年兴起的新型的新闻生产方式，主要方式是依照新闻话题或新闻问题，抓取数据、分析数据，提炼新闻主题，然后运用可视化和叙事化的手段进行报道。数据新闻报道在一定程度上改变了以往的新闻生产方式。国外有多家媒体机构都有数据新闻报道，如《卫报》《纽约时报》《华盛顿邮报》等。

在 2012 年，由非政府、非营利行业全球编辑网发起和组织设立了"数据新闻奖"，旨在鼓励新闻工作者打破传统的新闻创作理念和新闻创作方式。中国不少媒体也开始尝试进行数据新闻报道，如财新网的"数字说"栏目，南方都市报的公众微信号"南都有数"等等，涌现了不少出色的数据新闻作品。

（三）互联网媒体平台必须信息可视化

网络媒体的各种终端逐渐成为新闻传播的重要竞争平台。

目前新闻信息呈现的重要平台之一是 PC 终端。就新闻信息可视化的特点而言，PC 终端的 CRT 显示器的尺寸多在 11～24 英寸之间，这样的视屏画面有利于视频和图片的高清晰的展示；就新闻报道传播的特点而言，这样的终端平台信息传播容量十分巨大，信息垂直阅读和互动性高，但传播速度和更新频率相比移动终端稍慢。

新闻网页是各个网站的重要信息内容。几乎所有的网站都有网页用于呈现各类新闻信息。大多数新闻网页所呈现的并非原创性的新闻信息，在购买原创媒体的新闻信息的版权后，由网站的新闻编辑处理这些已经发表的新闻信息，常常制作成"新闻专题网页"。这样的工作并非简单的"再次加工"，而是站在"微观新闻事件"之上的"新闻宏观聚合"，也就是说，专题一般融合了三个方面的内容：①有关某个新闻事件的碎片式报道，包括文字和视频。②外界对此类事件的评价和趋势分析。③编辑收集、整理和分析相关历史数据，并给出分析结果。新闻信息可视化一般用于呈现第三部分的内容，体现网站新闻编辑的原创性。网站新闻编辑不再是新闻加工者，而是新闻信息聚合的原创生产者。

新闻信息呈现的重要平台还有移动终端。随着集成电路技术的飞速发展，移动终端正在从简单的通话工具变为一个综合信息处理平台。移动终端，广义上包括手机、笔记本电脑、平板电脑、POS 机、车载电脑等，这些移动终端可以通过GSM、CDMA、WCDMA、EDGE、3G、4G等无线运营网通讯，也可以通过无线局域网、蓝牙和红外线进行通讯。新闻信息在此类终端平台上的传播特点是：移动终端的显示屏明显小于PC终端，且各个产品大小不均，信息可视化的设计必须符合其产品特征，不能一概而论；信息传播速度快但传播信息容量有限。基于移动终端平台的这些特征，需要将新闻信息进行更多的可视化设计，尽可能使信息的阅读符合移动终端的平台特点。目前的新闻产品有新闻APP平台软件、微信公众平台软件。

门户网站几乎都做了APP平台，如网易、腾讯、3G、搜狐、新浪、凤凰、百度等。有的内容提供方依靠强大的资讯内容运营，针对不同用户群体制作了不止一款APP，如百度公司开发了百度新闻、百度地图、百度翻译等的APP平台。传统媒体也有各种新闻资讯的APP软件，如今日头条、澎湃新闻、财新网、新华发布等等。另外，还有自行开发的个性化订阅的应用，如冲浪快讯、酷云阅读、ZAKER、指阅等等，本身不生产内容，只做内容的聚合，提供给用户阅读。从内容呈现来看，APP更像一个缩小版本的网页，内容特点取决于发布的媒体机构，大致分为新闻信息和应用类信息。

微信公众号是另一个重要的终端平台，它是开发者或商家在微信公众平台上申请的实名应用账号，该账号与QQ账号互通。通过公众号，商家可在微信平台上实现和特定群体的文字、图片、语音、视频的互动。其理念是在行业共用的通讯模板上提供个性化定制的互联网产品。目前，大多数互联网媒体机构和传统媒体机构都为自己的新闻产品注册了"微信公众号"。有的传统新闻媒体将自己的新闻报道信息进行分类，然后为每一类新闻产品注册一个微信公众号，组成一个"微信新闻矩阵"，如羊城晚报社。微信公众号平台较之APP软件平台开发成本更低，使用更灵活方便；但是，由于界面的变化，其信息编辑和可视化的要求也相应有了许多变化，更新频率是目前新媒体平台中最高的，因此对新闻内容编辑和可视化的设计要求会更高。

互联网媒体平台为新闻信息的用户使用带来了全新的体验。在以前的新闻信息平面上，信息的容量和表现形式是固化的、不可变的、无互动的；而互联网的信息呈现是互动性、可参与的，信息之间可以产生超文本链接，因而信息的容量可以无限延伸。

互联网的用户阅读行为有两个极端表现：既有轻量化的表层信息阅读行为，亦有深度的内容信息阅读行为。因此，信息分众是互联网信息用户的重要市场特征。

二、互联网可视化的新闻编辑

（一）可视化新闻信息的编辑要点

新闻信息可视化由两种专业人员完成：一部分是新闻编辑人员；另一部分是设计人员，包括平面设计和网络交互设计。平面设计着重可视化的美学设计，交互设计着重通过对信息呈现的界面和阅读行为进行交互设计，让信息呈现与它的阅读者之间建立一种有机的、互动的关系，从而尽可能地使新闻信息完成互联网思维的产品转换。

新闻信息可视化要满足两个用户需求：①轻量化的表层信息阅读。②深度化的内容信息阅读。

新闻编辑人员的工作包括以下三个方面：①确定哪些新闻稿件要实施信息可视化。②确定哪些重要信息要进行可视化设计并提出设计目标。并非所有数据信息或复杂的文本都必须"可视化"，只有重要数据信息和核心文本信息并且存在多层的逻辑关系，才需要将信息进行可视化的转换。此外，金融新闻、环境新闻等专业数据的可视化转换，需要相关专业人士的协助。③在可视化设计完成后要进行新闻把关，确保可视化设计与新闻报道之间高度吻合，不能出现信息偏差或扭曲。

（二）可视化新闻信息的编辑标准

优秀新闻的可视化的标准：①逻辑清晰可循。②复杂关系简单化。③具有美学欣赏价值和人文关怀。

"逻辑清晰可循"是所有信息可视化的首要标准，不论是传统的平面媒体还是互联网媒体，可视化首先要将新闻事件发生过程中最重要的逻辑关系呈现出来，将那些纷繁复杂的新闻事实通过"时间序列""并行关系""生命树"等逻辑原则将各种核心信息串起来，使读者一目了然。

| 案例4 | 阿里巴巴上市的股权结构分析[①] |

阿里巴巴集团,是全球知名的中国互联网企业,经营范围涵盖电子商务、网上支付、B2B网上交易市场及云计算业务等。1999年由本为英语教师的马云带领其他17人所创立。2014年9月19日,阿里巴巴正式在美国纽交所挂牌交易,股票代码BABA,价格确定为每股68美元,股票当天开盘价为92.7美元,阿里在交易中总共筹集到250亿美元资金,创下了美国有史以来规模最大的一桩IPO交易。

从创办以来,阿里巴巴最令外界关注的焦点之一是公司内部股权的数次变更,其于2007年香港联交所挂牌上市后又通过"私有化"于2012年退市,还涉及金融产品创新(如"支付宝"股权)、国际上市企业的资本合作(美国雅虎公司和日本软银公司)、内部人激励机制(高管的股权分配)、国内相关政策变更(如央行关于"第三方支付政策")等多宗复杂背景。这些复杂的细节,尽管有类似商业小说的可读性,但如果仅以文字叙述则会连篇累牍。将这些复杂的信息绘成图表(见图6-8),可以大大提高阅读的直观性,读者看完图表可再返回文字获知详情。

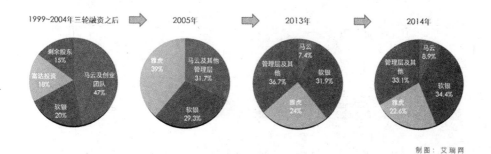

图6-8 阿里巴巴股权变迁可视化信息

[①] 见《阿里巴巴股权变迁》,载搜狐财经频道2014年5月7日,http://business.sohu.com/20140507/n399231628.shtm。

案例5 　　　　　　　　　**周永康的家族关系**①

2014年7月29日新华社、央视《新闻联播》发布消息称，鉴于周永康涉嫌严重违纪，中共中央决定，依据《中国共产党章程》和《中国共产党纪律检查机关案件检查工作条例》的有关规定，由中共中央纪律检查委员会对其立案审查。腾讯的"新闻百科"对案件中涉及的人物关系进行了平面的信息可视化，使读者对这个复杂事件建立基本的直观了解（见图6-9）。这个可视化的设计使用了"生命树"和"平行关系"的逻辑原则，将周家的家族关系、家人与商业的关系清晰化，满足了大多数轻量化阅读的用户需求。

"复杂关系简单化"是信息可视化的第二个目标。在完成新闻信息的逻辑呈现后，还必须呈现更详细的数据信息、人际互动关系、事件的相互交织关系，将这些内在的复杂关系通过交互设计的手法进行二维、三维的空间处理，完成信息垂直性的深度阅读。这种设计是为了满足部分需要深度阅读的

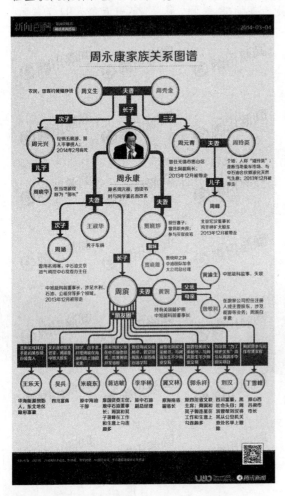

图6-9　周永康案家族关系可视化信息

---

① 案例详情以及相关数据处理见《中共中央决定对周永康涉严重违纪问题立案审查》，载腾讯新闻2014年7月29日，http://news.qq.com/a/20140729/086114.htm。

用户的需求。例如财新网《周永康的红与黑》新闻报道中的可视化设计，那些对这个案例感兴趣并希望获得更深度信息的读者，可以点击图中的亮点部分进入信息的垂直阅读。

案例6　　周永康的红与黑的关系网[①]

周永康及其家属亲人涉案众多，涉案人数也很多，个中关系十分复杂，既有内部的家庭关系，也有家人与地方政府和地方企业之间的勾连，还有与大型国有企业之间的勾连。各案件时间跨度大，关联事件多，并且案件之间相互交织，案中有案。财新网在2014年10月22日连发6万字长稿来陈述周案，还配有一个互动性的周永康案件的信息可视化设计（见图6-10）。这个互动的可视化设计，使得新闻信息的平面展现更加开阔，新闻信息的垂直阅读更有层次。这个极富创意的设计对6万字的长稿起到了双重作用：既引导了读者的初级阅读，同时也推进了读者的深层阅读。

图6-10　周永康红与黑的关系网可视化处理[②]

[①] 见系列报道《周永康的红与黑》，载财新网2014年10月22日，http://china.caixin.com/2014-10-22/100741777.html。

[②] 制图《周永康的人与财》，载财新网数据新闻2014年10月22日，http://datanews.caixin.com/2014/zhoushicailu/。

案例7　　清点中国2532家上市公司的"官员独董"[①]

这是一则优秀的数据新闻作品,该新闻报道的数据来源是各上市公司2013年年报、2014年一季度报,新闻问题包括:①"官员独董"有哪几类?②他们的收入是多少?③"官员独董"所在领域的行业哪些收入比较多?④哪几类官员对中组部的禁令比较敏感?⑤多少人提前离任,多少人还在任?

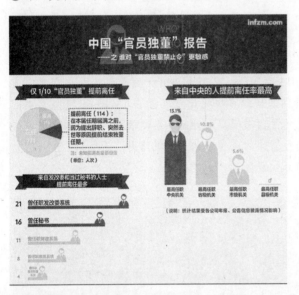

图6-11　上市公司"官员独董"可视化信息

记者和编辑根据这些新闻问题展开数据抓取和基本统计分析,最终出具一份极具新闻敏感性的统计分析报告,并依此完成新闻的文字报道和可视化报道(见图6-11),由此提出对"上市公司独立董事"制度的反思。要生成这样出色的数据新闻作品,必须建立明确的新闻主题,提出若干新闻问题,根据新闻问题抓取数据,进行数据分析,以及新闻写作和信息可视化设计。由此可见,新闻信息可视化对于数据新闻报道来讲,是必不可少的环节。

具有美学欣赏价值与人文关怀,这是信息可视化的第三个目标。可视化的美学设计一直是设计师追求的创意领域。可视化的美学设计一定要与新闻主题表达的意境相呼应,设计师要理解新闻故事带来的潜在的社会意义,这些意义可能与公众的政治生活、文化生活、伦理规则等方面产生丰富的关联和多层次的想象。也就是说,最佳的可视化的新闻作品,不仅要呈现信息的逻辑性和深度性,还要体现出某种人文趣味和人文关怀。在图6-11中,设计师用带有该

[①]《首次清点中国2532家上市公司还有多少"官员独董"》,载《南方周末》2014年7月17日。

职业特征的人像替代传统的条形柱，充分暗示着某种非正面的社会意义，这与新闻主题的意境是吻合的。

在中国当前的传统媒体中，新闻信息可视化已成为一个不可或缺的生产环节，但是新闻界还未形成一定的评价体系。可以确定的是，新闻信息可视化是新闻信息的崭新的表达方式，它与传统的文字、图片构成一个立体的、多维的、互动的表达空间，是在传统表达方式之上的丰富和发展，延伸了新闻信息的多层次表达空间。这是一种互联网思维的表达方式。

本章小结

新闻信息的可视化编辑，源于三个重要因素：①复杂新闻信息尽可能地可视化，以使新闻信息变得更为直观、清晰和简洁。②基于数理统计的数据新闻逐渐成为当代新闻报道的新方式，这种以数据抓取、数据分析进行报道的新闻内容应该进行可视化，才能让阅读更清晰。③只有新闻信息可视化才能符合多种互联网平台产品的传播特征。

新闻信息可视化要满足两个用户需求：①轻量化的表层信息阅读。②深度化的内容信息阅读。新闻编辑人员的工作包括以下三个方面：①确定哪些新闻稿件要进行信息可视化的实施。②确定哪些重要信息要进行可视化设计并提出设计目标。③在可视化设计完成后，进行新闻把关，确保可视化设计与新闻报道之间高度吻合，不能出现信息偏差或扭曲。

优秀新闻信息可视化作品的标准：①逻辑清晰可循。②复杂关系简单化。③具有美学欣赏价值和人文关怀。

新闻信息的可视化，与传统的文字和图片表达形成了一个立体的、多维的、互动的表达空间，它丰富和发展了传统的表达方式，是一种互联网思维的表达方式。

思考题

1. 请选择一篇深度调查类的新闻故事文本，这个新闻事件必须包含相当的数据信息和文本信息，分别根据平面媒体、PC专题网页、移动终端介质进行文本信息的设计与编辑，编辑思路要体现这些平台介质的差异性。

2. 请找出本章案例4至案例7的报道原文，分析各自的特点，包括优点和缺陷，并对其缺陷提出修改建议。

第七章 专业新闻修改

前面章节阐述了新闻文本编辑的基本原则和规律。不过，各种不同专业领域的新闻编辑亦有其专业特点。本章将聚焦时政新闻、社会新闻、财经新闻和人物新闻，探讨这四类专业新闻的编辑与修改特点。

第一节 时政新闻的编辑

时政新闻是对当下有关国家、政治、社团以及人民群众日常政治生活所进行的报道，是最重要的新闻活动实践，属于重要的新闻故事类型。

一、中国时政新闻的内容特点

在当前的中国，时政新闻的内容特点有以下几方面。
（1）属于重要性的新闻故事，具有强烈的政治色彩。
（2）反映与"上层建筑"相关的新闻，即代表政党、社会集团在国家生活、国际关系方面的方针政策和活动的新闻。这类新闻具体包括：党的施政纲领、政治思想、政治活动、政策发布的报道，政府工作动态、外交事务、法治建设，重大政治性庆典，突发性政治事件，体现党和政府意志的政治性事件，等等。
（3）反映社会发展过程中重要领域的新闻。这类新闻包括：民众与国家政治生活相关的活动，有关社会秩序与失序的各种信息，政府与行政机构健康高效的运作，以及贪污腐败等违法活动，等等。

新闻报道与写作从政治角度出发。即使是经济活动、科技活动、文化活动，也注重新闻事实的"政治与公共价值"。

二、时政新闻的报道特点

(一) 报道领域

时政新闻报道有四个重要领域。

(1) 重要政治事件报道：①常规重大事件报道。例如，每五年召开一次的中国共产党全国代表大会，每年2—3月召开的人大与政协"两会"。②突发事件，如大范围的自然灾害、国际突发事件等等。这些报道以动态消息报道为主，兼以新闻特写和新闻分析。

(2) 国家和地方的重大政策报道：时政记者都"肩负着一个重要使命，即传达、解释、宣传和监督党和政府各项方针政策贯彻和落实。之所以重要，是因为它们关系着国家、政党和民族的发展和命运"①。衡量政策报道的首要指标，即与人民日常生活息息相关。例如，与房子、教育和医疗相关的政策，都是时政记者重点报道的新闻内容。其次，政策报道与政府的日常工作有密切关系，这些报道以会议新闻为主。最后，由于经常涉及政策的背景分析和趋势分析，优秀的政策报道常常含有独到的新闻分析内容。

(3) 国家行政机构的日常工作报道：一般地，媒体时政新闻部门根据对应的行政机构部门细分记者的报道领域。例如，跑"政府线"和"市委线"的记者，负责当地的党委和政府部门的新闻报道；跑"民政线"的记者，则负责民政部门的新闻报道；跑"法制线"的记者则是与公安、检察院、法院等部门打交道。

(4) 典型报道（正面典型报道和负面典型报道）：正面典型报道以宣传正面形象、正面事件为报道目的，宣扬国家和地方的建设成就；负面典型报道一般以"法制报道"的形式呈现，以报道负面形象警示社会的不良现象和观念。这些典型报道有一定的条例和规范，一般由国家级媒体发布、地方媒体转载。

(二) 报道原则

时政新闻报道既注重时效、透明，又注重立场的客观、公正。

(1) 时效、透明：时政新闻对新闻的时效性和信息透明度要求高，特别

---

① 张柏兴等：《专业新闻报道》，浙江大学出版社2009年版，第172～173页。

是关于突发事件的重大政治新闻，要及时地报道事态的发展变化，否则会引起各方猜测甚至社会混乱。

（2）客观、公正：尽管新闻事件涉及政党或国家利益，但是仍然必须坚持新闻报道的客观、真实，其报道的动机和目的仍是维护社会秩序和维持社会公正性。

（三）时政报道的媒体差异

由于所属主管部门不同以及媒体机构本身的属性差异，不同媒体的时政报道的角度存在差异性。这种差异性并不违背新闻事件的客观性与真实性，反而组成新闻事件的多角度报道方式。

三、时政报道的新闻编辑特点

（1）新闻报道必须有正确合理的立场，既符合党和国家的方针政策，又符合人民大众的切身利益。

（2）对于政策内容和执行细则、政府部门的工作内容和职责范围，不能随意解读，以免引出歧义。国家领导人和地方官员的职位身份、行政机构的名称等应书写正确，不能出现错误。

（3）合理采用政府部门的新闻通稿，既不能完全照搬新闻通稿的内容，也不能报道违背新闻通稿中的核心内容的新闻事实。

（4）遣词造句要符合新闻文本的"低语境"特点，简洁、清晰和明了。

案例1　　　　"政策报道"的转型趋势

保障房的建设与居住权一直是中国安居工程中最受社会各界关注的话题之一。国家前不久出台相关政策，各大媒体争相报道。媒体机构根据自己的主管机构、受众定位、区域发行等特点，制订了不同的报道策略和内容。

2012年11月第二届保障性住房发展高峰论坛上，国务院国有资产监督管理委员会研究局副局长楚序平表示，建议将流动农民工纳入保障房政策覆盖范围。尽管这仅是一个官员的观点，不能代表国家的政策方针，但由于该话题令人关注，仍然引起媒体争相报道。

全国性媒体，如《人民日报》（海外版）和中国网的报道重点相同，即

"保障房与农民工";标题略有差异:前者标题是"保障房何时向农民工敞开?"①,后者标题是"农民工有望纳入保障房政策覆盖范围 个别地方已实现"②。内容均为报道论坛上有关官员的观点,以及相关的政策和现实背景。例如,中国网的消息中有"国家统计局数据显示,截至2011年,全国农民工总数超过2.5亿,且呈增长态势。57%的农民工居住在单位宿舍、工地工棚、生产场所,38%的租房,购房的只有0.9%。楚序平说,农民工居住条件差,'蜗居''蚁居''鼠居'大量存在"。《人民日报》则报道:"全国有些地方已纳入规划:自2010年起,江苏南通每年将15%的经济适用房配售给农民工;自2012年1月起,在广东的农民工可通过积分制享受保障房;自2012年3月起,在甘肃的农民工可以申请保障房。"

与此同时,地方媒体亦有关于保障房的报道内容,但内容和侧重点与全国性媒体有所不同。

例如,《海南日报》刊载报道《海南保障房建设强度连续三年超过全国平均》③,其中有反映本省保障房的建设概况,"记者24日从海南省住房和城乡建设厅了解到,今年前10个月,海南保障性安居工程建设开工10.95万套(户)、竣工6.86万套(户),已有5.79万套(户)喜获新居,建设强度连续3年超过了全国平均水平……自2008年起,截至今年10月底,海南保障性安居工程已累计完成投资450.1亿元,连续多年超额完成计划任务";有关于保障房的使用权和建设过程的监督,"此外,海南还加强了对分配入住工作的指导监督,取消了一批已享受过政策性住房人员的申请资格。同时,各地加快了基本建成项目水、电、路等设施的配套,提高了入住率……在加快保障房建设的同时,海南还加大监督检查力度,确保质量安全。今年以来省住建厅共开展保障房5次巡查";有关于如何创新本省的保障房政策,"据了解,明年海南将进一步加大廉租住房、公共租赁住房建设力度,积极研究租售并举方案,并争取将拆迁安置房、城中村改造房、旧城改造等具有保障性质的住房纳入城镇保障性住房范围,确保完成中央下达的年度目标任务和省第六次党代会确定的2016年实现38%的住房保障覆盖面"。

---

① 《保障房何时向农民工敞开?》,载《人民日报》(海外版)2012年11月23日。
② 《农民工有望纳入保障房政策覆盖范围 个别地方已实现》,载中国网2012年11月23日,http://news.china.com.cn/txt/2012-11/23/content_27210481.htm。
③ 《海南保障房建设强度连续三年超过全国平均》,载新华网海南频道2012年11月25日,http://news.hainan.net/newshtml08/2012w11r25/914477f0.htm。

再看都市报对保障房建设的报道。

《华夏时报》刊载的报道《荒芜的广州金沙洲保障房 开工一年半仍杂草丛生》则将焦点指向了广州的保障房建设。[①] 从标题上看,这并非一例"标准"的政策报道,即报道内容并无涉及具体的政策内容,却是一例"好的"政策新闻报道,因为报道涉及的是政策的执行过程以及出现的问题——这比政策本身更令受众关心。

导语是这样写的:"在广州西郊的金沙洲板块上,多栋高层住宅建筑旁边,有一片大面积的空地。这片空地被高墙包围,大门也紧闭,而外墙有'广州天力建筑工程公司承建金沙洲保障性住房A1—A13栋'字样。作为广州首个政府与民企合作建设的保障房,金沙洲项目的进展一直颇受关注。去年(2011年)6月,广州政府就宣布该项目已动工,但近一年半过去了,《华夏时报》记者却在现场看到,工地里杂草丛生,只有寥寥几根爬满蔓草的钢条。"记者采访了"广州市住房保障办公室相关人士"以及"数名不愿透露姓名的业内人士",查证了开发商的相关资料,也证实了"广州限价房政策发生了改变"——"本报记者获得一份由广州市规划局于去年(2011年)5月签署的《广州市白云区金沙洲B3734F01、F02地块控制性详细规划导则更改》文件。文件显示,该项目的容积率由2.0增加至3.4,建筑密度由25%调整为28%,而建筑限高则由60米调至80米。显然,金沙洲保障房建设单位希望通过'拔高'楼层,节省空间建造商业等配套……"由此得出,广州第一个由政府和开发商共建的保障房延迟开工的原因之一是,"启动开工仪式后的一年多时间里,继续保持停工状态的金沙洲保障房项目一直周旋在规划调整上。广州市住房保障办公室在对外的宣传口径中,则将该项目的交付期限延迟至2014年"。记者随后还调查了广州其他保障房的开工情况,结果发现延迟现象普遍存在。报道以一个统计数据结尾:"据广州市国土房管局公布的数据,今年(2012年)截至10月底,已有6187套保障房完工,仅10月就有2486套保障房完工。然而,截至上半年,广州市本级完成今年保障房开工比例仅为1.8%。"

案例小结与点评

本案例的四篇文章均为优秀的新闻报道,其文本内容的差异性体

[①] 《荒芜的广州金沙洲保障房 开工一年半仍杂草丛生》,载凤凰网消息2012年11月24日,http://house.ifeng.com/news/detail_2012_11/24/19497977_0.shtml。

现了中国当前不同媒体关于国家和地方政策的报道差异。

从文本内容分析，全国性媒体关于政策的报道基本沿袭传统的政策报道方式，着重于政策内容，辅以政策的出台背景、相应的社会发展状况以及有代表性的个体案例作为背景事项和边缘事项。地方性媒体中，党报系列注意本地区的发展概况，报道内容着重于政策的执行过程，以及地方政府对出现问题采取的对应措施，基本属于正面报道；都市媒体的新闻焦点同样关注政策的执行过程，但以具体事件作为调查报道主体，以"问题"作为新闻的"事实价值"取向，新闻的主体是保障房的建设者以及地方保障房的建设机制，从问题事件中引出地方保障房建设机制的问题。

政策报道是目前时政报道中的重点领域。对于同一个社会保障领域，国家政府出台宏观调控政策，指明原则和方向；地方政府出台相应的执行细则的政策，涉及具体的地方利益分配，既包括受惠者使用权的界定，又包括建设方的资本融资以及对非政府参与者的利益补贴，既要有质量保证，又要低成本运作……种种矛盾和问题，均出现在这个执行过程中。

因此，当前政策报道呈现了三种转型趋势：第一，新闻报道核心从以往的政策内容转移至政策的执行与落实过程。第二，新闻主体逐渐从政府或政策颁布机构转移至政策执行者、政策受惠者和政策影响者，即从以政府为核心主体转向了以"政府＋民众"为主体。第三，新闻立场逐渐从正面报道转向问题报道、建议式报道以及反思类报道，发现政策在执行过程中出现的问题，寻找原因，并提出可行性的调整建议。

这三种趋势亦反映在会议报道、政府日常工作报道中。

案例2　　解读政策公文的"议程设置"

2011年5月，一位追踪广州番禺垃圾焚烧项目的律师，发现广州市政府将垃圾处理资质指定给一家广州企业。依据某文件，城市垃圾处理板块按照"企业建设运营，政府购买服务"的模式，广日集团成为广州垃圾处理行业的投资主体，负责该市大型垃圾终端处理设施和投资的组建、运营，最终通过发电收入和垃圾处理收费获得收益。但在广州市的政府公开目录没有找到相关的资料，政府也没有通过其他公开渠道公布这个信息。于是这位律师向广州市政府提出公开政府文件。这个文件后经查证为《印发城市建设投融资体制改革方案的通知》（穗府〔2008〕39号）。后在各界人士和媒体的追问下，4年后，广州市政府于2013年3月29日对外公开此文件。①

这份文件全文共8500多字，分"改革目标及原则""组建投融资集团方案""工作安排"等内容。其中第二部分内容"组建投融资集团方案"涉及广州市城市生活基础设施建设，这些建设共由七大国有企业或集团完成，分别是交通投资集团公司、水务投资集团公司、地铁集团公司、广州发展集团燃气板块、广日集团有限公司垃圾处理板块、城市建设投资集团公司，另外还有拟通过招投标"一次性打包出让"亚运城经营权的第七家企业。

真正的新闻才开始。

新闻媒体报道了政府委员、大学教授和律师的看法。例如，推动文件公开的广东省政协委员孟浩认为："公开只是第一步，接下来我还会重点关注'39号文'中不合理的地方，推动政府决策科学、合理、公开，花好纳税人的钱。"②大学教授唐昊认为："39号文改革的逻辑存在很大问题……城市建设本身的最终目标是提高城市公共服务的质量、扩展城市公共服务的覆盖面，应该是为公共利益服务，而不是为了政府和企业本身的利益服务。"律师朱永平认为："国务院授意建设部出台制约特许经营权的条例，制约各级政府搞特权。'条款要求，必须招标，必须有招标投资数，特许经营的企业还要签合同，还要列明（特许经营）期限'，广州39号文产生的7个'亲儿子'没有规定期限，难道一辈子可以做？"③

媒体的报道内容与这些观点也十分"默契"。

综合类媒体关注决策的过程的合理性。有媒体认为："这一决策备受争议，尤其是将城市垃圾处理特许经营权独家授予了国企广日集团，禁止了其他民企进入。观察人士认为，一旦这些涉及公共服务的产业垄断到企业手里，企业又天然会以利润最大化为目的，很难保证民众的切身利益不受损害。尤其是这一系列授权和让渡都发生在如此不公开、不透明的情况下，更让人感到

---

① 见《广州"39号文"今日公布 主推者孟浩践诺剃须》，载《南方日报》2013年3月30日。
② 《广州"神秘39号文"正式公布》，载《南方日报》2013年3月30日。
③ 《"39号文是张大借条"》，载《南方都市报》2013年4月4日。

担忧。"①

都市类媒体关注政府决策与国有企业垄断之间的关联，除了质疑这七大集团获得特证经营权的过程，同样也质疑这些国有企业集团的内部股权转让的合理性与合法性。按照"39号文"所示，广日集团于2008年10月获得垃圾处理权，但是，早在同年1月广日集团就与广州诚毅科技共同出资组建广州市环境投资集团有限公司（简称"广环投"），由广环投全面负责广州1300多万居民的生活垃圾处理业务。有媒体质疑："广日集团与诚毅科技如此未卜先知，放胆投入资金、组建公司的底气从何而来？这个问题的实质是针对国企与管理部门及私企之间在获知信息、影响决策、互相组合等方面的真相和利益转移的嫌疑提出质疑……现在广日集团的这份'关于受让诚毅科技持有广环投公司股权的说明'则完全回避了关于'广环投'合法性的质疑，因此根本无法以此来'说明'诚毅科技获利的合理性。"②

经济类媒体关注这七大企业的庞大的债务。"记者整合资料发现，七大国资投融资集团的经营状况并不乐观，资产负债率一直高企不下，而现阶段的盈利能力又不高，进一步加大了未来的债务风险。以水投集团为例，其资产负债率接近88%，远超警戒线（70%）……2009—2011年及2012年1—9月，公司分别发生净亏损1.79亿元、3.48亿元、4.07亿元和3.48亿元。至今，水务投资集团公司也是七大投融资集团中唯一一家尚未退出的平台类公司……广州交投集团的盈利能力也引人担忧。据交投集团2012年第三期中期票据募集说明书显示，公司2008—2011年仍处于亏损状态，净利润分别为-3.1亿元、-3.6亿元和-1.1亿元，2011年1—6月净利润为-1.2亿元……在七大集团中盈利表现尚可的地铁集团，其资产负债率亦居高不下。据地铁集团财务报表数据显示，2009年、2010年、2011年和2012年第一季度，地铁集团资产负债率分别为46.33%、46.60%、45.76%及68.04%。2012年至2015年是新线建设高峰期，还本付息及新增投资项目较多，地铁集团资金需求较大，资产负债率将继续上升……"③

有关广州市"39号文"的新闻还在继续延伸着。

---

① 《广州"神秘39号文"正式公布》，载《南方日报》2013年3月30日。
② 《诚毅科技股权变易与神秘利润背后隐藏着什么》，载《新快报》2013年4月15日。
③ 《广州39号文背后的危机》，载《华夏时报》2013年4月4日；《广州39号文四年不公开背后：涉3000亿政府性债务》，载《第一财经日报》2013年1月24日。

案例小结与点评

长期以来,在各种兼有公共福利事业与产业服务性质的项目规划、工程承包等问题上,行政部门与所属企业集团的利益总是有各种隐秘的牵扯关系。这在过去属于常态,但随着国内法制建设的推进,政务信息的不公开越来越使政府部门的"公共决策的合法性"受到质疑。这种质疑来自公众舆论。

从上述新闻报道案例来看,新闻的议程设置与公众舆论的议程设置不仅吻合,并且更深入,新闻报道从第一层的"问题设置"过渡到第二层的"属性设置"。问题设置是质疑这七大集团中的特许经营权的合法性与合理性,属性设置则是问题的深层挖掘:①对其中某一企业的具体产权交易行为进行详细分析。②对七大集团的债务和赢利能力进行详细分析。

对于政府的政策公文的解读,以往大新闻报道的导向是宣传与推广,其立场是与政策的主观意图一致,这个案例则体现了当前时政类新闻报道的"议程设置"特点:①解读政策的文本含义。②分析政府决策过程的透明性和公平性。③以公共利益的立场,以专业的经济和法制等知识(也包括常识伦理等)讨论决策的合理性和合法性。

上述议程设置在逻辑上层层递进,新闻报道则同时进行;当然,各个媒体机构有自己的侧重点。

案例3　　　**重大事件的重要信源缺失**

2007年6月15日凌晨5时许,一艘大型运沙船撞向位于广东江门的九江大桥桥墩,造成桥面坍塌,数辆过桥车辆失踪。广东某报记者抢得新闻并发出第一条新闻稿。报道①全文如下:

鲁莽运沙船今晨撞塌九江大桥

本报今天11时30分消息　记者×××、×××报道:今晨,一艘大型运沙船撞向325国道上的九江大桥桥墩,造成大桥靠近鹤山段百多米桥面坍塌。

今晨8时,记者在现场看到,交警部门已在全长1675米的九江大桥两岸竖起"禁入"标示,九江大桥靠鹤山段有100多米的桥面已坍塌,在桥下的

---

① 《鲁莽运沙船今晨撞塌九江大桥》,载《羊城晚报》2007年6月15日。

九江河道里，一艘中型运沙船沉进水里，只剩10多米的船尾露出水面。两岸公路上汽车如堵，交警正指挥车辆改道行驶。

据了解，下一步将要派出蛙人潜入水中进行打捞是否有人伤亡。最新消息称，5时前后共有130辆车经过大桥，目前有5辆联系不到，有可能掉入水中。

该条新闻稿由于报道及时获得该年度的新闻奖。但是仔细分析，新闻稿的信源仍有不少问题，由于时间紧急，编辑可能未向记者进行详细核实。

问题一：标题"鲁莽运沙船今晨撞塌九江大桥"，从何得知是运沙船撞塌大桥？"鲁莽"二字何以定论？是否可能是大桥本身有质量问题？

实际上，时隔四年后的2011年8月15日，在广州市海珠区法院一审宣判：法院认为，被告人石桂德违反法规因而发生重大交通事故，致8人死亡，公私财产遭受重大损失，属情节特别恶劣，构成交通肇事罪。但事故发生时正值九江大桥扩建施工期间，又是洪汛期，相关单位没有严格按要求采取安全保障措施，负间接责任，为此酌情对被告人石桂德从轻处罚，石桂德因犯交通肇事罪，被判六年徒刑。①

问题二：文中写道，"九江大桥靠鹤山段有100多米的桥面已坍塌"。如此准确的数字出自哪里？是当地公安部门还是船主？实际上，数据"100多米"在其他新闻媒体中则变成了"140多米"②或"200米"③。

问题三："最新消息称，5时前后共有130辆车经过大桥，目前有5辆联系不到，有可能掉入水中。"最新消息来自哪里？如何得知130辆车经过大桥？又如何得知5辆车联系不上？实际上，"由于事故发生在凌晨5时多，通过大桥的汽车较少。有关部门调阅5：08—5：11期间的过桥监测数据显示，有5辆经过大桥的车辆联系不到，其中至少有2辆车被确认为货车。上述车辆被列入失踪车辆，有可能掉入江中"④。

案例小结与点评

从报道结构来看，此新闻稿属"倒金字塔"式，重点消息均已透露，并且记者在最短的时间内获得了尽可能多的信息量。从当天新闻

---

① 见《四年前广东九江大桥被撞塌案肇事船长被判刑六年》，中国新闻网2011年12月15日，http://www.chinanews.com/fz/2011/12-15/3535791.shtml。
② 见《运沙船撞断广东九江大桥 约140米桥面掉入江中》，载《楚天金报》2007年6月16日。
③ 见《广东九江大桥被运沙船撞塌》，载《深圳特区报》2007年6月16日。
④ 同②。

版面上看，新闻事件的报道是由专题方式组成的，《鲁荞运沙船今晨撞塌九江大桥》是头条新闻稿，其他稿件还有现场特写《目击：三声惊天响　桥像被竖砍》和数据库资料《链接：建成20年，曾获国家大奖》。在如此急迫的时间内，刊出这样的版面，记者和编辑实属难能可贵。

但是上述三个问题并不是笔者吹毛求疵。问题一涉及"媒体审判"偏好，笔者在其他媒体中发现，即使转载这条信息，也有一些对标题进行了更改——这说明，还是有编辑对此新闻事件的肇事者存疑；或者说，在当前各地基础建设"大干快上"，"豆腐渣"并不鲜有的现实背景下，在法院并未判决的前提下，媒体不能轻易断定责任归属，这一点已逐渐演化成为媒体共识。①

问题二和问题三属于重点事实的数据资料。问题二涉及大桥的损坏程度，数据是否准确关键还得看信源的真实可靠，可惜媒体没有获得可靠信源。问题三实际上是最令人关注的新闻事实，涉及生命财产安全，若无可靠信源提供的准确数据，误报则有可能引起公众恐慌。

第二节　社会新闻的编辑与修改

本书第五章已讲过，大多数新闻故事是"有趣的新闻故事"和"备用的新闻故事"。这些故事多属于社会新闻，不论是从报道内容还是从报道方式来看，与时政新闻均有明显差异。

---

① 2013年2月1日，河南省三门峡市一辆运输鞭炮的车辆发生爆炸，造成连霍高速义昌大桥桥面坍塌。大多数媒体报道之时，并未将责任"提早"归于运输车辆，而以"初步认定"同时提供各种信源的说法。例如，有媒体的新浪微博透露，"有伤者称事故是因大雾先发生了交通事故，后来车辆撞击才发生爆炸"；据央视《新闻1+1》报道，"公安部治安管理局副局长闫正彬接受采访时说，有这方面的疑点，还不能完全确定"。另有媒体报道，据河南省公安厅宣传处工作人员说，目前事故原因正在调查中，对于爆炸货车司机的生死以及是否被找到，他称"还在核实相关的信息"。三门峡市委新闻发言人任战洲接受采访时强调，目前抢险救援指挥部只认定了事故因运载烟花爆竹车辆爆炸引起；一些网民关于"大桥垮塌在爆炸之前"的说法目前还缺乏证据来支撑，也没有得到主管部门的认同。

一、社会新闻的内容特点

（1）社会新闻涵盖重要新闻故事、有趣的新闻故事和备用的新闻故事，但以后两种类型居多，关注民众日常生活中的奇闻轶事、纠纷、意外事件等。

（2）社会新闻可能是法制新闻、政治新闻、财经新闻、科技新闻等专业新闻中新闻事件的社会化外延、社会反响、社会原因等。

（3）与民众生活相关的文化、教育、卫生等方面的新闻都可归入社会新闻。

二、社会新闻的报道特点

（1）新闻主体多为民众，报道领域涉及诸多民众生活领域，尤以道德伦理生活、社会福利生活、生活环境等为主要报道领域。

（2）新闻报道多属于事件新闻和特写类新闻，讲究现场感，注重新闻现场的再现，图文并茂；写作方式多采用"悬念式＋自由式"，写法灵活，形式自由；修辞手法朴素、自然。

（3）新闻故事多以"新奇性"或"问题性"为取舍标准，以提示民众日常生活中具备新闻性或启发性的方方面面。

（4）与时政新闻不同，社会新闻没有稳定或固定的新闻信源。新闻的消息来源多为社会人士，网络信息亦成为新闻信息的主要来源。

三、社会新闻的编辑特点

（1）报道必须对新闻事实和信息源进行多方核实——这是社会新闻编辑最需要把关的地方。

（2）对于有争议的新闻事件，新闻报道不能带有主观判断或倾向。

（3）新闻文本内容拒绝娱乐主义和煽情主义，写作不能为迎合受众偏好追求情节的新奇而触犯社会伦理底线，必须保持新闻的品位①。

---

① 有关"新闻的品位"的内容将在本书第八章详细分析与阐述。

案例 4　　　　　　慎用"报料人或网络信息源"

许多媒体都建立了社会报料人的信息源系统，对被采纳的新闻信息还给予一定的现金奖励，或与电信部门共同开发新闻报料系统；同时，网络信息目前已经成为传统媒体的重要信息源。这些手法的确为传统媒体的新闻报道扩展了信息源；但是，不经核实的信息源往往设下虚假新闻的陷阱。

新闻报道一："小女孩撑伞"的真相

2013年8月1日，某都市报头版刊登了一幅图片（见图7-1），内有以"本报记者"署名的新闻报道。这篇报道的标题是"孩子，你让很多大人惭愧"，眉题"清洁工中暑，小女孩撑伞"，报道详细地再现了新闻图片的故事，其中新闻人物、地点，所做之事的细节，新闻当事人的引语，均十分详细。报道后面注明"报料人：佚名；奖金：200元"，说明信源来自报料人，正文如下：

热浪袭人，一名女清洁工中暑后昏倒在广州天河区东圃客运站附近的黄村东路。刚开始路人不敢贸然施救，后来一名小女孩蹲下为她撑伞，在孩子的感召下，两名观望的路人终于出手，将人救醒。

1日下午的黄村东路上，一名戴着草帽的女清洁工因烈日暴晒，一头栽倒在路边昏迷不醒。"也不知道对方是死是活，万一被讹上了怎么办？"霍先生与同事刚好路过，他说，当时其他路人也不敢贸然上前施救，只在观望。

这时，一名跟妈妈路过的小女孩停了下来，用自己的雨伞遮住了女清洁工，稚嫩的声音说道："妈妈，快救人！"年轻的妈妈迟疑了一会，最后还是把小女孩拉走了，留下一把伞，撑在地上。"小孩子都懂得要救人，我们大人反而畏手畏脚，说得过去吗？"霍先生说，在小女孩的感召下，他决定要出手相救。请路人拍照存证后，他跟女同事一起把不省人事的女清洁工抬到阴凉处，并拨打了120。接着又买来矿泉水，给女清洁工喂了几口水。过了十多分钟，她终于醒过来。众人又将她送到附近诊所并垫付费用。

霍先生和同事因此上班迟到了一个多钟头，老板得知此事后，不但没有责怪他们，还表示要给予嘉奖。"如果当时没有出手相救，自己回来后肯定会感到内疚。也谢谢那位小女孩，是她感召了我。"霍先生说。①

此篇新闻报道随即被不少新闻媒体和网站转载，一时成为美谈。不料，该

---

① 《孩子，你让很多大人惭愧》，载《新快报》2013年8月1日。

报第二天刊登一篇新闻调查《以为是一份爱心的传递 不料是精心策划的炒作》①，此后连续三天，该报将此起"小女孩撑伞显爱心"的新闻事件背后的种种策划与炒作不断曝光，并配发评论《无良策划重挫社会信任》②。其他媒体也发评论谴责此类过度消费善良情感的炒作，称"让人非常愤怒与震惊"。真相曝光后，该策划人主动向公众道歉。

新闻二："民女救父"的真真假假

2011年1月1日11时30分，用户名为"郭寒韵"的网友在天涯论坛的"天涯杂谈"

图7-1 小女孩撑伞显爱心

版块发表了题为"谁救我爸 精神病院关14年！"的帖子。帖子以第一人称自述其父亲郭元荣在14年前因为信访而被关进监狱，后来又被送进十堰市精神病医院，"一关就是14年"。"郭寒韵"希望能有人帮助她救出父亲，并在随后的跟帖中写道："谁救出我爸，我做你的女人。如果你有爱人，我做你的奴隶。"

"民女许身救父"的帖子发出后，很快引起了网民的围观。各个媒体也报道了此事。《中国青年报》记者经过调查后发现："该帖系退休干部彭宝泉和网友陈永刚共同商议，并征得郭元荣亲友的同意后发表在网上的。两人发帖的目的，是希望能借此引起媒体和网民的关注，让院方同意郭元荣出院。"③

案例小结与点评

这两起新闻案例实际上均来自策划，只不过前者以"新闻报料人"的身份，后者则是以网贴的形式出现。两则新闻事件能引起公众关注，主要还是因为其新闻事实是某种社会生态的映射或缩影：前者与社会中冷漠的人际关系和真善美的缺失对照鲜明，后者则是中国百姓遭受社会不公的缩影。

真相的揭示呈现了强烈的社会意义。前者是新闻报道的媒体自发进行新闻再调查，从而发现"小女孩撑伞"的真相是某位策划人的炒

---

① 《以为是一份爱心的传递 不料是精心策划的炒作》，载《新快报》2013年8月2日。
② 同①。
③ 《"民女许身救父"真相调查》，载《中国青年报》2011年1月10日。

作。策划人认为通过这种"图片摆拍"可以传播"社会正能量",媒体评价是过度消费公众的道德情感,若今后真需要帮助时,还有谁会伸出援助之手?后者经媒体实地采访查明真相,从其调查所获的新闻事实来讲,有媒体评论这出事件具有某种"黑色幽默":"仅凭一个虚构的'郭寒韵',竟能上演一部'民女许身救父'的好戏,硬生生完成一件貌似'不可能完成的任务',成功解救一位被关押精神病院14年的举报人。只是,这样一出黑色幽默,沉重得叫人哭笑不得。"①

不论新闻事件或事件真相调查的新闻价值具备何等深刻的社会意义,本书探讨的是新闻的专业性——对信源的核实与调查。试想,假如接受报料人的报料后,新闻编辑谨慎处理报料信息,立即对信源进行核实与调查,再斟酌是否进行报道——从新闻后续报道来看,找到那位清洁工并非难事——新闻媒体是否可以阻止这件"过度消息公众情感"的新闻事件发生?该新闻媒体连续数天进行大篇幅的调查报道,对于这样一件并不复杂的新闻事件,这样的新闻报道究竟是为了揭示真相,还是媒体的自身炒作?面对网络上"曝光"的信息,新闻媒体究竟应该像网民一样围观,还是和中国青年报社一样实地调查与核实,还公众一个真相?

在网络成为社会最重要的信息传播介质的前提下,社会新闻编辑工作的重点与其说是对新闻文本内容的精雕细刻,不如说是为公众进行信息的筛选与核实。公众显然更需要后者。做到这些,不仅需要新闻编辑具备一定的专业知识,更需要新闻编辑时刻遵循职业操守和良心准则。

案例5　　源于网络的社会新闻真假辨析

网络信息成为新闻记者的"报料人",在新闻报道过程中,这已是一种普遍现象。然而,正确使用网络信息,是新闻成为"合格新闻"的重要标准。下面三则新闻均来自网络信息,都引起了比较明显的社会关注。

一则是《交警坐车内开罚单女车主车外淋雨等候》②,配有图片(见图

---

① 《"郭寒韵"的"民女许身救父"是一出黑色幽默》,载《羊城晚报》2011年1月5日。
② 《交警坐车内开罚单女车主车外淋雨等候》,载《现代金报》2012年11月25日。

7-2),新闻报道如下:

昨天,微博上一组交警路边执法的图片引起争议。

一位交警正在警车内开罚单,车主在窗外等着。车主是位裙装女子,右手盖着头顶,目视着车内开罚单的交警。此时,天空正下着雨。

图片是网友"诺宝的海"于11月23日晚上发出的,她在微博中称:"北仑交警坐在车上开罚单,裙装女子淋雨'受罚'。"

随后,微博名叫"叶落沙滩088"的网友表示,她就是图片中的女子,事后她给交通警察局打过电话,对方回复说在车内开罚单,是怕淋湿罚单。

图 7-2 《交警坐车内开罚单女车主车外淋雨等候》报道配图

有网友在微博上留言说,现在都在讲人性化,可在这里并没有看到。也有网友表示,一向如此啊,太大惊小怪了吧。

昨天,一位交警告诉记者,并没有明文规定交警一定要下车开罚单。下雨天出来开罚单的话,罚单会被打湿。最好的方法是让车主坐到警车后座上,然后再开罚单。

文中所述合乎图片所示,但是新闻报道并非"图片说明";记者获得这个信源后,应该采访双方当事人,求证信源中的核心细节,以及与第三方核实。但是,这些必要的采访细节在这则报道中看不到。文中信源仅有两位网友的微博号,亦未对微博号进行认证。一个可靠的信源都没有,这样的报道,何以取信于公众?!

再看第二则新闻《女生携iPhone应聘遭拒 招聘方称疑其不能吃苦》①。报道如下:

---

① 《女生携iPhone应聘遭拒》,载《北方新报》2012年11月26日。

24日，记者在长春某大学贴吧中看到，一名网友发帖称："大四了也想找个工作锻炼学习下，昨天就去了一家公司面试，没想到因为iPhone被拒绝录用。"

随后，记者联系到发帖的小高。她向记者讲述了iPhone手机给她带来的烦恼。小高是一名大四的学生，因为现在学校已经结课了，所以很多大四同学开始寻找自己的实习单位。小高也在网络上向几家公司投了简历。几天前，一家公司的招聘人员给小高打来电话约她面试。

23日，小高到该公司进行面试，可是还没几分钟，面试官就说，他们公司不能录用她。让小高难以接受的是，拒绝录用她的原因竟是她用的是iPhone手机。

"学生用iPhone，就不能参加工作吗？"小高说。面试官说，她现在还没有毕业，手机是家人给她买的，并不是靠自己的能力购买的，感觉她是个不能吃苦的"富家女"。而他们公司工作量比较大，需要可以吃苦耐劳的员工，所以才拒绝录用她。

"手机确实是我家人给我买的，但是这能说明什么啊？我也不是拿来炫富的啊。"小高说，没想到面试却因为一部iPhone手机给"搅黄"了。

记者咨询了几家用人单位。"员工用什么手机，或者开什么车和工作没什么关系啊。招聘员工要看能力，其他的都是'浮云'。"长春市一家电子企业的人力资源部负责人说。

此篇报道中同样使用了网络信源，记者也显示了采访信源的过程。但是，信源的身份、透露信息的大学名称、招工企业的类型或区域等证明新闻事件发生的重要信息，均未在文中体现。

再看第三则报道《掉头，只为那千金一诺》①，同样采用的是网络信源。但是与前两则新闻采写不同，记者对其信源进行了当事人、第三方等实地采访和核实。

2013年8月16日，长沙某公交汽车司机受不相识市民的委托，要将一位6岁小女孩带到在某车站等候的奶奶手中。但是离目的地还差一站时小女孩却下了车。司机发现后十分着急，与其他乘客商量后原路返回，找到了小女孩并将她安全地交到了奶奶手中，同时向小女孩真诚道歉。目睹这些经过的23岁乘客毛慧掏出手机，拍下了这一幕，并通过自己的新浪微博账号"felity -

---

① 《掉头，只为那千金一诺》，载《中国青年报》2013年8月19日。

mm"发了出去:"第一次坐星沙205路,好有爱的师傅啊!一小孩向司机问路下错了站,师傅担心小孩走丢,在取得全车乘客同意的情况下调头去接那小孩。最让人感动的是司机接到这小女孩后说'小朋友,对不起啊,叔叔错了,让你早下了一站'!真想在这师傅身上按一千个赞!"

微博发出后,立即引来网友的称赞——截至8月17日下午1点,这条微博已经获得网民点赞9286次,转发11728次,收到评论2135条。而距离这条微博的发布时间,只不过28个小时。

这无疑是一件值得报道的社会新闻事件。不少媒体找到司机本人进行采访。《中国青年报》则从另外一个角度来报道这个社会新闻:通过采访微博发布者来思考"善行"与"规则"之间的矛盾与协调。

这篇报道通过微博发布者毛慧的目击过程,尽可能还原事件发生的细节,以及事件在微博空间传播的过程;中间穿插记者对司机和司机车队的采访细节。

案例小结与点评

上述三则新闻均为典型的社会新闻报道,事件来自普通的社会生活,其中所包含的事实细节反映了当前深受公众关注的各种社会问题,以及与社会道德伦理相关的社会矛盾。例如,第一则新闻事实有可能反映交警人员的官僚行为,第二则新闻有可能反映青少年消费观念与传统价值观的矛盾,第三则反映社会善行与规则之间的矛盾。

但从新闻编辑而言,前两则新闻明显缺乏基本的新闻要素,如时间、地点、人物等等。更严重的是,报道对于网络信源缺乏必要的采访和核实,只有记者的陈述,没有事件细节和现场的还原。这样的新闻不是合格的新闻报道,有假新闻的嫌疑。

第三则新闻报道则是一篇优秀的社会新闻报道:第一,从文本来看,具备所有的新闻要素。第二,与大多数同类新闻报道不同,报道角度另辟蹊径,对报料人进行了详细的采访,同时对司机和司机所在车队进行了第三方的核实采访,其目的是对司机的善行与规则之间所产生的矛盾进行讨论,巧妙地将新闻事件引入更深层的社会道德行为方式的探讨,使新闻报道富有深意而不落俗套。第三,文本写作很好地还原事件发生的过程,细节描写真实、不夸张,引语自然、不煽情。

第三节 财经新闻的编辑

财经新闻目前已经成为相对独立的专业新闻领域。财经新闻部或经济新闻部成为综合媒体内部发展最快、规模最大的专业新闻领域之一,还根据财经专业特点细分了诸如宏观经济、公司经济、金融经济等新闻子领域。专业财经媒体最近几年也声名鹊起,这些专业媒体从一开始便横跨传统媒体与新媒体,是当代中国媒介融合的典型代表。此外,新闻门户网站中,财经新闻如同在传统综合媒体一样迅速受到重视。

本节内容主要讲述综合媒体中财经新闻的编辑。

一、财经新闻的内容特点

从广义上说,当代财经新闻的报道领域可分为五类。第一类是关于市场经济运作的财经新闻报道,如企业与社会责任、劳资关系、契约原则、设租与寻租、价格调节等等。第二类是宏观经济与公共政策报道,如货币政策、财政政策、公共政策等等。第三类是产业经济与公司报道,如支柱型产业发展、产业转型、公司内部治理、产权交易、公司财报分析等等。第四类是金融证券报道,如股票、基金、金融衍生品、银行业等等。第五类是科技新闻和国际贸易新闻。

二、财经新闻的报道特点

财经新闻的报道大致有四个特点。

(1) 准确真实。财经新闻的读者大多会通过财经新闻媒体的报道来做决策。因此,新闻事实的陈述、细节的再现、数据的呈现与推理,必须严格遵守真实与准确的准则,不能依靠记者的主观判断,即使有严密的推理过程,也必须请专业人士再次演算,尽最大努力确保新闻报道的准确真实;若事实与数据经不起编辑和专业人士的推敲与演算,即使具备新闻突破性的采访,也必须谨慎处理。

(2) 复杂多元。中国的财经现象往往与国家改革开放政策、产业经济多元发展以及历史文化等相关联，因此新闻必须尽可能提供多维角度新闻解释与分析。

(3) 严谨理性。揭露性报道，不能只停留在问题的本身，而应该理性分析问题产生的机制（包括主观因素、客观环境等），提供解决问题的办法，或做出预测性的分析报道。

(4) 一致连贯。对于同一事件的发展进程，或对于同类事件的发展，必须保持报道立场和报道内容的一致性与连贯性。

三、财经新闻的编辑特点

（一）以财经新闻的视角判断新闻事件的"事实价值"

(1) 新闻报道其实只有一个目标，即寻找真相，不论真相是什么。因此，新闻没有世俗价值预设，只有事实预设。

(2) 只有独立、客观和中立的新闻才可能更接近真相。财经新闻涉及面甚广，尤其涉及利益的对立双方。如何尽可能地以客观、中立的方式接近真相？"帕累托改进"的准则为财经新闻报道提供了一个报道模式：关注经济运行过程中的所有参与者及其利益所在，不论是对立方，还是中立方，或是相关方。

(3) 新闻是具备某种社会功能的。从实践来看，新闻在为谁寻找真相？换言之，谁更需要真相？是大公司、政府、国有机构，还是权力和资本处于相对弱势的公众？显然，后者更可能成为信息不对称的受害者。例如，公众股东是外部流通股的持有者，在二级市场上进行股票的交易，他们不是公司经营者，也非投资机构，无从知晓公司的内部运营，只能从公开的财务信息上获得少量事实，而且无法核实这些数据是否真实。又如权利相对较弱的小股东或专业投资人士，他们同样处于权利与利益再分配的弱势状态；即便是金融圈专业人士，也会遭受信息不对称的不公平。财经新闻其实是为这些信息传播中的相对弱势群体服务的，为他们提供更多的真实信息，解决信息不对称的问题，在他们权衡利润和风险时提供有价值的信息。因此，从服务对象的性质而言，财经新闻和社会新闻没有区别。

(4) 高度决定深度，将财经事件置于宏观背景下，才能呈现新闻的意义。

本书第三章"新闻编辑的宏观思维与设计"中曾分析新闻事实中所蕴含的"经济意义"体现在五个方面：①体现"看不见的手"的作用，反映自由市场经济的机制的建立和运行对中国经济改革发展的必要性。②体现效率与公平的平衡，反映经济发展与民生保障之间的动态关系。③体现政府与市场的关系，是政治经济学的意义，反思制度的合理性与合法性。④体现从按劳分配到生产要素分配，反映创新和人力资源的重要性。⑤体现财产财富与社会道德的矛盾与和谐，反映道德的力量与财富的增长之间的关系。若一位新闻编辑或记者能对财经事件进行其中一种或多种事实价值的判断，则有可能生产优秀的财经新闻。

（二）重视新闻分析的严谨与准确

这是财经新闻编辑与其他新闻编辑最明显的差异。相比一般突发事件、时政新闻、社会新闻的报道，"现场无法再现"是财经新闻的报道面临的一个挑战。财经新闻文本写作，更多是根据经济学相关知识、经济市场的发展规律、中国市场的特殊条件等因素进行分析和推断，严谨地分析新闻素材（包括各类文本信息和数据信息），并通过实地调查找到最有力的证据，证明这种分析和推断的准确性。

案例6　　财经新闻的逻辑分析与证据寻找

这是一起轰动金融界的新闻调查报道，不仅令当时中国国内股市中的第一股跌停，企业陷入全面整顿，法律诉讼延续数年，更对中国证券市场相关制度的改革与调整影响至深。

1999年，《财经》杂志的"金融市场"专线记者凌华薇发现当时号称中国第一股的广夏（银川）实业股份有限公司（简称"银广夏"，深圳股票交易所代码0557）创造了令人瞠目的业绩和股价神话。这位记者凭着自己金融硕士的专业敏锐和记者的新闻敏感，怀疑"这好得出奇的事"是否真的那么好。最后，经过非常详细的逻辑分析和耐心周密的证据寻找，写出了著名的《银广夏陷阱》①。

记者的怀疑是从好得出奇的股价开始的："根据银广夏1999年年报，银广

---

① 《银广夏陷阱》，载《财经》2001年8月号。

夏的每股盈利当年达到前所未有的0.51元……2000年全年涨幅高居深沪两市第二；2000年年报披露的业绩再创'奇迹'，在股本扩大一倍基础上，每股收益攀升至0.827元。"

据银广夏1998年10月19日发布的公告称，天津广夏与德国诚信公司签订出口供货协议，天津广夏将每年向这家德国公司提供二氧化碳超临界萃取技术所生产的蛋黄卵磷脂50吨，及桂皮精油、桂皮含油树脂和生姜精油、生姜含油树脂产品80吨，金额超过5000万马克。

随后，银广夏公告，将再从德国进口两条800立升萃取生产线，后又计划升级为两条"1500立升×3"和一条"3500立升×3"的生产线。计划中的生产能力是天津广夏现有生产能力的13倍之多……银广夏公布了1999年年报，每股盈利0.51元，并实行公司历史上首次10转赠10的分红方案。

从1999年12月30日至2000年4月19日不到半年间，银广夏从13.97元涨至35.83元，于2000年12月29日完全填权并创下37.99元新高，折合为除权前的价格75.98元，较一年前启动时的价位上涨440%。

2001年3月，银广夏再度公告，德国诚信公司已经和银广夏签下了连续三年、每年20亿元人民币的总协议。以此推算，2001年银广夏的每股收益将达到2~3元，这将使银广夏成为"两市业绩最好市盈率却最低的股票"。

但是记者和编辑通过同行对比、专家鉴定，提出了五个"不可能"的推断：第一，以天津广夏萃取设备的产能，即使通宵达旦运作，也生产不出其所宣称的数量。第二，天津广夏萃取产品出口价格高到近乎荒谬。第三，银广夏对德出口合同中的某些产品，根本不能用二氧化碳超临界萃取设备提取。第四，中国内地原料产量与银广夏的提产量，按照生产流程和规律来看严重不匹配——银广厦2000年对德国出口了50吨以上的卵磷脂，这至少需要上千吨原料。但知情人透露，蛋黄卵磷脂的原料蛋黄粉在国内只有两个生产基地，分别在沈阳和西安，可事实上两地加起来卖给银广夏的蛋黄粉亦不过30吨。第五，同样的设备，在银广夏可制造暴利，在国内同行企业看来却是完全不可能。

根据这五个"不可能"的推断，记者调查了同行企业，核对出口产品的国际价格，还调查银广厦的"德国客户"。

银广夏在2001年3月股东大会上分发的材料称："德国的Fidelity Trading GmbH是在德国本地注册的一家著名的贸易公司，系德国西·伊利斯的子公司，成立已160余年。该公司是一家专门从事生物制药、食品和医用原料的贸易公司，在欧洲是一家信誉和口碑均很好的公司。"

记者曾多次向德国西·伊力斯驻华机构捷高公司核实此事，但该公司接待人员的态度十分含混，一时说诚信是德国公司，一时说诚信公司和西·伊利斯有关系，一时说诚信是其子公司，最后竟然是一再要求记者去问银广夏。诚信公司和西·伊利斯的关系怎么能由银广夏来证实呢？

记者的调查进行到这里。从财经新闻的分析来看，记者的逻辑分析有理有据，其企业的利益相关体——德国的合作伙伴疑点重重，已属于一篇比较成功的调查报道了。但是，这些分析和推断毕竟均是"事实推理"，作为深度调查报道来讲，若想证明银广夏的业绩真假，还缺乏一锤定音的直接证据。

记者于是对企业进行了第三方的调查，但是从负责审计的深圳某会计事务所找不到相关证据。记者了解到，这家企业是一家进行出口贸易的公司，国家为了鼓励出口和应对国际汇率的变化，对这些公司有出口退税的补贴政策，具体多少则按国家和行业标准，以企业的出口总额作为补贴基数。那么，这些国家退税会作为利润出现在公司的财报上。记者一再检索银广夏2000年年报，但在财务报表上找不到"退税收入"这一项目。

后来记者向天津海关调查，天津海关出具了一份书面证明："天津广夏（集团）有限公司1999年出口额4819272美元，2000年出口33571美元。"天津海关还查得，天津广夏从2001年1—6月没有一分钱的出口额。

至此，一锤定音的直接证据终于找到了，天津海关出具的书面证据完整可以证明天津广夏1999年、2000年获得"暴利"的萃取产品出口纯属子虚乌有。整个事情——从大宗萃取产品出口到银广夏利润猛增再到股价离谱上涨——是一场彻头彻尾的骗局。

记者从第三方机构调查中还有一个意外收获：负责银广厦公司财务审计的会计事务所——深圳中天勤会计事务所涉嫌与公司合谋造假，从而引出另一个大案《中天勤崩溃》①，那同样是一篇出色的调查报道。

案例小结与点评

《银广夏陷阱》无论从新闻调查、新闻分析和新闻写作来看，都堪称中国财经报道的经典之作。全文1万余字，行文流畅，简洁明快，条理分明，层层递进，一气呵成，令人手不释卷。

文章很好地呈现了记者的研究与分析的思路，先从各个环节进行质疑，提出数个疑点，再进行数据分析与逻辑推理，同时采访同行企

---

① 《中天勤崩溃》，载《财经》2001年12月20日。

业、专家，进行国内外价格比较、同行业产能比较，并对其利益相关方（德国合作方）进行身份调查。至此已形成一篇比较完整的调查报道，报道出来足以使银广夏的股票大跌。但要称得上一篇优秀的调查报道，它还缺乏一锤定音的证据。于是记者从第三方机构——会计事务所、海关、工商管理机构等进行调查，终于获得了海关的退税数据单，并由此引出中国证券市场相关制度的改革。

从此案例可知，财经新闻的采编可分为两步：第一步，通过搜集的新闻素材，包括文本信息和数据资料进行初步的逻辑分析和推理，形成推断或假设。第二步，根据推断或假设，寻找最直接的证据。第一步对于财经新闻编辑来讲至关重要，因此，编辑首先必须对新闻素材进行核实与把关，还必须对推理过程进行合理检验，这可能要借助专业人士的帮助。关于财务报表的数据分析，可求助财务分析专家，还可找同行进行横向对比；对于技术与设备的可行性，可找高校或研究机构的专家……这一步"走"得好，财经新闻报道的大体框架就基本建立了，一些讲求时效性的报纸或电视，利用这"第一步"，通常也能完成报道任务，仍能获得好的预期效果。但是，对于一篇"完整"的财经新闻报道，编辑应该要求记者进行更深入的调查与取证；尽管这种工作十分艰难，但若获得最直接的、最有力的证据，报道即成经典。

案例 7　　　　　　财经新闻文本的逻辑结构

财经新闻的"再现"比事件新闻的难度要高一些，不能完全依靠记者的现场观察和面对面的采访，还必须进行数据和信息的再分析，通过分析寻找新闻事实的内部规律，找出问题和疑点。因此，新闻分析成为再现的主要表现手法，逻辑分析是再现的实用工具。有些新闻报道的事实依据找得准，新闻问题很有杀伤力，却因为新闻分析得杂乱无章，没有把各个新闻事实的逻辑关系讲清楚，令人读起来像"绕迷宫"。

《压货 39 亿元周转需 460 天　海澜之家凭何上市》[①] 是一篇优秀的财经新

---

① 《压货 39 亿元周转需 460 天　海澜之家凭何上市》，载《新快报·赚钱周刊》2012 年 3 月 17 日。

闻调查报道。记者十分敏锐，通过详细分析企业招股书的财务数据，发现其多处存在矛盾，并通过同行业数据的横向对比，对其利润模式提出强有力的质疑。报道一出即成为各个网站的头条新闻，被众多媒体和网站转载。但从编辑角度而言，虽然该报道新闻事实客观、分析结果准确，但是导语、叙事结构、新闻分析的再现过程都需要调整。全文2600多字，可删减至1800～2000字，使行文更精练。

先看看这篇报道，笔者在原文上进行批注：

压货39亿元周转需460天　海澜之家凭何上市

虽然并不是每个男人都会喜欢应小天，但各地不断播放的"海澜之家，男人的衣柜"那个广告，确实让很多男士都不会陌生。定位高品质、中低价位，2002年面世后，也着实俘虏了一众都市男士。但你可能不知道，你所买到的"款式经典"的衣服也许是男装同类中"花钱较多"的，因为海澜之家的存货周转率仅0.77，即460多天才周转一次，而且，存了一年半的款式还能卖个好价钱，其去年末39亿元的存货仅计提了820万元的存货跌价准备。[1]

存货多本是服装行业的通病，但存货周转率这么低，且减值计提风险这么少，万一加盟商退货回来，能原价退吗？海澜之家收到退货后利润还能保证吗？我们对此表示怀疑。[2]

而这家存货"优良"的男装企业则称加盟商委托代销是存货高的原因，但凭借其核心竞争力——超级扁平的营销体系是能够运转的。而为了巩固营销体系，海澜之家拟募集资金10.63亿元，在中小板上市。保荐人是华泰联合证券。[3]

批注：

[1] 导语共有200余字，过长。核心事实的陈述不够简洁直白，专业术语的解释不清楚。由于这是一则新闻分析，涉及的新闻核心事实较多，因此导语不必采取"倒金字塔"的方式将所有事实陈述。导语可通过非专业的通俗语言说一些消费者有可能最感兴趣的事，从而吸引读者的阅读兴趣，可以这样修改："如果你几乎用原价买下一年以前的陈旧'经典款式'，你是否会觉得自己成了'冤大头'？"

[2] 接下来的一个段落，可用专业语言陈述记者最重要的发现：该企业的存货量大，周转时间长，但是计提成本相当低——这显然既不符合财务常识，亦不符合服装行业的销售特点。

[3] 此段落陈述了两件新闻事实，属于背景事项和利益相关体的，不宜放在前言部分，应该后置。

"轻资产"的背后风险难以评估[4]

按照招股说明书,海澜之家表示计划成为服装企业中"轻资产"的典型案例,模式与美邦服饰相同,即将生产环节和部分销售渠道大部分或者完全外包,自己经营的重点就放在品牌运营、产品设计和供应链管理环节。详细解析就是,海澜之家将产品生产环节以包工包料方式外包给生产商,下游则通过加盟店、商场店和直营店销售产品。

那么急速扩张就成为业绩发展的保证。所以海澜之家门店数量从2009年初655家增长到2011年末1919家,年均复合增长率为43.09%;年度营业收入也从2009年13.83亿元增长到2011年35.94亿元,年均复合增长率为61.17%;归属于母公司所有者的净利润从2009年3.01亿元增长到2011年7.01亿元,年均复合增长率为52.66%。

这种"轻资产"做品牌的模式看似很奏效,海澜之家也不避讳,称"通过加盟店、商场店和直营店"销售产品,其中加盟店是最主要的销售渠道。截至2011年末,海澜之家营销网络包括1854家加盟店、63家商场店和2家直营店。而门店的销售收入中有90%以上来源于加盟店。因此拟进一步拓展市场,计划形成3500家左右的店铺规模。……

460天存货才周转一次[5]

在供应商如此"伟大"之余,新快报还了解到,海澜之家对加盟商的要求比较宽松,其表示,在公司现有的加盟店管理模式下,加盟商不需要有专业的服装行业从业经验,该种模式便于更广泛的社会投资者参与进来;对于公司而言,该种管理模式便于公司输出管理,从而使得门店不仅在外观形式上统一,在运营管理上也实现统一。

而其选择加盟商的标准并不高,只要"认同公司理念,能够在公司认可的位置拥有或者租下店面",闲散资金更仅要200万元左右。……

随后,新快报记者翻查有关资料得知,所谓的计提跌价准备,在2011年

批注:

[4] 第一个小标题的内容是分析该企业的经营模式。但是,导语已经提及新闻分析中最重要的核心事实,第一小标题的内容应该延续导语的提示展开分析。从全文的内容来看,按照读者关注的焦点和相关的经济学规律,核心事实的重要性排序应该是:首先是存货周转率与计提成本之间的矛盾,其次是利润比同行高得异常,再次是"轻资产"的经营模式与同行相比的异常,最后涉及内部交易的怀疑。

批注:

[5] 这个小标题的内容应该提前。内容分析的陈述啰唆、不够简洁。

有关加盟商的陈述应该挑出来,放在"轻资产的经营模式"中分析。

末的数字为820万元,而对应的存货则高达39亿元。

存货高在服装行业可以理解,但值得一提的是,海澜之家2011年、2010年、2009年的存货周转率分别为0.77、0.88、0.79,也就是存货460多天才能周转一次,因此去年的存货余额就可以解释了。

再来看看海澜之家与同行业几家上市公司的对比,同行业任何一家公司的存货周转率都比海澜之家高出一倍以上。有业内人士质疑:"压了39亿元的货,存货周转率为0.77,也就是说这些货要一年半才能卖出去。虽然成本和卖价之间有着巨大的空间,减值计提可能暂时不会有,但万一真的要退货给供应商,还能原价退回吗?从商业模式上讲,确实有创新之处,存货大一点没关系,可是大到这么大,不能说没风险。"

存货跌价准备严重低于同行[6]

在服装行业,产品淘汰速度很快,一般过了季就要打很高折扣。据悉,一般超过一年的产品其价值只有成本价的10%~20%,6个月的产品还在库存的话,充其量也只能卖到成本价的50%左右,如一年过季还能卖到成本价的30%已很好了。

> 批注:
> [6] 这个小标题的内容还是在分析"存货量大与计提成本之间的矛盾",应归于一个标题内,无须另起标题。
> 此标题下的内容涉及利润的横向对比,应该是独立的小标题内容;同时还涉及"大股东之间的内部交易拉高销售额"的怀疑,也应单列小标题。

但海澜之家截至去年末存货达39亿元,比2010年末增加22.7亿元,增幅达134.10%,占总资产比重达56.82%,其中6个月以上库龄的存货6亿多元,占总存货余额比例达40.87%。但海澜之家仅计提820万元的存货跌价准备。对比之下,七匹狼2010年末3.57亿元的库存商品就计提了8146万元的跌价准备。

对销售这么有自信?最新消息称,海澜之家控股股东海澜集团包括同时由周建平控股的凯诺科技每年要向各地发购货卡送礼卡,这就是说自己买自己的东西输送利润产生虚假利润。

招股说明书则显示,海澜集团曾是凯诺科技的第一大股东,持有凯诺科技12.81%股份。该部分股份已于2007年12月27日托管给三精纺,于2010年8月12日完成过户。凯诺科技实际控制人已于2007年12月27日变更为江阴市新桥镇政府,海澜之家与凯诺科技之间不属于同一控制下的关联方关系。

虽然上述消息难以证实,不过新快报了解到,海澜之家的营业利润明显高于同类公司,完全靠代工生产的海澜之家的营业利润率为24.57%,竟比报喜鸟、希努尔、七匹狼这些主要产品由自己生产的生产性公司的营业利润率还要高。

而且除报喜鸟外,其他公司的营业利润率均低于20%,且报喜鸟是个完全生产性公司,与海澜之家不具可比性,与海澜之家具有可比性的美邦服饰的营业利润率只有海澜之家的一半,真是如此吗?

案例小结与点评

上述新闻分析陈述的数据分析和事实分析都挺全面,但是写作的逻辑结构混乱。第一个小标题下面陈述经营模式和盈利模式,第二和第三个小标题下面陈述的是一个问题,即存货周转率与计提成本之间的关系,中间又夹杂着对"利润过高"的分析,文章后半部分突然抛出一个重要的但未经证实的信息:内部大股东自卖自买。

经过梳理可知,该报道涉及海澜之家的四个核心内容,按重要性排序如下:①存货周转率和计提成本极低;②利润明显高于同行;③轻资产的经营模式与供应商、经销商之间的异于常规的关系;④质疑内部人交易。记者若将收集的事实证据按这样的逻辑顺序(可拟四个小标题)展开,而不是相互交替,读起来会流畅许多。

非事件类的新闻报道有"重分析、轻写作"的倾向,认为通过分析和调查获得核心新闻事实即可,但新闻报道的最终产品仍是一篇文章,必须既有内容(重要新闻事实),又有章法(结构分明、陈述清晰),方可成为一篇优秀的新闻报道。

第四节 人物新闻的编辑与修改

人物新闻,是对具有典型意义和新闻价值的人物进行的报道。它既可以与时政新闻、社会新闻和财经新闻产生交集,人物新闻又可以独立成特殊的采编体裁。

人物新闻常常不要求时间性,而强调新闻的深度与广度,因此也成为重点编辑的新闻报道。

一、人物新闻的报道特点

（1）新闻人物具有典型性，即新闻人物的个体真实对其所属群体的整体真实有着强烈的示范作用。

（2）人物新闻强调新鲜性，但与事件新闻报道不同，这种"新鲜"并非特指具体时间，有可能指某一时期内的新鲜性。

（3）人物新闻里的个人故事经常与时代宏观背景相结合。因此，报道者要比较清晰地了解新闻人物的时代特点。

（4）人物新闻既注重现场还原，又注重历史梳理；在符合新闻写作的统一要求之余，文本写作可展现报道者的独特文风。

二、人物新闻的编辑特点

（1）人物新闻采写的主要目的是为新闻主题和新闻价值服务，人物是新闻主题的典型代表，不能脱离主题而自由发挥。

（2）人物描述力求表现出人物的本质真实，切忌正面人物"高大全"，反面人物"一无是处"。

（3）谨慎使用被采访对象的间接引语和直接引语：表现人物鲜明特点的、细节化的、个性化的语言，宜采用直接引语；表现人物的普遍个性特征或个人一般经历的语言，宜采用间接引语。如果人物或题材敏感，建议用问答式的"口述直录"，记者旁述新闻背景。

（4）相比事件新闻报道，人物新闻报道在结构逻辑上具备一定的创新性。因此，凡是符合新闻人物特点且大多数受众愿意接受的体裁，如散文和小说，均可做尝试，但诗词歌赋例外。同时，文本修辞要朴素、自然、内敛，无夸大不煽情，符合采写情境，拒绝煽情主义和娱乐主义。

案例8　　　　　　　　娱乐明星的严肃报道

台湾娱乐节目主持人吴宗宪是台湾娱乐产业的代表人物，他因独特的主持风格和内容而成台湾娱乐界"一哥"，同时还拥有众多娱乐公司，并时常身陷各种经济或法律纠纷。《我演了一个叫"吴宗宪"的角色》①却颠覆了公众对吴的普遍认知。从题目来看，吴宗宪本人显然认为娱乐世界的"吴宗宪"仅是自己的一个角色而已，并非真正的自己。这种矛盾的陈述，显然与众多关于吴的专访明显不同，同时也为报道内容奠定了"严肃而非娱乐"的立场和视角。

这篇报道较长，在此仅摘录三个片断：第一个片断是记者对吴忠宪的第一观感；第二个片断是吴忠宪卑微的自我和伟大的梦想之间的矛盾；第三个片断是结尾，关于吴忠宪的功成名就和自我认知的矛盾。

第一个片断：

吴宗宪像逃难的灾民一样，抱着头被助手们簇拥着冲进了化妆间。他喘了一口气，开始换衣服，化妆师见缝插针开始补粉，弄睫毛。他摆弄了下头发，冲镜子里笑了笑做个鬼脸，那一刻他确实有点自恋。

助理递过来一个盒饭，他不忙着吃，点上一支雪茄，深吸一口，转过头看着我，送上一张极富喜感的脸："我们开始吧。"

这一刻，我是有点恍惚了：化妆间外十几家媒体被挡下，他们今天为一个话题而来，吴宗宪因生意纠纷而被起诉，这些同行都是来求证的。一位女记者等了至少一个中午，看到实在没有提问机会，脸上已经隐约有泪水奔涌……

吴宗宪扒了两口饭，接着抽雪茄，努力摆出一副老大的姿态，但在我看来，有点搞笑，因为他实在忍不住要讲个笑话，秀一下魅力，老大的气场顿时烟消云散。

第二个片断：

他笑着说起往事，很想制造点笑里带泪的效果。我仔细端详了这个人：皮肤真黑，头超大（每每自嘲为哆啦A梦），个子不超过1米7，这张脸往好了说也就是"五官深邃"（吴宗宪自评）。

受外表条件所限，吴宗宪的音乐生涯始终不畅（他自己也坦诚唱得也不是那么好）。服完兵役后，他干了股票经纪，凭借一股聪明劲，迅速成为公司里最年轻的大厅经理，最高时拿过86个月工资的年终花红。

做白领还是唱歌？他打电话问老爸。父亲始终不觉得小儿子去唱歌算个正经职业，但还是告诉他："人因梦想而伟大。"

---

① 《我演了一个叫"吴宗宪"的角色》，载《南方人物周刊》2010年7月12日。

第三个片断:

吴宗宪说自己只是一个小丑,而不是白痴,因为小丑和白痴最大的区别是小丑知道什么时候停下来。

……他是想当老二,不想当老大,他说自己承担的责任太重了。其实怎么看,吴宗宪的价值观都多少显得传统:他对女性的态度和传统意义上三妻四妾没什么太大不同;他挑下重担,却又不愿意用太多现代企业手段;他疯狂工作又很容易让人想起他的出身;他总是反问,"我到底做错了什么?"

我实在搞不明白,一个人为什么要把自己搞到这样一个地步,如此辛苦,生命意义何在?

他只是笑笑说:"我一直在努力扮演'吴宗宪'这个角色。"在他的心里,歌手始终是一个美好的事情,主持,太累了。当大哥,更累。

曾经有一天,吴宗宪百无聊赖在街上暴走,走累了上了一部出租车。司机认出他后情绪立刻变得很high,反复说我喜欢你的节目啊,那个谁谁和谁谁谁到底是怎么回事啊?

坐在车后座的吴宗宪听到烦死,司机还不停说,宪哥宪哥说个笑话嘛。

他终于受不了,说:"停车!"交钱后一个人走在街上。

他说那一刻他真的很想哭。

案例小结与点评

此篇人物报道是典型的娱乐人物的严肃报道。人物报道围绕着吴宗宪的人生经历、经典故事、言语、生活细节,对吴进行了详细描述和陈述;然而其人物专访的落点并非揭秘吴的隐私,或是炫耀某种独家新闻,而是将吴作为其群体的代表人物,透过吴的个人生活呈现娱乐圈明星的矛盾人生——既需要他人对自己的肯定,这种肯定又令自己陷入真正的失落;既认为自己是人生的成功者,其内心又仍屈从于传统价值观,认为自己仍是以取悦他人为生的小丑。文章呈现了吴宗宪诸多的个人经历,但取舍有度,均服务于这个文章主题。

从文本来看,此篇人物报道既有记者的个性风格,语言呈现明显的"镜头感",细节描述具体丰富;又有新闻记者的独立旁观,落笔冷静简洁,点到即止。此篇报道不失为人物报道的经典之作。

能成"人物专访"的新闻报道,一般必须经过编辑和记者的共同策划和深度挖掘。但是,大部分人物专访仍不如人意。这其中或有采访时间所限,或有记者的认知能力和写作功底所限,客观或主观的原因都会存在。成功的人物专访，必须既包含被采访对象的精彩的个人经历故事，又蕴含这个人物所代表的群体的潜在特征，两者形成"互文性"——从这些或明或潜的特征中，反映时代的印记和社会的变迁。

案例9　"因爱弑女"母亲的人物专访

对于负面人物的专访，向来是令编辑头痛的工作之一。若按照典型报道的传统方式，受众恐怕对此已经产生厌倦之感。① 若按照正常人物的专访，是否会与受众的预期产生偏差？

2010年4月24日，湖北3岁女孩高慧子在超市中不慎跌倒，右手被电梯绞断，当晚协和医院医生连续手术几个小时，最终未能保住高慧子被电梯绞断的手，并告知其父母她可能面临终身残疾。25日凌晨，女孩母亲、湖北荆门幼师刘琴杀死了女儿高慧子；随后刘琴挥刀自杀，刀伤遍及颈部和手腕。最终，她被抢救脱险。

惨案发生后，公众们既痛心又惊讶：为什么一位年轻的母亲能对自己的孩子下如此毒手？不少媒体对此事均有报道，有媒体记者竭力接近刘琴，拟对她进行人物专访。数月后，终于有所获得，写了这篇《年轻母亲杀死3岁患病女儿　称不想看到孩子痛苦》②。

这篇文章并非完美，但采取的"对白式笔录"方式，相比其他报道，比较客观地呈现了这位年轻母亲的复杂心态，以及她所承受的社会环境所造成的生存压力。摘录如下：

长江商报：4月25日早上，事发当时，是什么让你对女儿和自己做出如此决绝的行为？

刘琴：我太爱我的女儿了。当时看着女儿痛苦的样子，我根本接受不了这个现实。

长江商报：你是否想过女儿高慧子的想法？连死都不怕了，你还担心什么呢？

---

① 见本书第八章"新闻的受众分析与价值暗示"。
② 《年轻母亲杀死3岁患病女儿　称不想看到孩子痛苦》，载《长江商报》2010年7月21日。

刘琴：她太痛苦了，这个我知道。与其让她痛苦地活着，死，或许是一种解脱。……

长江商报：为什么会采取这么残忍的方式？刀是哪里来的？

刘琴：当天晚上10点多钟，孩子从荆门送到协和医院，当时的情况已非常危险。11点多钟，我在医院附近的一家水果店买了一把水果刀藏在身上。12点左右，我坐在医院的走廊里，用手机编写好了遗书。

我做好了两种准备，如果手术的情况好，我就能回到以前的生活。一旦孩子的手无法治好，我就和她一起去死。结果，孩子的手确实无法治愈。第二天早上，我支走了公公，将女儿抱到了医院的楼梯间。

长江商报：在女儿和自己的生死之间，你究竟经过了怎样的挣扎，考虑了多久？

刘琴：在女儿送到武汉时，我就一直在思考这个问题，我只是等待一个手术的结果。我是为了减轻她的痛苦。

长江商报：据协和医院的工作人员说，事发当时，他们听到了孩子的哭声。当你自己听到女儿的哭声时，就没有想过要停止自己的行为？

刘琴：一切都无法改变了。我自己都不打算活下去了，只想和孩子一起减轻她的痛苦。

……

长江商报：家人们都说，你很爱自己的女儿，而且，你自己就是幼儿园老师。

刘琴：正因为我是幼儿园老师，我才对孩子更了解，我知道，残疾对孩子意味着什么。女儿的手残疾了，将来会受到歧视，这样的情况我见得多。我之前班上有一个孩子，只是屁股上有一片胎记，就经常被小伙伴们嘲笑，其他的孩子都不愿意和他玩。

长江商报：是因为自责吗，因为是你带着孩子导致了她的受伤？

刘琴：没人责怪过我，但是，我自责。我是带着孩子出去玩时出事的，所有的结果都必须由我一个人承担。

……

以上对白可以清楚地呈现这位"狱女"母亲的复杂人生：世俗社会对残疾人的压力令年轻的母亲对孩子未来的生活产生了极大的恐惧，而畸形的母爱、狭隘的视野和偏激的社会认知，最终使这位母亲杀死了自己的孩子。

试想，面对这样一言难尽的人性真相，记者的任何转述或陈述，即使技巧再完美，能比这样的口述笔录更令人相信、更令人震撼吗？

案例小结与点评

在对非正常人物进行人物专访时，口述笔录常常是记者和编辑首选的采访技巧，它能比较真实地还原事件发生的经过，也能更接近新闻事实所反映的真相，摆脱一种由特定世俗价值观而造成的"刻板印象"，也摆脱套话、空话，从而揭示出新闻故事背后的由人情、伦理、社会和文化因素复杂交错的深层的人性。

相比其他新闻报道，人物专访对写作有较高的要求，编辑的目标是使新闻还原人物故事的过程和细节，既能细腻地表现人物个性特征，又不夸张和煽情，新闻报道的技巧必须服从新闻的客观性与真实性。因此，设计采访问题时必须谨慎小心、逻辑分明、条理清晰；对于文本的谋篇布局，必须忠于新闻人物的事实价值，善于取舍，不能顾左右而言他，或为精彩细节所吸引而忽略报道宗旨。

本章小结

本节讲述时政新闻、社会新闻、经济新闻和人物新闻四类专业新闻的编辑。

时政新闻的编辑注重新闻故事的重大性，这既包括从国家和政府利益角度来考虑的"政治性"，又包含从公众价值来考虑的"公共性"。社会新闻多以人文性取胜，故事的取舍评判均以社会伦理、道德、人情风俗、文化习惯等各种社会民生价值为基准，编辑时须兼顾人性与人情。财经新闻的编辑，既注重新闻事件的数据和信息的逻辑分析，又要注重新闻事实对经济社会运行过程的某种启示意义。在财经新闻的编辑原则中，经济性应服务于政治性或社会性，财经专业主义应服务于新闻专业主义。人物专访，与上述专业新闻相互交叉而行；但相比其他事件类新闻报道，人物专访更多地强调人物个性与社会共性的相融相生，同时强调写作技巧，又服从于新闻的客观性与真实性。

思考题

    1. 由老师选取已经刊登的时政新闻、社会新闻、财经新闻和人物新闻各一则，结合本章内容，请同学们进行点评。

    2. 请挑选一篇你认为有瑕疵的新闻报道，进行简单的编辑与修改，并说明修改的理由。

第八章 新闻的受众分析与价值暗示

第一节 受众分析

近年来,受众分析不仅越来越多地受到新闻工作者的重视,而且越来越趋于使用科学的统计方法。一般来讲,受众对新闻的需求,实际上是对某些专项信息产生了具体的需求。本节拟从新闻编辑与媒体利润、新闻编辑与受众、受众与新闻信息以及受众与市场等方面对受众群体进行分析。

一、新闻编辑与媒体利润

新闻编辑需要关心媒体机构的利润吗?

微观操作层面,采编与经营之间的"防火墙"使编辑远离了商业利益的纠缠;但从宏观战略上看,新闻编辑仍应该关心本机构的盈利状况——因为从长远来看,这关系到编辑部门的预算。

目前,中国正处于从计划经济向市场经济转型时期,媒体机构的商业化操作成为现实,对于利润的关注也成为编辑宏观思维中的潜在因素。

自1978年以来,我国传媒业经历了承包责任制、集团化改制、外来资本兼并与重组等文化体制改革的渐进过程,并形成了市场竞争与行政垄断并存的多元制度环境。[1] 至2009年,我国陆续成立了40多家报业集团、20多家广电集团、40多家出版集团和10多家发行集团。据清华大学传媒经济与管理中心发布的《2009年:中国传媒产业发展报告》[2]显示,经济危机发生前的2008年,中国传媒产业的总产值达到4220.82亿人民币,为历年来最高。不过,同期由鲁伯特·默克多及其家族控股的全球最大传媒企业之一的新闻集团,在

---

[1] 见龚彦方:《转型改制时期中国传媒业现状分析》,载《学术研究》2011年第6期,第90~94页。

[2] 崔保国:《中国传媒产业发展报告》,社会科学文献出版社2009年版,第3~21页。

2008年各项业务总收入为329.96亿美元（约2640亿人民币）。

中国传媒产业相比国外同类产业发展，既有共性的市场运作特征和模式，又有其特点：在国家和地方政府主导下的传媒机构通过集团化改制和兼并重组等，实现经济规模迅速增长，形成了具有垄断地位的市场结构。从2004—2011年中国传媒产业发展历程来看，由国有资本组成或控股的传统媒体（报纸、杂志、电视、图书出版业、电影等）市场份额由70%降至52%，下降趋势明显；新兴产业如广告业、网络游戏和移动增值业务占据30%～48%的市场份额，呈明显的上升趋势。①

从上述宏观数据来看，传统媒体的利润和市场份额都呈明显的下降趋势，而新兴产业如广告业、网游和移动增值业务均呈上升趋势，逐渐与传统媒体分庭抗礼。因此，媒体机构面临的竞争压力巨大，并且这种压力逐渐从媒体经营者身上转移到新闻采编部门，越来越有干涉新闻采编的具体决策的迹象；而新闻编辑也越来越关注媒体利润变化，不由自主地加入"经营"的角色中来。

从长期合作来看，基于媒体的市场盈利目标，编辑确实有责任降低新闻选择与生产的成本，或者通过新闻来增加受众的认可和忠诚度，从而间接地提高发行规模和增加广告客户；编辑可能不会考虑某一客户，但会考虑主要发行区域的整体客户。但是，这种关注和加入依然只能是"间接的"，编辑与经营之间必须有"防火墙"，即经营部门或管理层不能干涉具体的新闻采编事务；经营部门可以进行受众调查，并提出诸多市场拓展的建议，以吸引更多的广告商。若越过这道"防火墙"，或是"防火墙"形同虚设，有可能造成公信力的减弱甚至丧失，最终导致读者和广告客户的不信任。

二、新闻编辑与受众

那么，新闻编辑如何看待受众？

第一类新闻编辑是典型的新闻专业主义者。他们有四个基本特征：①通常认为自己是受众代理人，自己也是受众的一部分，与受众的感受协调一致；由于拥有独有的新闻资源，他们更自认为应该成为受众代理人。②新闻专业主义的捍卫者，认为只有新闻记者和编辑才是新闻现场的合格的报道者和专属者。

---

① 见龚彦方：《基于新经验产业组织分析范式的中国传媒业市场势力分析》，载《产经评论》2012年第4期，第56～65页。

③不愿意接受对其新闻判断与专业性的质疑，容易从自身专业的角度对新闻故事做出判断，以至于忽略了观众可能采取的角度。④认为自己的新闻策划总是可以吸引受众，结果常常使自己成为"新闻事件"的主角。

第二类新闻编辑是"精英主义者"，他们认为受众群体可以细分为多个分支群体，这类新闻编辑同样有四个特征：①认为几乎所有观看新闻的人都是中间/中产阶层。②认为热爱财经类新闻的是富有的、受过大学教育的、从事专业或管理工作、爱好金钱但不懂也无时间理财的男性。③认为热爱女性杂志内容的是富有的、时尚的、多金的女性或家庭主妇。④认为蓝领或蓝领家庭以及中小学生，他们不需要新闻故事。

从国外媒体来看，媒体对受众的分类则更细致，以美国财经媒体的受众选择为例（见表8-1）。

表8-1　美国主要财经专业媒体的受众选择①

媒介	创办年份	发行量	年收入	受众选择	定价（订阅）	特色/定位
华尔街日报	1902	70多万份	具体不详，母公司道琼斯集团19.3亿美元	平均年龄50岁，年收入20万美元，个人净资产200多万美元	99美元/年，网站加收49美元	全国性报纸，在商业财经新闻领域内领先的、拥有特殊经营权的企业，网站收费
彭博新闻社	1982	25万终端，彭博市场杂志25万订户	彭博公司47亿美元	在投资银行/基金公司/商业银行工作的专业投资人士；受过良好教育的人士	1500～1800美元/终端机；网站免费	全国性新闻社，提供各种实时数据和市场信息以及分析，读者易于领会的新闻故事

---

① 数据资料取自庞瑞峰《财经新闻道——对话美国顶尖财经媒体高层》（南方日报出版社2008年版），所有数据年份均为2006年。

续表 8-1

媒介	创办年份	发行量	年收入	受众选择	定价（订阅）	特色/定位
哈佛商业评论（双月刊/月刊）	1922	24 万多份	0.3 亿多美元	商业领袖，大公司董事会成员，学术领域的商学院教授/MBA 学生，各大咨询公司	99 美元/年，网站免费	全球性杂志，重心在提高管理实践，关注趋势性、全景性的重要管理思想和实践，不报道新闻
财富（双周刊）	1930	100 多万份	从属于时代集团 130 多家杂志中的一本，收入不详	对商业感兴趣，想要进入这个领域和获得提升的人	20 美元/年	全球性杂志，喜好报道那些能带来震动或悄悄改变市场格局的公司

三、受众与新闻信息

反过来，受众如何看待信息、新闻信息和新闻媒体呢？

（一）受众对于新闻信息的心理特征

新闻之于受众，是一种特殊的、具象的需求，兼具精神的满足和实用的满足的双重功能。一般来讲，受众对新闻的信息需求特点有四方面：①体现为对信息和知识的欲望。②为了满足潜意识的心理需求，以及解决各种实际问题的目的和手段。③信息需求是在实践中产生、发展和变化的。④信息需求具有双层次的结构。第一层是"自然需要"，这是表达出来的需要和未表达出来的自然需求；第二层是"不自觉的需要"，即受众还未意识到的需求，而是由媒体主动给予，并引导成为受众的自觉需求，或是无法用言语表达的需求，属于"意会"。①

---

① 见吴飞等：《新闻编辑学》，浙江大学出版社 2008 年版，第 60~72 页。

从心理学角度看，受众对于新闻信息有六种心理特征：新奇心理、得益心理、求知心理、接近心理、对比心理和逆反心理。[①] 本节从新闻编辑角度解释这些心理特征——对于新闻编辑来讲，明晰这些心理特征的表现形式是理解受众的必要条件。

第一种心理特征是"新奇心理"，可以解释为"注意力的源泉"。这种心理体现为对新生事物的敏感与好奇，人皆有之。心理学称"直接兴趣"，即不用启发和说明，人们自然会关注和感兴趣的一种心理指向，凡是首次出现的、罕见的、反常的或突然发生的、强烈变化的事物，人们最容易感兴趣、产生好奇，从而观察和探究这些事物。这恰好对应事件成为新闻事件的必要条件之一，即新奇性。但是，新奇心理周期短，且不可多次重复，"入兰芝之室，久而不闻其香"，这种新鲜事件以少见奇，多则不奇。

第二种心理特征是"得益心理"，类似"经济人"的自利原理。这有两层含义：其一，人们对与自己切身利益有关的事物及其信息更加关注，有时是为了安全的需要，有时是为了保护合法权益免受损害，有时是为了获得更多利益。其二，为了满足马斯洛的五层需求（Hierarchy Theory of Needs），即生理需求、安全需求、社会/爱的需求、尊重需求、自我实现的需求。

第三种心理特征是"求知心理"，求知心理是得益心理的具体表现，缘于个体对于社会生存的压力反应。这是受众对信息需求的特别之处——受众需要信息，不仅因为要满足好奇和本能需求，还要满足社会生存技能提升的需求。个体对于社会的快速发展和进步产生"知识焦虑症"，总希望尽快地通过新闻信息获得浅显知识以应付眼前的问题，节约通过专业训练而获得专业知识的时间和物质成本。

"得益心理"和"求知心理"契合新闻事件的重要性。最近20年，专业财经类报道从综合类报道中分离出来而成为一个相对独立的采编领域，就是因为公众对于社会经济发展和运行规律的求知欲望，以及获得专业知识的需求。环境新闻和科技新闻成为公众日益关注的新闻领域，同样也是因为自身公共环境的健康与安全的需求。

第四种心理特征是"接近心理"，通过他人的故事进行自身的折射，或寻求社会关系网络的认同。个人在成长过程中都离不开与他人交往的社会生活，为满足自身生活的需求建立起亲和的、可依赖的各种复杂的社会关系，而这种

[①] 见张骏德等：《新闻心理学》，复旦大学出版社2012年版，第127～158页。

社会关系,多是以信息交流和互换为主要交往方式的。"接近心理"还表现在新闻发生地域、新闻事件发生的群体与读者之间的空间距离,以及新闻群体与读者自身利害关系的远近亲疏程度——凡是与读者地理位置、心理位置接近的新闻事件,读者则更为关注、更感兴趣;反之,则兴趣淡薄。"接近心理"恰好吻合新闻事件的必要条件之一,即接近性。例如,"北上广"任何一个大城市的房价变动都波及其他城市居民的心情。

第五种心理特征是"对比心理",通过比较获得信息的差异和价值,从而产生具体的认知。这是人们在认知活动中产生的心理现象,即心理活动过程。它对人们认识客观事物具有重要的意义。人们离开了事物之间相同点与不同点的比较,就不可能认识任何客观事物(包括自身);只有通过对比,才能在复杂的现象与环境中确定性质与方向,产生具体的认知。"对比心理"与新闻事件的显著性对应,越是影响力显著的名人,他们身上发生的坏事越快成为广泛传播的新闻。例如,2013年夏关于某著名歌唱家李某某的未成年儿子涉及的一起违法案件,在法院未审判之前各种新闻报道已经铺天盖地。

第六种心理特征是"逆反心理",意为物极必反。这是人们对超过自身感官饱和与接受能力所产生的一种抵触情绪和反向思辨;在信息传播过程中,则是受众(受传者)由心理定势的支配对传播产生的一种抵触情绪,从传播的相反方向得出结构,并固执己见,对传播的信息与观念给予反对。这是传播者的主观意识与受众的心理定式之间产生了不可协调的对立态势。心理特质表现为"传播者的主观意图越强,受传者的逆反心理就越重"。

(二)中国典型报道的受众研究

学者对于中国典型报道(宣传类报道)的受众研究结果,可以成为上述心理规律的佐证。

典型报道,其传播的形式仍以新闻报道的方式展开,但与一般新闻报道有所不同,典型报道是以宣传国家利益为主要目标,以党和国家的方针政策作为舆论导向,宣传那些宏观上符合国家利益、微观上符合党的方针政策的人物或事迹。从实践来看,"按照规定的宣传意图去提炼报道主题和精神已经成为各个媒体在新闻实践中的自觉习惯,因此,典型报道的新闻性总是让位于特定的宣传价值"①。典型报道有正面典型报道和反面典型报道,前者如颂扬中国宇

---

① 丁迈:《典型报道的受众心理实证研究》,中国传媒大学出版社2008年版,第3~5页。

航员的宣传报道,后者如揭露贪污腐败官员的宣传报道。

学者通过对北京、上海、郑州和昆明四个城市 400 多人进行抽样调查,利用 ZMET 技术(隐喻诱引技术)设计研究方法框架,最后通过数据分析得出了一些有参考价值的研究结果。①

1. 受众对正面/反面典型报道的接触和关注程度

(1) 不论是正面或反面典型报道,90% 的受众有接触,但以偶尔接触居多。

(2) 年龄越大,对典型报道的接触频率和倾向性越高;从价值观来看,年龄与利他取向和成就(典型报道的主题)取向呈显著的正相关;经济较发达地区的受众理想主义色彩比较淡薄,对正面典型报道的认同度稍低;正面典型报道对学历高的受众产生的行为效果较小,学历越高,受其影响越弱。

(3) 党政机关和离退休干部对正面典型报道的关注度要高于其他职业的受众;下岗待业人员和离退休人员对反面典型报道的关注度比较高。

(4) 受众对于正面典型的认同多体现在认同典型的精神、观念、思路或一些具有启发性的做法上,而非直接的行为方式;报道的强化认知度越高,受众的自我效能就越低。60% 的受众认为反面典型可能没有报道说得那么差劲,反面典型报道甚至也可以有点人情味,反面典型走向反面也不全是自身的原因。

(5) 拒绝接触正面典型报道的原因:报道千篇一律(占 52.5%),报道中有很大水分(占 47.5%),空话、套话多(占 45%)。拒绝接触反面典型报道的原因:没什么意思(占 53.4%),报道不能解决实际问题(占 40%),看了报道就生气(31%)。

2. 受众接触正面/反面典型报道的动机

(1) 正面典型报道。①现实关注动机:关注社会上的重大事件和人物;希望可以获得与自己的生活直接或间接相关的各种信息,从而把握社会的变化;增加自己对国家和民族的信心和认同感。②主动学习动机:希望有精神收获,包括获得精神鼓励、增加信心或从中学到一些技术性知识和处理问题的方法。

(2) 反面典型报道。①现实关注动机:与正面典型报道现实关注动机一

---

① 见丁迈:《典型报道的受众心理实证研究》,中国传媒大学出版社 2008 年版,第 186～238 页。

致。②猎奇动机：正面宣传太多了；好奇犯罪原因；对人性弱点的探究。

3．当代典型报道的受众策略

（1）处于社会转型时期的中国社会正经历着社会价值体系的解构与重建过程。宏观上，社会需要统一的社会主义核心价值体系；微观上，受众个体有获得精神引领的心理需要。

（2）新时期的典型报道为了适应新环境的要求，所选择的典型必须具备多样化特征，彰显多元价值观；新闻编辑也必须认识到，受众对典型报道中宣扬的价值取向也呈现出多元化趋势。

（3）典型报道宣扬的主流价值观应该包含更多与时俱进的内容，如敢于创新、变革等，但也不等于放弃雷锋式的传统价值观。

（4）虽然受众有主动学习动机，并且典型报道可以传播某些知识，但并不是所有典型都会在受众头脑中经历这一过程。所以，报道规模与形式、典型本身的特点（能力和地位）、典型报道彰显的价值取向、典型与受众的接近程度、受众认知典型的过程等因素，都会影响典型报道的传播效果。

（5）典型报道的人性化趋势：以人为本，拉近典型人物与受众的距离，尽可能真实地还原典型人物的个体特点和多面性格。

四、受众与市场

分众的确成为现代受众市场的主要特征。

根据CTR（央视市场研究机构）的CNRS（中国城市居民调查）结果①显示，通过比较不同区域的媒体到达率可以发现，2007年和2008年电视和广播到达率均最高的地区是华北，报纸到达率均最高的地区是华东，而互联网到达率最高的地区2007年是华南、2008年是华北，杂志到达率最高的地区则为西北。

细分人群对报纸内容的关注度显示，2007—2008年，在经常关注的新闻内容上，男性居民和高学历（即大专及以上）居民对国际、时政、社会、经济、法制、体育新闻等的关注度明显高于城市居民的总体水平。女性读者对文娱新闻的关注度明显超过总体水平。

---

① 统计结果取自《2008年受众媒介接触习惯的主要变化盘点》，载中国网新闻中心2009年8月5日，http：//www.china.com.cn/news/txt/2009-08/05/content_18281988_2.htm。

在经常关注的非新闻内容上，高学历居民对通信、IT/数码、房地产、股市/金融、军事国防、旅游休闲、企业经营管理、汽车、人物/英才、时尚消费/服饰/服装、体育等内容的关注度高于城市居民的总体水平；男性居民对军事国防、汽车、体育等内容的关注度高于总体水平，女性居民则对健身/养生/保健知识、美容、美食/烹调、情感/两性、生活常识、时尚消费/服饰/服装、旅游休闲等内容表现出了更高的关注度；25～44岁的报纸读者对经济新闻和文化娱乐新闻等内容的关注度高于总体水平。从2008年总的情况来看，对报纸的新闻内容，城市居民保持着对离自己最近的新闻——本市新闻的热情，同时更多的城市居民对离自己生活圈较近的新闻——国内新闻表现出了关注；有更多的城市居民对社会新闻和时政新闻给予了关注；男女读者对新闻内容各有偏好，男性更关注政治、经济和体育新闻，女性更关注文娱新闻。对报纸的非新闻内容，高学历、男性读者除关注消费信息外，还偏好经济、体育类内容，而女性读者在关注消费信息的同时，更关注与生活、情感相关的内容。中青年读者则对经济、文娱内容偏爱有加。

而这种情况到了2011年有所改变。[①] 从总体来看，2011年五大媒体中电视、报纸、广播的到达率趋于稳定，互联网和杂志起伏较大。电视的到达率依然位居首位，保持在超过90%的高水平。报纸也仍然名列第二，维持在60%以上的水平。而身处第三位的互联网崛起的速度较快，与第二名报纸的距离进一步缩小。电视虽在2010年基础上无太大变化，但北京、华北和西北三个地区的下降速度值得注意。报纸方面，总体到达率略微下降，北京、成都下降趋势明显，而上海和广州异军突起，分别增长了4.4个百分点和2.8个百分点。广播方面，在华北地区到达率总体下降的形势下，北京的广播触达情况异常乐观。互联网在全国各地区保持明显上升趋势，尤以西北及西南地区上升趋势明显。而杂志方面总体下降了4.5%，值得关注的是上海地区杂志到达率在逆境中上升了3.4个百分点。

分地域来看，报纸的接触时长从全国来看呈现微弱下降趋势，其中北京和成都的下降趋势最为明显。全国范围内电视的卷入度普遍在下降，唯独广州的卷入度"逆境反弹"，或与当地大运会、亚运会一连串体育赛事的转播有关。2009—2010年，广播的卷入度呈现明显下降趋势，而在2011年，广播的接触

[①] 统计结果取自《2011年受众媒介接触习惯的主要变化盘点》，载中国网中国国情 2012年12月13日，http://guoqing.china.com.cn/2012-12/13/content_27405459.htm。

时间在全国范围内普遍上升，北京和东北地区的上升趋势尤为明显。互联网的卷入度在绝大多数城市和区域均呈现上升趋势，然而在上海却有例外，2011年上海城市居民对互联网的卷入度较上年有所下降。

从报纸关注的内容来看，国际新闻的关注热潮趋势明显，2011年与2010年上半年相比，国际新闻的关注度上升了4.5个百分点；相比之下，本市新闻、本省新闻和国内新闻的关注度趋于稳定。从内容板块来说，房地产和家电板块更受读者青睐，天气预报和文学历史版块呈现较大幅度回落。

从细分人群来看，国际新闻的关注度在每个细分人群都有不同程度的增加。值得注意的是，近一年时间里女性读者对经济新闻的关注上升了2.7个百分点，远高于总体及男性读者上升的增幅。社会新闻这一年的关注度在高学历人群中明显回落。

案例1　　电视节目成为争议新闻事件的"主角"

《非诚勿扰》是地方卫视制作的一档生活服务类节目，2010年1月15日首播，该节目为广大单身男女提供公开的婚恋交友平台，为中国大陆收视率最高的综艺节目之一，节目中的话题使该档电视节目成为新闻事件的主角。

例如2010年2月某期节目中，一位男嘉宾问名叫马诺的女嘉宾："你是否愿意与我一起骑自行车？"马诺马上回答："我还是坐在宝马里哭吧！"这期节目播出后，这个节目和马诺立即引起广泛关注，有人认为她说出了"真话"，有人认为她是"史上最刻薄拜金女"。各大媒体均报道了此事。[①] 马诺因此出名。在参加另外一家地方卫视的综艺节目时，马诺坦言，《非诚勿扰》发出邀请时她正与男朋友分手，"去南京参加节目，一来想找男朋友，二来想增加自己在电视上的曝光率，因为一个刚毕业的大学生，想走演艺这条路，实在太困难了。现在，我已经意识到有些话说得不当，给社会带来不好影响，所以向全国观众道歉，对不起……从今天起，我就想开始好好演戏，远离拜金言论，如果大家不认可我，就让我在这个圈里自生自灭"。

此后该节目还曝出了女性嘉宾的"艳照门"、男性嘉宾伪造个人信息等新闻事件，每一次新闻事件的出现都令节目的名声大涨，收视率连连上升。

---

① 见《马诺否认拜金：我从没说过宁肯坐宝马车里哭》，载《法制晚报》2010年4月19日；《坐在宝马车里哭不是我本意》，载《羊城晚报》2010年6月29日。

然而，好景不长，一系列的新闻事件引发《非诚勿扰》的短暂停播，《人民日报》和中央电视台点名批评相亲节目庸俗化，北京大学中文系教授张颐武、中国青少年研究会副会长陆士桢以评论员的身份，总结相亲节目乱象的原因为："有的节目在导向上存在问题，影响社会整个价值观念的建设和发展"；"收视率的追求、广告的追求、营收的追求，其实是绝不能够触碰社会公众这种价值观的底线，它不能够挑战公众的承受力"。① 同时国家广电总局还颁布了相关禁令，《广电总局关于进一步规范婚恋交友类电视节目的管理通知》及《广电总局办公厅关于加强情感故事类电视节目管理的通知》，严令情感、相亲节目"六不准"，直指节目中造假、欺骗、低俗、攻击、炒作、拜金等不良作风。整改之后的《非诚勿扰》不仅嘉宾的尺度有所收敛，整个节目的风格也从此前的激烈转向温情。

但是，这档节目并没有停止制造新闻话题。例如，节目中男性单身主持人的感情问题②；主持人对某位副乡长嘉宾的"贴标签"式的调侃，引发嘉宾不满，并要求其公开道歉③；等等。

那么学者专家和媒体同行如何看待这档电视节目的策划方式呢？

中国传媒大学教授苗棣认为，《非诚勿扰》的成功在于它满足了大众心理需求，节目好看是戏剧的叙事张力在起作用，当然节目细节也设计得比较好。对于一些嘉宾明显的价值观问题，既不应该做简单的道德批判，因噎废食，也不能任其发展为泛娱乐化和低俗化。这是电视台尤其是省级卫视作为大众媒体必须思考和兼顾的，能否妥善平衡也决定了《非诚勿扰》这类节目的未来。④

北京大学教授俞虹认为："无原则地迎合低俗，有些娱乐节目本身有问题，但是否健康是不是主持人也可以进行一定的控制？！"电视节目主持人赵忠祥认为："在自家饭桌上都是说不出来的、难以启齿的话题，却在公众媒体上出现了。我觉得这是所有电视人都应该反思的事情，而不仅仅以个别现象来对待。在文明的社会里，不是讲求自己的张扬，而是在有利于各个方面的情况

---

① 见央视新闻频道《新闻1+1》2010年6月23日。
② 见《非诚勿扰》节目 2011 年 4 月 23 日，http：//tv.sohu.com/20110422/n306294004.shtml。
③ 见《非诚勿扰》节目 2012 年 10 月 20 日，http：//www.tudou.com/programs/view/tFR29KwWWlo。
④ 见《〈非诚勿扰〉明知"不诚"为何仍受追捧？》，载新华网江苏频道 2010 年 5 月 7 日，http：//www.js.xinhuanet.com/xin_wen_zhong_xin/2010-05/07/content_19726449.htm。

下,才可以行使自己的诉求。也就是我们的诉求不能伤害别人,要尊重法律和道德的要求。"电视节目主持人曹可凡认为:"一个女孩说'宁愿坐在宝马里哭泣,也不愿意坐在自行车后座上笑',这种拜金观点如果广为流传,那么给社会、给青少年的价值观又会带来什么影响呢?电视台也不能因为博取收视率而这样做啊!"电视节目主持人王小丫认为:"审丑不能成为四两拨千斤的杠杆。有些节目中,有的嘉宾口吃、摔跤、家庭生活中鸡毛蒜皮的细节、夫妻反目、邻里之间恶言相向等等,都在镜头前被放大。偶尔看一两次会觉得很新奇,但是看多了就很悲哀。会不会我们真正的善良在以后被当成伪善?我还是认为媒体应该把最好的导向给观众,媒体是有责任感,是有价值观的,真正做到了有责任不盲目,才能让我们这条路走得更远。"①

案例小结与点评

《非诚勿扰》获得成功的原因有两点:一是有坚实的社会心理基础,二是有节目创新变通能力。然而,为何随后又招致广泛的非议呢?在笔者看来,根源还是来自节目本身,即媒体功能的失范和把关人意识的疏忽。

节目主创人员没有充分意识到媒体具有"议程设置"和"授予地位"的独特功能,没有充分意识到这一平台能够将它报道的任何事物或宣示的观点无限"放大",使之完全超出其原有的意义范畴,甚至成为某种社会风向标。

《非诚勿扰》在节目运作上尚不够成熟和规范,没有严格把握好"话题关""嘉宾关""内容关""主持关"和"播出关",没有做一个合格的"把关人"。婚恋毕竟是一个社会问题,并不仅仅关涉两人世界,它与社会的整体和谐息息相关,所以并不是可以在媒体上随意谈论的对象。《非诚勿扰》中的某些嘉宾对待婚恋的态度并不严肃,甚至仅仅视为个人生活的一种率性的选择。②

---

① 《有些节目"没原则、不要脸"》,载《华商晨报》2010年6月8日,http://ent.sina.com.cn/x/2010-06-08/11492981291.shtml。

② 引自《对媒体规制的社会学反思——以"非诚勿扰事件"为例》,载《新闻记者》2010年第10期。

> **案例2** 　　　　　**典型人物的非典型报道**

2009年8月，重庆市公安局原副局长、司法局原局长文强因为严重违纪，充当黑社会保护伞，接受纪检部门的调查。2010年4月14日，重庆市第五中级人民法院以受贿、包庇黑社会性质组织、巨额财产来源不明、强奸等罪判处文强死刑，没收个人全部财产，剥夺政治权利终身。2010年5月21日上午，重庆市高级人民法院对文强案二审公开宣判，认为文强所犯受贿罪，数额特别巨大，情节特别恶劣，后果特别严重，依法驳回文强的上诉，维持一审法院的判决。经最高人民法院核准，2010年7月7日，重庆市司法局原局长文强在重庆被执行死刑。

7月7日下午，《中国青年报》记者专访了文强的妻子和儿子，写下了两篇属于典型报道范畴，但与典型报道方式不同的新闻报道《文强妻子周晓亚："如果时光倒流，我还会选择文强"》《爸爸给了我今生最有力的拥抱》①。

报道采用"面对面问答"的形式比较详细地记录了专访。采访根据详细的采访提纲进行，向其妻子和儿子均提出了同样的问题，有些问题是顺着被访者的回答而进行的追问。两篇报道都未有记者的文字陈述，仅有少许文字描述了被访者的肢体语言。

其妻子周晓亚接受采访时，对文强功过是非的评价：

中国青年报：文强作为丈夫，你怎么评价？

周晓亚（明确而不假思索地）：他是我的好老公，对我和儿子都好，他也很顾家。

中国青年报：他顾家的具体表现呢？

周晓亚（嘴角翘起微笑）：他在外边有啥子事情，回来会给我说。要是我生病了，他都会安排，对我照顾得特别特别好。

……

中国青年报：作为文强的妻子，在他的"功"这方面，如果最高分是100分，最低分是0分，你为他打多少分？

周晓亚：我会给他打100分。

中国青年报：在他的"过"方面，如果最低分是负100分，最高分0分，你给他打多少分？

---

① 两篇报道均载于《中国青年报》2010年7月8日。

周晓亚：我给他打负50分。

对文强犯罪原因的认知：

中国青年报：现在认定的你们受贿的总额比较惊人，文强当年收他人钱财时，有底线和原则吗？

周晓亚：他的原则性还是比较强，并不是谁找到他，他都会答应。

中国青年报：但文强曾让派出所所长向"小姐"敬酒，而他也收过别人的钱，这样的行为是不是不讲原则？

周晓亚：我是在庭审中才知道这个的，这和他喝了酒有关系。

中国青年报：你认为是个人原因还是制度原因导致了文强的转变？

周晓亚：制度？我不了解。

中国青年报：你是否觉得，文强当上公安局副局长以后，权力并没有受到实质性的监督？

周晓亚：我也不了解。

关于家庭的看法：

中国青年报：我问一个可能比较私人的问题，你也可以不回答。文强经常在外喝酒，还有很多女人，你能够接受这样的丈夫吗？

周晓亚：没有办法，我看得很开，现在的女人……男人怎么受得了诱惑嘛！

中国青年报：你的意思是，文强是因为被女人诱惑？

周晓亚：是的。

中国青年报：你现在还愿意为文强承担吗？

……

中国青年报：如果有机会，你能在缺钱但自由和过去很有钱但后来失去自由这两种生活中选择，你愿意选择哪一种？

周晓亚（沉默良久）：自由更可贵。

中国青年报：如果时光能够倒流，你依然愿意嫁给文强吗？

周晓亚：我还会选择文强。

文强儿子在接受专访时，对文强被判决的看法：

中国青年报：他让你不要仇视社会，因为你爸爸的事情，你觉得你仇视这个社会吗？

文伽昊：也谈不上仇视，我对我爸爸也不是很了解，怎么说呢？还是有点感触。

中国青年报：你怎么看待你爸爸案子最终的这个结果？

文伽昊：我还是希望党和政府给他一次生的机会。虽然，中国有句话说功过不相抵，但我想，我爸爸干了这么多年的副局长，对重庆市的刑侦工作还是有很多贡献的，我心里还是希望他能被改判。

如何评价自己的父亲的功过是非：

中国青年报：你怎么评价你的父亲？

文伽昊：说实话，我还是很崇拜我的父亲。他从农民开始，能走到以前那一步，包括最辉煌时，抓获张君、破获抢劫运钞车案等。现在，虽然他犯了事，犯了错，我还是佩服他好的一面。

……

中国青年报：如果一个人的"功"最高分是100分，最低分是0分，你会为你父亲打多少分？

文伽昊：我会给他打90分左右。

中国青年报：如果一个人的"过"的最低分是负100分，最高分是0分，你给他打多少分？

文伽昊：我给他打负80分。看过这么多的报道，应该说，他的过错还是相当大的。

中国青年报：你是通过什么渠道得知你父亲犯的罪的？

文伽昊：通过报纸、电视、网络的报道。

对文强犯罪原因的认知：

中国青年报：对于你父亲的这个结果，你觉得是他个人的原因还是制度的原因？

文伽昊：大部分是我父亲个人不对，但也有制度的漏洞。

中国青年报：你认为制度有什么漏洞？

文伽昊：有多大的权力才犯多大的过错，他犯这么大的过错，这么多年一直没有纠正，如果早点纠正，也不会有今天的下场。

中国青年报：你觉得为什么没有纠正过来？

文伽昊：第一，可能是我父亲工作成绩很好，掩饰了他的问题。第二，监督的力量也少了，否则我父亲也不会这样。如果明知做错事会被发现，制度足够严密，想犯错误的人都不敢了。

中国青年报：你怎么看待腐败问题？

文伽昊：我想，这个问题任何国家都存在。

中国青年报：你觉得，像你父亲这样的人多吗？

文伽昊：我认为，像他这样犯这么大错的少，犯小错的多。

关于父子关系：

中国青年报：你父亲今天对谁说过道歉之类的话吗？

文伽昊：他说，他很对不起我和我妈妈，对不起很多人，我感觉到了他强烈的后悔。他还对我大姑说，自己很想念各位姐妹，希望大姑能向其他人带声好。他说："我很想念他们。"

中国青年报：你父亲拥抱你了吗？

文伽昊：最后，我向在场的领导申请，能不能和父亲拥抱一下，得到同意了。我和父亲紧紧地拥抱了。

中国青年报："紧紧"是怎么个"紧"法？

文伽昊：我长这么大，这是我记得的爸爸抱我最用力的一次。我们拥抱了10多秒钟。最后，我又给他磕了个头。

中国青年报：你注意到你爸爸当时的表情了吗？

文伽昊（眼泪盈眶）：他……落泪了。

案例小结与点评

这是两篇与负面典型人物相关的人物专访。专访没有采取常见的反面典型人物的采写方式，而是对答记录的直接呈现，是一种真实而客观的新闻报道，侧面再现这位反面典型的人生轨迹。

从内容来看，新闻报道呈现了文强妻子对法律和制度的一无所知，文强儿子对于制度与腐败关系的较为理性的认知，亦保留了家人对这位反面典型的来自亲人的尊敬与忠诚——尽管这种忠诚带着中国传统的狭隘愚昧观念。编辑还将被采访者言语中最富有感染力的两句话作为两篇报道的标题。阅读者可能会发现，从这些对话中可以看到，这曾是一个多么平凡普通的家庭，亲情与人情交织其中，本可享受天伦之乐！种种矛盾人性的交替，柔弱人情与严厉法律的相违，忆及文强犯下的累累罪行，使这两篇报道具备了"于无深处见惊雷"的震撼效果。

这是典型报道的"人性化趋势"的典型案例：以人为本，拉近典型人物与受众的距离。尽可能真实地还原典型人物的个体特点和性格的多样性。从前文的学者研究中得知，典型报道的强化认同感越明显，受众的认知度就越低；反之，越是真实和客观的报道，越能引起深思。这两篇报道可作为佐证。

第二节　新闻的价值暗示与禁忌

新闻报道首先必须符合当前新闻事实的内部发展规律，即真实性与客观性，这亦是受众衡量一个新闻媒体是否具备真正的公信力的标准之一。但是，新闻工作者在实践中可能发现，这种真实性与客观性有时却令有负面信息的新闻事件变成了"负面事件"，引起公众产生群体性的反感情绪，新闻工作者因此受到责难。这是为什么？

一、客观性与价值暗示之间的矛盾

美国社会学家赫伯特·甘斯在讨论新闻记者的客观性时曾提出一个认知，即新闻的客观性令新闻工作者既超然于党派之争，亦超然于商业之外，他们宁可放弃个人的主观价值判断——尽管这或多或少还是以某种隐喻的方式存在，如故事类型的选择、写作体裁的选择等等——来换取新闻选择的自由；实际上，这种自由是实现客观性的根本基础，离开了新闻的自由，就无法获得真正的客观性。然而，当新闻的自由有可能对某些人造成伤害时，他们就不得不掂量自己的意图，并因此放弃超然姿态。①

新闻客观性所涉及的后果，是由新闻的"价值暗示"所决定的。② 也就是说，是由那些受新闻影响的人们所决定的，因而超出新闻专业工作者的控制范围。

什么是新闻的价值暗示？可以理解为新闻事件或新闻细节中所蕴含的某种社会价值，而这种价值通常与伦理或道德观念相关；或是受新闻影响的群体有可能感知到的意义，而这种意义通常与新闻报道表达的客观性价值相左。从新闻的社会性来看，这种价值暗示形成了新闻的社会效应和后果。从新闻编辑角度而言，这种价值暗示是新闻规律与社会伦理之间的矛盾的结果。

---

① （美）赫伯特·甘斯：《什么在决定新闻》，石琳、李红涛译，北京大学出版社2009年版，第232～245页。
② 同①，第50页。

新闻的客观性（自由）与新闻的后果（价值暗示），二者之间既融洽又矛盾。但是这并不意味着，新闻编辑对这些后果就无所作为；相反，大多数社会后果是可以被预料的，有些负面的后果是可以避免，至少其负面影响是可以被降低的。从新闻的社会价值暗示而言，新闻编辑必须合时、合理、合法和合情地对新闻报道进行把关，使得特殊事件的新闻报道的价值与其新闻事件的价值暗示之间不会出现过多的偏差。

1996年9月，美国职业新闻记者协会（SPJ）制订《职业伦理规范》。其中，关于新闻工作者与受众之间的关系是这样规范的："有职业操守的记者把新闻来源、采访对象和同事都看作值得尊敬的人。新闻记者应该对那些可能因为新闻报道而受到负面影响的人们表示同情。当面对孩子和没有经验的新闻来源或新闻主体时，要特别小心。当采访和使用正在悲伤中的人们的照片时，要特别小心。要认识到采集和报道信息会引起伤害和不适，报道新闻并不意味着你就可以傲慢自大。要认识到，一般人比公共官员和追求权力、影响和希望引起人们注意的其他人，有更多的权利保有关于自己的信息。只有当有十分迫切的公共需要时，侵入别人的私人领域获取信息才是正当的。品位要高。避免迎合任何低级趣味。在指出青少年犯罪嫌疑人或性犯罪受害人时，要非常谨慎。在正式控诉文件出来之前指明犯罪嫌疑人时，要非常审慎。在公众被告知的权利和犯罪嫌疑人被公正审判的权利之间寻求平衡。"

英国新闻投诉委员会于2006年6月28日公布新的媒体职业道德准则，告诫英国新闻工作者对自杀事件的报道不应过于详细，以免读者效仿。英国新闻投诉委员会是英国的媒体监督机构。根据英国新闻投诉委员会颁布的这一准则，新闻工作者对自杀新闻的报道不宜过细，尤其是不应详细叙述自杀方法。负责起草这一准则的英国新闻投诉委员会成员莱斯·欣顿说："我们有令人信服的证据……证明媒体关于自杀新闻的报道常常导致（读者）模仿自杀。"欣顿举例说："媒体报道自杀者因过量服用扑热息痛而死亡可能是合适的，但说明自杀者服用了多少片可能就过分了。"

二、新闻的品位

避免新闻的负面后果，还有一种方式，即主动保持甚至捍卫"新闻的品位"，维护禁忌的存在。品位的实现是"通过将赤裸、亵渎以及流血的描绘设为禁忌而实现的；这些禁忌的存在，既是为了保护受众免受烦扰，也是为了使媒体远离大规模的受众愤怒"①。

新闻的品位，首先不是指新闻编辑的个人品位，或是新闻机构的偏好；其次，新闻的品味，是以受众普遍感知为认知基础，通过以公共伦理和道德为基准而设定的一些约定俗成的禁忌来实现的。因此，通过禁忌的设定，可见新闻品位的特点。

有些国家和地区的新闻禁忌诸多，特别是针对图片和电视新闻、电视节目。尽管这些禁忌有些列入法律条文强制执行，有些仅以约定俗成的行规存在，并且随着时代变迁而有些松动，但是，每当新闻工作者忽视了这些禁忌，公众的愤怒就会适时地表现出来。概括地说，大约有四类禁忌是新闻工作者应该避免的。

第一类禁忌是关于未成年观众台的，与相关法律形成关联，一旦违禁，有可能遭受法律制裁。例如，晚上 8 点之前的新闻节目是少儿皆宜的；8 点至 9 点半的电视节目是"家长指导"的，电影节目的视频画面上有一个"PG"（parents guidline）的标志，因而有关性爱的镜头是严禁的；无线和免费的电视频道不能播放成人类节目，因为这是少儿可以随时收看的频道，即使可以播放裸体海滩，也只能出现脖子以上和膝盖以下的画面，女性裸露的胸部只能出现在医疗事故和少数国际新闻中，如关于非洲部落的新闻；裸露的男女性生殖器严禁出现在任何电视节目或图片中。

2004 年 2 月 1 日，美国著名歌星珍妮·杰克逊在当晚举行的"超级碗"橄榄球大赛的中场休息时间，与贾斯汀·蒂姆伯雷克一起演唱跳舞时突然胸部走光，右半边的胸部在电视直播画面中完全暴露无遗。"超级碗"比赛是通过无线电视频道向全国直播的节目，后被媒体曝光是二人故意为之，遭受媒体批评和美国联邦调查机构的调查。为此，珍妮·杰克逊不得不公开道歉："我对于任何因此而感到不满的人表示歉意，包括电视观众、MTV、哥伦比亚广播公司以及橄榄球大赛的组织者。"负责这一赛事转播的 CBS 公司表示，这件事情他们毫不知情，此前进行的彩排并不是这样，如果彩排中发生这样的事，他们肯定不会同意，他们为此感到难堪和愤怒。美国橄榄球大赛组织者也表示，对此感到极为失望。一些国会议员也表示很愤怒。美国联邦通信委员会的主席迈克尔·鲍威尔在一份声明中表示："与数百万的美国观众一样，我和我的家人

---

① （美）赫伯特·甘斯：《什么在决定新闻》，石琳、李红涛译，北京大学出版社 2009 年版，第 312～316 页。

也聚集在电视机前准备收看这一盛事的转播,但这一盛事却被一件小丑般的表演所玷污了。"他承诺要进行调查,并可能对相关人员进行高达27500美元的罚款。珍妮的官方网站事后收到了无数愤怒的帖子,之后美国的电视节目、美国格莱美颁奖典礼甚至都拒绝珍妮·杰克逊的加入。①

第二类禁忌是关于受到伤害以及死亡的新闻内容。任何血腥的场面、有关死亡者的面容或遗体的图片和视频都是被禁止出现在新闻故事中的,因为这些被认为既对公众造成不必要的情绪骚扰,又对死难者极不尊重。

但在现实中,这样的新闻不断出现。例如,报道伊拉克独裁者萨达姆、利比亚独裁者卡扎菲的死亡事件,两者死难遗体的照片和视频不断成为全球各大媒体的头条新闻,有些新闻视频非常详细地播出二人遗体遭受当地民众愤怒示威和虐待的过程。但是,部分民众对西方主流媒体处理卡扎菲死亡消息的方式大感不满。网友们纷纷在BBC、CNN等网站上留言称,"不论他(卡扎菲)多么坏,我们不认为这个世界需要目睹被群众包围的血淋淋尸体画面……看着被折腾的尸体不算是新闻","看着人死去是残忍、可恶和不人道的"。②

第三类禁忌,是对于公众普遍认同的价值观,如爱国主义、民主、言论自由、宗教内容、民族种族的风俗等等,不能随意负面评价,要保持"政治正确"。

第四类禁忌,则是对公众个人隐私的保护。尽管公众也喜爱看"狗仔队"报道的新闻故事,对于明星、政客的各种丑闻津津乐道,但对于普通公众的个人隐私受到新闻的侵犯,民众的反抗却是相当彻底的。

英国已有168年发行历史的周日报《世界新闻报》的关闭就是最好的例子。该报创办于1843年,曾为英国发行量最大的报刊之一,在1984年被传媒企业家默多克的新闻集团下的国际新闻公司重组兼并后,转型为小型报,并成为《太阳报》的周日版。该报纸以报道许多名人以及涉及名人丑闻的文章而出名。因该报纸喜欢报道性丑闻,故被人们称作 "News of the Screws" 或 "Screws of the World"。报纸通过安插卧底或记者暗访来获得录像和图片证据,另外还会实行电话侵入(警方调查中)。③ 2007年,《世界新闻报》记者曾因窃

---

① 《珍妮·杰克逊就超级碗走光事件道歉 业界人士指其是故意暴露借机炒作》,载南方网2004年2月3日,http://www.southcn.com/ent/yulefirst/200402030658.htm。
② 《媒体频曝卡扎菲尸体被批残忍》,载《羊城晚报》2011年10月22日。
③ 见维基百科词条"世界新闻报",http://zh.wikipedia.org/wiki/%E4%B8%96%E7%95%8C%E6%96%B0%E9%97%BB%E6%8A%A5。

听威廉和哈里王子的手机信息被捕入狱。2011年7月4日，英国《卫报》头条曝料，英国老牌报纸《世界新闻报》在2002年非法窃听失踪少女米莉·道勒及其家人的电话，扰乱警方破案；后被曝光该记者还曾窃听伦敦"七七"爆炸案中死者亲人的手机。

2011年7月6日，英国议会针对该报的窃听丑闻召开紧急会议，首相卡梅伦将丑闻形容为"极其恐怖"的无情行为，并承诺展开独立调查。7月7日，默多克之子、拥有《世界新闻报》的新闻集团亚洲和欧洲区总裁詹姆斯·默多克宣布关闭《世界新闻报》。7月12日，新闻集团旗下的另外两家报纸《星期日泰晤士报》和《太阳报》深陷窃听泥潭。这两份报纸的工作人员，居然曾入侵前首相布朗的法律文件，并6次假扮布朗用电话从银行骗取他的账户信息，非法盗窃布朗儿子的医疗记录。当时《太阳报》的编辑曾直接致电布朗，称他们已经获悉其子患有囊肿性纤维化疾病，并打算公之于众。布朗对此极其愤怒，甚至当众落泪。

美国《大西洋月刊》分析，以前英国人以娱乐的心态，阅读《世界新闻报》上的各种名人爆料，因此更容易原谅该报此前的"名人窃听"。而米莉事件改变了事情的性质，报纸的窃听行为极大地伤害了这个悲剧的家庭，缺乏对人性的尊重。更为重要的是，这让英国人突然意识到，任何一个普通人都可能成为攻击目标，所有人都开始担心自己的隐私安全，一下子人心惶惶。①

以上是国外媒体在进行新闻报道中所面对的禁忌，就中国实践而言，新闻编辑在处理新闻报道与其社会后果之间的关系时，至少应该坚守以下原则：

其一，新闻作品应该避免使受众受到不必要的惊扰、冒犯和恐慌。对于所有可能令公众感觉不安的"负面信息"，记者必须谨慎处理。例如，客机坠落的消息只有等到航班号确定后才可以报道；关于灾难伤亡人数和损失必须等官方统一公布；任何有关受伤或死亡的新闻尽量减少曝光，若要曝光也要做特殊处理……

其二，必须考虑到受众有可能模仿新闻中的人或行为，所以新闻编辑要力图降低这些可能性，特别是对凶杀案等恶性事件的细节描述不能过于仔细。

其三，未经法院审判的特殊事件的新闻报道应该特别谨慎，避免新闻对当事人产生不当影响，同时避免新闻报道干扰司法程序。

---

① 见《世界新闻报停刊全过程披露：卫报头条曝光窃听丑闻》，载《新京报》2011年7月17日。

其四，新闻在追求时效性和独家新闻的同时，不能以采访名义令受害者和无辜者承受二度伤害，新闻报道必须符合公共伦理，符合世俗人情，使新闻既合时又合理、合情。

其五，必须保持新闻良好的格调和品位，要设立禁忌，尽量避免触及公众道德、家庭伦理底线，保护个人隐私，尤其是未成年人的个人隐私。新闻编辑不能对国家利益、爱国主义、维护家庭和谐、尊老爱幼等传统和主流价值观做出负面或不尊重的评论，受众显然不能接受这些评论，因为他们会认为不尊重这些价值观就是不尊重他们。

案例3　　　　新闻报道的合理与合情

2001年"9·11"事件中，一组由美联社记者拍摄的照片震撼了全世界：一名男子慌不择路，从双子星大楼的北塔纵身跃下，直至坠地身亡。当年54岁的美联社摄影记者理查德·德鲁是这组照片的拍摄者。事发当时他正在对准北塔调度镜头，结果碰巧捕捉到了众多跳楼者的恐怖瞬间。据英国《每日镜报》报道，这位记者回忆说："你甚至能够清晰地听到他们坠地一刹那的声音。砰的一声巨响，就好像水泥袋重重地摔落到了地面。"这组记录一名坠楼男子12个惊险瞬间的照片极具视觉冲击力（见图8-1），当天发表后，举世震惊。但是，由于有许多读者指责如此"超级写真"纯属对死者临终痛苦的一种冒犯，自2001年9月12日起，美国各大报刊便很少刊登这组惊世之照。事后证明，美国媒体

图8-1　坠楼男子①

---

① 见《组图："坠楼男子"拍摄者镜头下其他的9·11震撼照片》，载人民网2011年9月1日，http：//news.hexun.com/2011-09-01/133021854.html。

的这种做法是十分明智的。

事隔11年后,据英国《每日邮报》报道,2012年3月风靡美国的电视连续剧《广告狂人》日前在纽约世贸大厦遗址附近布设其第五季大幅海报(见图8-2),显示一男子高空坠落的画面,该海报勾起了公众"9·11"事件的回忆,因此遇难者家属痛批"海报缺乏历史敏感性"。德博拉·伯林盖姆的父亲是当时撞入五角大楼的飞机的飞行员,她说,该海报是"残忍的、完全没有品位的"。伯林盖姆还说,这样一幅显示人类在空间翻滚的海报是愚蠢的,会引起人们对于"9·11"悲剧的记忆。另外一名救援工作人员也称该海报缺乏敏感性,因为不管"9·11"事件过去多久,对有些人来讲永远是伤口。① 事后,剧组道歉并拆除了广告。

2011年12月11日,韩国首尔一幢新高级公寓项目的外形设计(见图8-3)被指酷似世贸双塔在"9·11"事件中遭袭的场景。该项目由荷兰威尼马斯建筑设计事务所设计,被命名为"云朵",是两座260米和300米的双塔,两座塔楼由一团"像素化云朵"天桥连接,

图8-2 《广告狂人》海报

图8-3 韩国某高级公寓项目的外形设计

---

① 见《〈广告狂人〉海报被批触碰"9·11"伤口》,载《新快报》2012年3月2日。

因而被指像"9·11"中世贸双塔被恐怖分子飞机袭击爆炸后的碎片。"9·11"恐怖袭击造成了近3000人死亡。威尼马斯建筑设计事务所是一家位于荷兰鹿特丹而且备受赞誉的公司,成立于1993年,3年前建成的纽约时报报社大楼和克利夫兰等地的建筑都出自其手。他们因"云朵"引起的争议被迫道歉,但表示设计过程中并未发现相似之处。①

再说说中国的一则新闻。

2011年10月23日晚,深圳宝安区发生一起家庭悲剧,当地联防队员酒后冲入一间民居,殴打一户杨姓家人,杨姓男子吓得躲在隔壁杂物间,联防队员随即对其妻子进行强奸,而躲藏的丈夫却不敢出声,一个小时后才悄悄报警,据说行凶男子与杨姓家人均为熟识老乡。案件一出,举世哗然。各地媒体(尤其各家电视台)对受害者一家也展开了强烈的采访攻势。媒体不仅采访这位丈夫,还有当时已有精神失常迹象的女受害者和他们未成年的女儿,以及杨姓男子过往家事,事无巨细均被媒体一一曝光。各类报刊、网络纷纷转载视频,并纷纷以"史上最窝囊丈夫"作为其新闻标题,而图片和新闻视频的内容,不是当事人的掩面痛哭,就是当事人展示被打的伤痕,新闻事件、新闻视频内容和新闻标题同样触目惊心。这样一出人伦惨剧成为街头巷尾的热议话题,网络议论更热闹纷纭,对这杨姓男子极尽讽刺挖苦。

案例小结与点评

试想,作为新闻媒体的记者,当你将话筒伸向正在痛哭之中的杨姓男子询问他为什么不及时阻拦和报警时,当你向一位被强奸的女子提问被害过程时……新闻媒体通过这样一次次"锲而不舍"的访问获得无数的猛料,成为网络狂欢的素材。然而,这样的无穷尽追问,对于这样一家无助、可怜、正经历人生之奇耻大辱的痛苦打工家庭来讲,难道不是对被害人的精神进行再一次的折磨和伤害吗?!

新闻记者通过图片和视频再现新闻事件是职业和专业所需,是职业素养所要求的;广告设计和建筑师的创意对历史本无伤害之心,但是美国媒体随即从网络上取下那组触目惊心的"9·11"坠楼照片;剧组和建筑师马上道歉,这些都说明,职业素养在人类遭受最痛苦之经历时,都必须让位于人性和人情。

---

① 见《韩国奢华大楼设计图被指酷似世贸双塔被袭场景惹争议》,载国际在线2011年12月12日,http://gb.cri.cn/27824/2011/12/12/782s3472409.htm。

2012年4月11日，一男一女两名中国留学生在美国南加州大学校园附近街道上遭到枪击。当地时间4月14日，两名被枪杀的中国留学生的家属抵达洛杉矶，有网络资料显示，考虑到这些家属的悲痛和兼顾公众知情权等因素，到场的美国媒体商定承诺"只拍背影，不提问"。事实真伪无从考证，但据笔者观察，灾难事件发生之际，鲜有媒体直接追问受害人或当事人。的确，新闻采访有多种方式，而对于受害人或当事人的采访尤其要注意选择恰当的时机，毕竟在事发现场重述经历无疑是对受害人心灵和精神的再次考验。此外，是否刊登或播出当事人的痛哭画面，或其他类似画面，新闻编辑应该仔细甄别：画面能否有助公众进一步了解事实真相，还是仅仅为了展示当事人的现状？即使播出，也应该做特殊处理？例如面部打上马赛克，仅保留声音，为受害人保留起码的生活尊严。

新闻报道应该合时（合乎发表时机）、合理（合乎伦理和道德），但也应该合情（合乎人道与人情），是新闻编辑在职业素养之外，必须不断进行自我反思和警醒之处。

案例4　　媒体不能成为"帮凶"

2010年3月23日到5月12日短短50天，我国发生了6起校园凶杀案，引起全社会的广泛关注。在对校园凶杀案的新闻报道中，内容主要集中在凶案过程、凶手情况及凶案发生背景这三个方面，《×子晚报》还刊登了现场和凶手的图片。其中在报道福建南平和广东雷州校园血案时，还刊登了现场的惨状和凶手的作案工具。

对于以上的新闻报道，在网友看来，媒体过分仔细描写凶案细节，有可能使媒体成了"暴力的帮凶"。有新浪网友认为，"媒体不应该'有闻必报'"。在他看来，大肆渲染报道的效果之一是大家都不愿意看到的——越来越多丧心病狂之徒铤而走险。他分析认为，"有闻必报"甚至大肆渲染，往往会起到提示和指引作用。而且，这种过分渲染恶性事件，可能造成其他人的效仿以及丧心病狂者借用媒体的报道来满足自身畸形的曝光欲。[①]

有学者研究发现，从几起事件中犯罪嫌疑人选择的行凶地点来看，几乎可

---

① 见《媒体成为暴力的帮凶?》，载《南方日报》2010年4月20日。

以确定郑民生的"榜样"作用:将刀对准弱小的小学生或幼儿园小朋友,这种"复仇"或泄愤方式似乎更能"见效";从犯罪手法来看,南平案后的6起校园暴力事件,只有一起是使用"钝器"伤人,其余均为各种刀具,与郑民生的手法也几乎完全相同;还有些报道对郑民生的描述有更为具体的"指导和示范",如"南平血案凶手被判死刑,称知道捅什么地方最致命""'恶魔'专找低年级学生下手"等等。①

美国亦有类似案例。1989年1月17日,美国加州的一名同性恋、吸毒者、有犯罪记录及精神疾病记录的 Patrick Purdy 闯入当地一家小学,持 AK-47 型号的半自动枪支,打死了5名学生,另有29名学生和教师受伤。之后他用一支9毫米的手枪自杀。事件刚发生的时候,媒体报道相对保守。《时代周刊》(Times)仅提供了基本的事件。

一周后,由于 Purdy 事件得到持续关注,《时代周刊》在2月份以《全副武装的美国》做了一期封面报道,有超过6页纸的详细内容。作为新闻由头,文章提到了 Purdy 所使用的武器型号,同时也公布了 Purdy 的名字。8个月后,9月14日,美国肯塔基州一个名叫 Joseph Wesbecker 的人闯入了一家印刷厂,他手里所持的武器型号和7个月前 Purdy 所使用两支枪一模一样,均是 AK-47半自动步枪、9毫米手枪。在这次的杀戮中,8死13伤。事后,警察在 Wesbecker 的家里发现了《时代周刊》2月6日刊,Wesbecker 还在标题下划了线。警察指出:Wesbecker 几乎用了7个月的时间制订自己的行动方案。

案例小结与点评

中国人民大学媒介管理研究所所长宋建武表示:"社会问题虽不是由媒体的报道所致,但在报道这些负面新闻的时候,还是需要一个尺度。报纸不应该将版面留给已明了的事情本身,大肆渲染血腥与悲情,更不应该强调凶手个人的不幸,更多需要注意的是对整个社会的影响,对社会的警醒作用。"②

美国校园暴力和防自杀专家,曾在美国缅因州防青少年自杀机构担任咨询顾问的科尔曼(Loren Coleman)提出了"媒体示范效应说"(The Copycat Effect)。他通过研究发现,媒体报道有可能在以下方面无意地起到某种推动作用:对犯罪人动机的猜测,给予潜在犯罪人心

---

① 转引自阴卫芝:《校园暴力案报道的伦理反思》,载《新闻记者》2010年第10期。
② 《媒体成为暴力的帮凶?》,载《南方日报》2010年4月20日。

理上的接近和认同；对犯罪方式和手法的无意识指导。①

媒体在对犯罪嫌疑人背景加以解释时，一方面固然表现出对犯罪人的某种人道主义关怀，另一方面却忽视了容易激发潜在犯罪者的认同感的危险。而更重要的是，对于任何人在任何情况下都无理由对稚嫩儿童下手这一最不容侵犯的人道原则，在报道中却没有得到应有的强调。笔者认为，这才是最为有害的一种忽视，它反映出媒体界道德意识的某种缺失。这个问题值得新闻工作者深刻反思。②

案例5　新闻报道的过度渲染

著名的美国"辛普森案"是美国加利福尼亚州最高法院对前美式橄榄球明星、演员 O. J. 辛普森进行的刑事诉讼。在该案中，辛普森被指控于1994年犯下两宗谋杀罪，受害人为其前妻妮克尔·布朗·辛普森及其好友罗纳德·高曼。该案被称为是美国历史上最受公众关注的刑事审判案件。在经历了创加州审判史纪录的长达九个月的马拉松式审判后，辛普森被判无罪。1994年6月27日，《时代周刊》刊登了封面故事《美国式悲剧》（An American Tragedy），封面上是 O. J. 辛普森的收监照片。照片色调比平常的杂志图片要深，而且和《新闻周刊》同一时间刊登的原版照片比也要深很多。后来发现，时代周刊请人对照片进行处理，加深了照片的颜色。评论家认为，这是为了让辛普森看起来更加"危险"。这张封面照片的出版引起广泛的对其种族主义评论和耸人听闻的报道的批评。事后时代周刊公开道歉，而全美的新闻机构纷纷出台规定，禁止这种对图片的修改。③

台湾检察机构则对负面新闻事件刊登不恰当图片的行为进行相关的法律制裁。

据台湾媒体报道，2012年8月期间，台湾富家子弟李宗瑞性爱影片被上传网络论坛，《中国时报》于上传第二天则大篇幅报道，并翻拍影片刊登，还详细描述可下载李宗瑞系列影片的网站名称、收费方式等，并以文字描述影片内容。台北地检署当天分案调查，传讯《中国时报》的撰稿记者及所有核稿

---

① 见阴卫芝：《校园暴力案报道的伦理反思》，载《新闻记者》2010年第10期。
② 同①。
③ 见维基百科词条"辛普森案"，http：//zh. wikipedia. org/wiki/%E8%BE%9B%E6%99%AE%E6%A3%AE%E6%A1%88。

干部、主管，同时查扣相关影片及照片。台湾大学新闻系教授张锦华指出，中国时报明知违法还执意靠淫照刺激销售量，显示中国时报内部控管出现警讯。另有一家媒体《自由时报》刊登两张李宗瑞案的不雅照片，虽然打上马赛克，但是副总编辑邓蔚伟及撰述委员刘卫莉被依妨害秘密罪传讯到案，分别以4万台币、3万台币交保。

台北地检署认为，媒体刊登李宗瑞与女子的性爱画面，等于将他人私密的部分公开，涉及妨害秘密罪；检方也将调查是否有人刻意将影片泄漏给媒体，检视是否涉嫌散布猥亵物品罪，并查明散布渠道。检方呼吁媒体对李宗瑞案情的刊载内容应该自律，且社会大众不要散布或传递相关影片、照片，以免涉犯"妨害风化""妨害秘密"等罪，造成被害人"二度伤害"。

对于《中国时报》将论坛地址据实以告的行为，网友在台湾最大BBS站指出，中国时报的行径如同"指引大家去下载"，且报道刊登论坛名称"就像替论坛打广告"；网友认为部分媒体一边呼吁读者不要散布淫照，却又拼命报道影片内容，自相矛盾。①

案例小结与点评

如果说案例3和案例4是新闻工作者过度重视新闻事实的客观性与真实性而忽视了新闻事实细节的价值暗示，那么案例5则有可能是新闻工作者的"明知故犯"。色彩对于表达负面事件画面的隐喻以及对观者的影响是不言而喻的，时代周刊在案件还未宣判之前即利用了这个小小的技巧渲染嫌疑犯的"恶感"，这样的新闻报道实际是在诱导受众过早地下结论。而台湾媒体打着新闻报道的名义，却具实写出视频论坛的网址等详细资料，实则以不雅信息作为新闻报道内容吸引受众眼球的砝码。两者行为本质类似。

在中国，不少恶性事件经网络曝光后，还未进入司法程序，媒体即大肆报道，如2013年夏发生的一起知名歌唱家未成年儿子涉嫌的轮奸案，法院审判还未开启，媒体报道已经将当事人的个人隐私曝光于世，各方律师亦借助媒体不断为自己造势。

涉及法律信息的新闻是特殊的新闻报道，编辑在考虑新闻的客观与中立的同时，还需要在公众被告知的权利和犯罪嫌疑人被公正审判

---

① 见《富少淫魔迷奸事件被害人隐私当卖点 媒体成帮凶》，载东南网2012年8月27日，http://www.fjsen.com/b/2012-08/27/content_9199738.htm。

的权利之间寻求平衡。方寸之间，仍应以法律细则为界。

第三节 注意力与影响力

注意力与影响力，是大多数新闻编辑孜孜以求，同时又倍感矛盾的一对目标。

一、注意力模式

"注意力"是当代海内外传媒研究者时常提到的一个概念。近几年来，传媒之间的竞争可以演化为"注意力"之间的竞争，那么，能产生注意力的资源就产生了价值并转化为经济效益，成为信息社会的"硬通货"①。因此，媒体以提高公众"注意力"作为核心竞争力之一。

注意力模式有四个特点：①能迅速引起受众的强烈关注。②有短暂的延续性或持续性，也就是"可炒作性"。③常作为单一新闻事件存在，形成长远影响的可能性比较小。④注意力模式是一把"双刃剑"，炒作过度，连传媒自身也会引起受众的厌恶。

在当今中国新闻实践中，新闻事件或新闻媒体获得受众的注意力并非难事，方式多种多样：或迎合人类生理功能的满足，如有关两性非正常的关系；或报道名人、娱乐明星、知名企业有争议的或有争执的事件；或报道当下社会主要矛盾，如官员的贪污腐败和官商勾结、弱势群体的生活现状、公共道德的缺失等等。

不可否认，"注意力模式"的追求是新闻工作者最基本的追求，是新闻事件和新闻报道的本质所决定的。时间性、新奇性、显著性、重要性和接近性，决定了新闻报道的最初目标即启动受众的注意力。从受众角度而言，实现了使用与满足的目标之一，即"环境守望"②，通过获得信息和新闻对自身所处的

---

① 陆军：《中国传媒的注意力经济与影响力经济》，载《新闻与传播》2007年3月号，第13～16页。
② 刘海龙：《大众传播理论：范式与流派》，中国人民大学出版社2008年版，第274页。

微观环境乃至宏观环境有所了解,并据此进行自己的行为决策。

然而,这些注意力从表面上看似乎是媒体主导的,媒体的议程设置在某些新闻事件上的确发挥作用,实际上,传播媒体的选择和使用权仍掌握在使用者手中。此外,社会和社会心理的因素也在引导、过滤或影响着受众的传媒使用行为。只有当新闻报道中的"某些事实"(还不一定是新闻报道的核心事件)与受众议程的"核心焦点"吻合时,新闻事件的"注意力"才有可能形成。因此,在注意力模式中,实际上是受众而非传播者(新闻编辑)掌握着新闻事件的传播和社会舆论的主导权。

就新闻传播过程,特别是就新闻是所有社会信息中最具价值的信息种类(之一)而言,仅有注意力仍是不够的。新闻编辑应该追求的是新闻报道和新闻机构的影响力。实际上,大多数新闻编辑已经在这样做了。

二、影响力模式

与注意力模式显著区别的是,影响力模式强调传媒左右受众行为的能力。这是由加拿大传播学家麦克卢汉提出的。他认为,媒介对人类社会的最大意义不是作为信息载体,而是作为人体的延伸所带来的感知世界、认识世界,以及因此而带来的对人类社会活动的影响。

麦克卢汉的理论虽有一定的偏颇性,但它为现代传媒模式带来了一种"非物化"的思考:传播媒体存在的意义和目的是什么?传播媒体究竟是信息传播的载体,还是人类感知世界和思考世界的触角?延伸开去,传媒媒体是否不仅仅作为技术的存在,而且应该具备某些社会功能?由此,新闻工作者是否应该肩负某种社会使命?

麦克卢汉所引发的非物化的思考,应该更符合传播媒体的介质特征,也更符合新闻信息传播的特有规律:新闻信息之所以成为最重要的社会信息种类之一,是因为信息带有某种超出信息介质之外的特殊价值和长期价值。而这些价值的传播,连带信息文本内容的传播,持之以恒,久而久之,塑造出新闻和新闻媒体的影响力、公信力、品牌忠诚度……

中国传媒机构正经历着从计划经济向市场经济转型的时期。众多传媒机构,从运营机制来看,正在经历从事业单位向现代企业转变的过程;从核心价值观来看,则是从原来的党和政府"喉舌"的被动传播转变为一种社会影响力的主动传播,即在保留原有的宣传功能的同时,还要引起大多数受众的注意，进而保持对其目标受众的影响力。随着时间的推移，这种影响力能够进一步地影响人们的社会行为。

笔者认为，有四种途径可以提高新闻和新闻媒体的影响力。

第一，营造媒体的资源特色化。"特色竞争主要依赖于资源的独特、定位的精准和内容的不可替代性"①，这是指新闻议程设置的独创性，新闻工作者尤其是新闻编辑对其新闻的价值取向和媒体机构的定位，均有十分独到的设计和精准的把握。

第二，受众精准化。"选择最具社会行动能力的人群，占据最重要的市场制高点，按照社会实践的问题单安排新闻议程"②，从长远来看，"传媒必须对受众消费做进一步的梳理，对已经拥有的受众资源做进一步的经营"③，媒体适合哪一类受众群体，以及这些群体的核心关注和信息传播特点，都应该成为新闻编辑的必备功课。

第三，体现主流性和民意性的双重兼容。媒体首先应该体现更明晰化的主流意识，反映对社会强烈的责任感，体现对宏观政治和经济方向的准确把握；其次，媒体也应该注重民意的呈现，特别是体现对弱势群体更具体、更具改善性的关注，体现对地方行政机构更具建设性的关注，因而体现更多的人文关怀和公共意识。

第四，通过专业性提升受众信赖度。在现代社会里，面对越来越理性成熟与价值多样化的受众群体，传媒有必要成为读者的信息助理和决策顾问。因此，与专业知识相关的新闻信息，或是直接传送专业知识，均成为新闻内容增量改革的重要组成部分，专业媒体机构也随之出现。

不论对于传统媒体还是对于网络新媒体，新闻是否具备注意力，以及新闻和媒体机构是否具备影响力，都是衡量其新闻能量的最重要的标准。

---

① 喻国明：《传媒影响力》，见《影响力经济》，南方日报出版社2003年版，第3～12页。
② 喻国明：《优秀媒体的特质：主流话语、市场定位和风险控制》，见《变革传媒——解析中国传媒转型问题》，华夏出版社2005年版，第28～43页。
③ 陆小华：《主流报纸市场适应性调整》，见《激活传媒——传媒竞争力发掘与执行策略》，中信出版社2004年版，第77～220页。

本章小结

本章内容，希望能为新闻编辑提供"第三只眼"的思考视野。

受众分析，原属于营销管理的领域，但在最近数年，越来越受到新闻编辑的重视，并由此调整了某些新闻报道的方式。这一方面，缘于媒体机构市场化转型的要求；另一方面，缘于新闻编辑从精英主义向草根文化转型的主动认知。本书认为，新闻与受众的关系，应该是"若即若离"：既要兼顾受众的心理需求，特别是对信息需求的特征，使新闻信息能满足他们的部分需求，又应始终坚持新闻的客观性与真实性，不能完全受其牵制，否则与广告没有分别。

新闻编辑还要思考新闻的客观性与公众预期之间的差异与矛盾。一方面，新闻报道必须符合当前新闻事实的内部发展规律，即真实性与客观性，这亦是受众衡量一个新闻媒体是否真正具备公信力的标准之一。另一方面，新闻工作者在实践中却可能发现，这种真实性与客观性有时令带有负面信息的新闻事件变成了"负面事件"，令公众产生群体性的反感或厌恶，新闻工作者因此受到受众的责难。这种矛盾，的确需要新闻编辑运用经验和智慧去解决通过设立新闻的禁忌而塑造新闻的品位。本章的第三个问题关乎新闻编辑对其职业使命的理解。注意力与影响力，均为新闻业工作者所孜孜以求的目标；但是，作为一项特殊的精神和文化产品，新闻既有商品性又有公共物品特性。媒体机构追求商业利益的同时，如何维持和维护这种职业所带来的天然的社会责任感，是一个更艰难的命题。

思考题

1. 在多媒体时代，受众不仅仅是媒体机构服务的对象，亦是新闻产生过程的参与者。在这种复杂的技术变迁时代，受众与专业新闻编辑之间的关系产生了怎样的变化？新闻编辑应该如何理解和应对这种变化？

2. 作为记者，客观而真实的报道是其天职，除此之外，无须多虑；但作为编辑，当这种客观性和真实性与公众伦理之间发生了矛盾，应如何进行技巧性的处理？

3. 追求注意力与追求影响力，分别会对媒体的新闻报道产生何种影响？对于一个新型媒体（创办5年以内）和一个发展相对成熟的媒体（创办8年以上）来讲，这两种追求有何不同？为什么？

参考文献

[1] （加）马歇尔·麦克卢汉. 理解媒体——论人的延伸 [M]. 何道宽, 译. 北京: 商务印书馆, 2000.

[2] （英）斯各特·拉什. 信息批判 [M]. 杨德睿, 译. 北京: 北京大学出版社, 2009.

[3] （美）坦尼·哈斯. 公共新闻研究: 理论, 实践与批评 [M]. 曹进, 译. 北京: 华夏出版社, 2010.

[4] （法）泰勒尔. 产业组织理论 [M]. 张维迎, 总校译. 北京: 人民大学出版社, 1997.

[5] （英）利萨·泰勒, 等. 媒介研究: 文本, 机构与受众 [M]. 吴靖, 黄佩, 译. 北京: 北京大学出版社, 2005.

[6] （美）赫伯特·甘斯. 什么在决定新闻 [M]. 石琳, 李红涛, 译. 北京: 北京大学出版社, 2009.

[7] （美）丹尼尔·贝尔. 后工业社会的来临 [M]. 高铦, 等, 译. 北京: 新华出版社, 1998.

[8] 蔡雯. 新闻编辑学 [M]. 2版. 北京: 中国人民大学出版社, 2010.

[9] 丁迈. 典型报道的受众心理实证研究 [M]. 北京: 中国传媒大学出版社, 2008.

[10] 陈力丹. 新闻理论十讲 [M]. 上海: 复旦大学出版社, 2008.

[11] 刘海龙. 大众传播理论: 范式与流派 [M]. 北京: 中国人民大学出版社, 2008.

[12] 吴飞, 等. 新闻编辑学 [M]. 杭州: 浙江大学出版社, 2008.

[13] 杨保军. 新闻活动论 [M]. 北京: 中国人民大学出版社, 2006.

[14] 阴卫芝. 校园暴力案报道的伦理反思 [J]. 新闻记者, 2010 (10).

[15] 张柏兴, 等. 专业新闻报道 [M]. 杭州: 浙江大学出版社, 2009.

[16] 陆小华. 激活传媒——传媒竞争力发掘与执行策略 [M]. 北京: 中信出版社, 2004.

[17] 陆军. 中国传媒的注意力经济与影响力经济［J］. 新闻与传播, 2007 (3).

[18] 喻国明. 影响力经济［M］. 广州：南方日报出版社, 2003.

[19] 喻国明. 变革传媒——解析中国传媒转型问题［M］. 北京：华夏出版社, 2005.

[20] 龚彦方. 公共新闻实践的可行性实证研究［J］. 南京社会科学, 2010 (9).

[21] 龚彦方. 转型改制时期中国传媒业现状分析［J］. 学术研究, 2011 (6).

[22] 崔保国. 中国传媒产业发展报告［M］. 北京：社会科学文献出版社, 2009.

[23] 龚彦方. 基于新经验产业组织分析范式的中国传媒业市场势力分析［J］. 产经评论, 2012 (4).

[24] 张骏德, 刘海贵. 新闻心理学［M］. 上海：复旦大学出版社, 1997.

[25] DeFleur M L, Dennis E E. Understanding mass communication: a liberal arts perspective［M］. Boston: Houghton Mifflin, 1985.